U0134180

道出于三

论经济、制度和学术

蒙文通 著

巴蜀书社

图书在版编目（CIP）数据

道出于三：论经济、制度和学术 / 蒙文通著. —
成都：巴蜀书社，2023.5
（巴蜀百年学术名家丛书）

ISBN 978-7-5531-1905-2

Ⅰ.①道… Ⅱ.①蒙… Ⅲ.①中国经济史－古代－文
集 Ⅳ.①F129.2-53

中国国家版本馆 CIP 数据核字（2023）第 009681 号

道出于三：论经济、制度和学术

DAO CHUYU SAN LUNJINGJI ZHIDU HE XUESHU　　　蒙文通　著

责任编辑	王承军
出　版	巴蜀书社
	四川省成都市锦江区三色路 238 号新华之星 A 座 36 楼
	邮编 610023　总编室电话：（028）86361843
网　址	www.bsbook.com
发　行	巴蜀书社
	发行科电话：（028）86361847　86361852
经　销	新华书店
印　刷	成都国图广告印务有限公司
版　次	2023 年 5 月第 1 版
印　次	2023 年 5 月第 1 次印刷
成品尺寸	130mm×210mm
印　张	13.125
字　数	260 千
书　号	ISBN 978-7-5531-1905-2
定　价	88.00 元

本书如有印装质量问题，请与本社发行科联系调换

目　录

中国历代农产量的扩大和赋役制度及学术思想的演变

　　人类社会是处在不断向前发展、不断向前运动的过程中。社会不断向前发展、运动的泉源，归根结底是决定于社会生产力的发展。周秦以来二千多年，在我国历史上生产领域中占主要地位的是农业生产，认为二千多年来的农业生产力是在不断的发展着，是每个学习历史的人都能同意的；但是二千多年来农业生产力发展的历史过程——就是说在某一定的历史阶段上发展到某种程度——是怎样？那就不易回答了，必须从我国历史材料中，把农业生产力发展的情况加以研究。在目前，要把这一工作做得很精确，还存在很多困难，但确也可以摸索出一个粗略的轮廓，作为进一步深入研究的基础。

　　社会生产力发展的主要标帜，是生产工具和生产技术的改良和进步；而生产工具和生产技术的改良和进步底直接效果，又具体地体现在生产成果上。换句话说，就是生产力的发展，首先是反映在生产品的品种和数量上。因此，农产品品种和数量的扩大和增加，也就是农业生产力的发展和提高的反映。关于讨论我国历代农业生产工具、生产技术问题的文章，近年来发表得较多，本文只打算就我国历史上农产量的扩大作一些研究，从而考察农业生产力实际发展的情况。

根据业已掌握的史料底研究，初步摸索出我国二千多年来农产量的扩大，前后可以分为四个阶段。第一阶段是战国、两汉，第二阶段是魏、晋、六朝，第三阶段是唐宋，第四阶段是明清。如亩、石都用汉量作标准，则两汉的产量是百亩三百石。魏晋六朝较两汉大约增加百分之二十；但这时期农民平均耕种面积大，农民——主要指自耕农——每户实际收入较汉增加的要多些。唐宋都是百亩六百石，较汉增加了百分之百。至明清，则较唐宋又增加了百分之五十，而为秦汉的百分之三百了。古代社会的贫穷程度，确实出乎意料之外。

在对各阶段农业生产水平有了概略的估计以后，就可以比较正确地来衡量当时的社会经济情况，就有了赋与各该时代各项经济数字以实际意义的基础。如东汉对西羌的用兵，据段颎说："永初中十有四年，用二百四十亿，永和中复经七年，用八十余亿。"宋代市舶司，岁入税五十万贯。这些数字，看来都很惊人，但是，这些数字在整个王朝政府收支中占了怎样的比重？在整个国民经济中又占了怎样的比重？便很难得到比较确切的评价。因为仅仅这样简单的货币数字，是不能说明什么的。货币的实际价值，必须以其对实物的购买力来衡量，而国民经济情况又非实物不能体现。在掌握了当时农业生产水平以后，再根据当时的人口、户数、垦田亩数，以及物价数字，来互相参照考查，这些问题便不难解决了。如上述东汉对西羌用兵费用，永初中每年约支出十七亿，约合粟一千七百万石，约占一岁租入八千二百万石的百分之二十。这个数字确乎很大。而宋代市舶司岁入五十万贯，仅为当时商税岁入二千万贯的百分之四，折米不过五十万石，则强调宋代的海外贸易而特别重视其经济意义，就显得没有必要了。同时，我们更可以根据农业生产、统治者（王朝政府和地主）对农民剩余劳动的剥削程度，来推论农民的收入情况和人民的生活水平。根据这样，我们了解，自唐以后的自耕农民，才开始掌握了较多的剩下的农产品以供交换之用（非自耕农一般都不及自耕农），而农民的购买力也才有了提高，才为工商业的加速发展提供了可能。因此，我们对唐以前的工商业作过高的估计，也是不太妥当的。又如汉代三十税一，每亩的田租是一斗，而魏晋田租，每亩才四升或三升，为什么后来的人只歌颂汉的三十税一而忽略魏更轻的田租呢？从农产量和户口数来计算，田租所入远不能敷王朝政府的开支，进而可以考察出魏晋统治者的主要剥削形式早已经不是田租而是劳役了。

本文前四节于一九五三年初步写出，以其仅是材料的考订，于论史无所阐述，只可留作参考，不敢出以示人。近二年以来，又渐从秦以来的赋役制度，看出了从赋和役二者的关系及"役"的内涵的变化上观察出二千多年来这一制度的历史演变之迹。两汉的租赋中，代表力役的赋重于按田计征的租。魏晋到唐的租调（即户调，唐为租庸调），仍以力役之征为重，而屯田尤为重要。唐宋到明的两税法，又将代表力役的庸纳于两税之内，但又别起"富者税其钱，贫者役其力"的职役。明中叶以后的一条鞭法，则又把"役"全部"按亩计银""摊丁入地"。这一情况，也正反映出统治者对于劳动农民剩余劳动的剥削，从秦汉的劳役负担重于实物负担，变为劳役负担逐步减轻、实物负担逐渐加重，又变而为实物负担逐渐减少，货币负担逐渐增加，最后则全变为货币负担。因而我们又可以把赋役制度以两汉的租赋、魏晋到唐的租调、唐宋到明的两税和明中叶以后的一条鞭，划为四个阶段。这四个阶段又恰好和农产量扩大的四个阶段正相吻合，这也正体现着统治者对农民剩余劳动的剥削方式是紧随着生产力的发展而变化着，生产力提高一步，剥削方式也就改变一次，因此清代的农业生产量虽已远远超过秦汉，但劳动农民还是不免于流离死亡，无所告诉。

除赋役制度的演变是配合着农业发展四个阶段而

外,其余如选举制度,也由汉的郡国贡举,一变而为六朝的中正九品,再变而为唐的考试制度。又如兵制,也由汉的寓兵于农,一变而为六朝的兵户(含唐初府兵),再变而为晚唐的募兵,也都颇能和农业发展的阶段相配合。应当认为这些现象都绝不是偶然的,都应有其一定的内在联系。但以赋役制度和国民经济的关系最为密切,特将赋役制度作为重点讨论,其余只好暂时从略了。

回忆一九三五年时,我曾撰文评刘鉴泉(咸炘)先生所著《学史散篇》,文中曾提出:"中国学术,自建安、正始而还,天宝、大历而还,正德、嘉靖而还,并晚周为四大变局,皆力摧旧说,别启新途。"该文所提学术思想转变的四阶段,也正和本文所述农业生产力发展四阶段、赋役制度演变四阶段密切符合。倘若本篇所论尚接近于历史的真实过程,则是二十年前所述也还不远于真实。虽所考论者仅此几项,但已使人感触到秦汉以来二千多年的中国社会,似可以此四时分为五段。因此特将旧稿有关部分,略加补苴整理,附论于此,借作互证(该文发表于当时《大公报·图书副刊》,转载于《图书季刊》中文本第二卷第二期,当时仅对大历时所发生的新学术和新文学述论稍详,其余各期,但略提及。后来曾以这一观点写《中国史学史讲义》,以教于四川大学,颇涉及晚周、魏晋两时期在学术思想上所发生的变化。该讲义曾分别刊载于一九四〇年《国论复刊》第十六期,一九四二年《华文月刊》第一卷第

五、六期,第二卷第三、四期。后又写《馆藏嘉靖汪刻〈文心雕龙〉校记书后》一文,刊于一九四三年《图书集刊》第五期,对明正德、嘉靖时所发生的反宋学以下启清代考据之学的浪潮有所探讨)。晚周学术,人能言之,兹不再详。魏晋一段,也只是把经学、史学的变动提出,骈文和清谈玄学也不多谈。唐代中期所发生的"文起八代之衰"和明代前后七子的"文必西汉,诗必盛唐",这也是大家所知道的;但在文学以外的其他学术思想的变化,则多为人所忽略,因而讨论得也就稍详一些。尤其是清代人只重汉学,因之在讨论明人学术时,也就把经学谈得多些,其他则只论述了与清学有关的比较重大的几项,其余则都从略。

以上略论秦汉以来二千余年农产量的扩大和赋役制度、思想学术的演变约可分为四个阶段,而这四个阶段中,又以唐前唐后之变最为剧烈,而且也更为全面,特再概述于下:唐的农产量较汉提高了一倍,而魏晋及明仅各为百分之二十或五十。这表示出我国的农业生产力在唐代有了突飞猛进的发展。作为农业生产底直接生产者的农民的社会地位和作为封建制度基础的土地制度也都同时发生了巨大的变化。自井田制度破坏以后,农民从氏族土地上解放了出来,而成为小土地所有者。但由于战争的摧残、水旱灾害的袭击、统治者的横征暴敛和强豪的侵凌,而不能长期保持其小土地所有状态,很多农民却又慢慢地沦于破产的境地。但为了要继续生存,不得不走上逃亡流离的道路,而投靠到豪族世家之门,要求他们的庇荫而接受他们的役使,于是变成了豪族世家的依附者(这种依附关系的具体内容须另论述)。在阶级关系上,除了农民和豪族世家的基本矛盾外,在王朝统治者和豪族世家之间,还常常为了争夺农民而发生斗争。这一斗争在土地制度和赋役制度中反映得最为显著。在生产力逐渐提高以后,农民自己的经济逐渐向前发展,严格的依附关系已不再适合这种状态,而王朝统治者又凭借其政治力量不断的给予豪族世家以打击(如拥有劳动力数量,从没有限制进到有限制,有限制以后,又逐渐压缩其数量。奴婢在纳税上由八口当良人一口提高到二口当良人一口,奴婢纳税也显得渐渐重要了),农民渐渐的又从豪族世家的人格依附关系中解放出来。在隋末农民大起义以后,豪族世家的经济基础受到彻底的摧毁;在此以后,农民和豪族世家的人格依附关系便为佃农和地主的经济契约关系所代替了。这样一来,农民就和地主同样的都是皇帝陛下的编户齐民了。从法权观点说来,就是农民取得了与地主同等的政治权利。农民地位的这一变化,使其在经济上的独立性有了扩大,这样也就刺激了农民的生产兴趣,又进而促进了生产力的提高。因此,农民地位的这一变化,是有其极重大的意义的。在土地制度上,秦虽废除了井田,但仍不忘"静生民之业",因为民若不乐其业而逃亡了,统治者便要丧失其剥削对象。因此自两汉魏晋下迄于唐，都有打击豪强兼并的限田制度和制民之产的均田制度。但自中唐以后，均田之制便绝了迹，限田之制也只是被人作为议论题材谈谈罢了。农民经济的独立性的扩大，无疑的导致了农民的贫富分化，均田、限田废弛以后，则更加剧了这一分化的速度和程度。农民可由自耕农降为佃农，再降而为赤贫的雇农，这是主要的分化方向。其侥幸者，也可由佃农、自耕农上升而为地主，这只是个别的。在农民地位发生变化的同时，剥削阶级的地位也发生了变化，豪族世家丧失了其对农民的特殊权利，打垮了长久的巩固其经济地位和地方势力的基础。因而唐以前的地主，一般的都是横恣乡里、绵延几百年的豪族世家，统治者还需要依靠其支持。唐以后的情况便大不同，一般的地主在三数世后则又可降为农民，他们在政治上反而多要仰仗官府的庇护了。从东晋南渡需要侨置州郡，建立门阀，南宋南渡不需要侨置州郡，也无门阀出现的具体事例的对比，就可以看出这一变化的实质。因此，我们可以认为，唐以后社会上的主要阶级是皇室及皇室亲属，他们的经济地位是由皇权来保障的；其余则是在皇朝管辖下的政治地位平等、经济地位不稳固的地主和农民，而农民则又是主要的。由于社会的阶级关系有了这样的显著变化，各有关制度也不得不相应的发生变化：如皇朝税收制度，不得不改为能适应贫富分化情况的"户无主客，以见居为簿，人无丁中，以贫富为差"的两税法。社会的贫富分化剧烈以后，有了数量相当多的穷人，这又为募兵制度的兵源提供了条件，于是兵制就随而改变了。政治地位既已趋于平等，从前为豪族世家所包办的贡举和中正九品也就不能不改变为"机会均等"的考试制度。地方势力的豪族世家既已打垮，地方政府不再为地方势力所支持（或控制），于是中央政权就有了进一步的集中。中央机关就由魏晋承袭两汉的三公九卿制度变为隋唐的六部，地方官员也由两汉魏晋的十三部刺史变为唐的十道，宋元明清的政府组织，大抵都沿袭着唐的制度而又有些改革。同时，由于新的阶级关系赋予了人们在经济发展独立性和经济地位变化性的扩大底可能，人们开始能够自己掌握自己的生活前途（虽然不是全部的掌握），人格的独立性随着也被发现了，因而小有产者的自由思想，在意识形态中表现得最为突出，在各方面都有很多迥与唐前不同的创造性的发展：在哲学上发生了创造性的"人人心中自有仲尼"的理学，"呵祖骂佛"的禅宗，这两者都体现着人类思想史上的巨大解放。其他如文学艺术，也都由宫廷转向民间，汉后唐前的文章以《两京》《三都》《羽猎》《长杨》等赋最为有名，但其内容总不外是歌颂宫室之美、羽旄之盛和帝王的富丽豪华。迄至唐初四杰，仍为此种风格。但自唐代古文兴起以后，不特文体变得平易近人，即其思想内容也变为吟咏水间林下、竹篱茅舍的情趣了，《秋声》《赤壁》之类的赋才是为人所喜爱的，这就变而成为小有产者的生活写实了。在绘画上，也自唐吴道子以后才开始画水墨山水，在吴以前，也只盛行所谓台阁气派的金碧山水，美术史上称这一变化为"由朝市转入山林"。苏东坡曾说：文至于韩退之，诗至于杜子美，书至于颜鲁公，画至于吴道子，都是以其不落前人蹊径，是发舒性情、直抒心得，是空前的创造，而为唐以下的诗文书画另辟一新途径、新境界。经学、史学的演变，也莫不都是如此。总的说来，汉后唐前是规摹前人者为多，唐以后则独立创造者为多。魏晋之于两汉，明清之于唐宋，都是述多于作，而不如唐前唐后这一变化的深切明著。秦以来二千多年的中国历史，就巨大变化来看，可以唐前唐后分为两大段；就其显著的段落来看，可以魏晋、中唐、晚明分为四段；若从其再细一些的变动来看，则又可分为若干段。人类社会是不断地发展的，不可能有百年而不发生变化的历史。除前述变化而外，如西汉武帝前后不同，东汉安帝前后不同，晋宋和齐梁又不同，北宋庆历前后、南宋开禧前后也都不同，明正德、嘉靖前后不同，清代嘉庆前后又各不同。这些不同也和前述两段、四段的变化差不多，都是比较显著、比较全面而围绕着一定的中心的，只不过具体而微罢了。上面所说这些变化，都还可以作比较细致的分析，而且也需要作比较细致的分析，这需要另作专题讨论。今因考论农产量扩大和赋役制度、学术思想的演变，并略发其管见于此，以供历史界同志们研究时的参考。

本文研究的发端首要对象是农产量，谈到产量，就不能脱离数字，谈到数字，也就脱离不了数目和单位。我国古代史籍中确乎保存了不少有关农业生产的数字，但这些数字中，还存在着不少的矛盾和一些错误，如果不对这些史料的数字和单位加以分析研究，便将无法发现和解决这些矛盾和错误，而使宝贵的史料不能获得正确的解释，不能发挥其作用。如度量方面，本文大抵根据吴承洛氏的《度量衡史》，吴书对秦量、莽量都是用实物考订，非常精确，解决了不少问题。但他说西汉用的是秦量，东汉用的是莽量，莽量是根据周量而来，这就值得商量了。如用这一结论来解释李悝、晁错所说的话，就要发生问题。后考出汉代是大、小二量并用，大量是秦量，小量是周量。元代也有这种情况，官府是用大量，民间则用小量，又叫作南斗。又如周田、东田、汉田的亩量，吴书也未适当解决，也另作了考订，也都是这次工作的附带收获。由于本文所牵涉的范围较广泛，所以收集的材料不敢说已很全面，而对这些材料的处理更不敢说是完全恰当。例如米、粟的折算问题，唐开元七年所订为：稻谷一斗五升当粟一斗，稻三石折米一石四斗。原可以此作为折算标准，但古人对于布帛、米粟谷这些名词使用上的区分很不严格，常多互用。有时说的是布，其实显然是帛；说的是谷，其实显然是米。在这种情况下，或折或否，就只能根据实际灵活运用了。又如中国疆域广阔，经济发展本不平衡，而南北东西的田土，又都各有肥硗高下之别。古籍所载，通论各处者少，专说一地者多，要求得一个平均数字，困难还是较大。在使用材料时，也大致用较近时期的田土膏腴瘠薄分布情况来作参考。有些突出地区的材料，仍多舍而不用，偶或使用，也给予一定的说明。且这种以今衡古的办法，只适用在田地肥硗方面；至于气候方面，则由于赤道的移动而有古今的不同（前撰《古地甄微》时，对汉代黄河流域气候略同于唐以后长江流域气候已有考述），而气候对农业生产的影响又很大，因此在某些地方又不能不考虑到气候条件。仅此几点，已可以看出在材料处理上的困难是很大，因而文中的错误必定也还不少。本文在撰写中，承徐中舒、缪彦威、庞石帚、刘伯量、黄少荃、吴浦帆、李必忠、冯汉镛诸同志提供了很多宝贵意见，都据以作了补充和修改（也有部分保留了个人意见），特此致谢。李俊卿和庞、冯两同志还同意引用其未发表的稿件，应该特别提出。本文所讨论的问题，虽在目前已经提出了初步结论，但可以肯定的说，这个初步结论中的缺点和错误一定还是存在的，尚希读者多多提出意见，俾能继续努力，使问题的研究得以深入、问题的结论达到完善。

一　战国两汉的农产量

中国史上各个时代的农业生产，每一亩地究竟能收多少？材料是极不完整，纵然有些，也很参差不齐。把这些参差错出的材料来加以整理，以寻求一个比较可信的平均数，这自然很难，但也还可以看出一个大概。还有别的一种材料，也可用为研究的帮助，就是各个时代的统治王朝和地主的剥削数字和剥削方法。因为剥削基于剩余，没有生产剩余，就没有剥削的可能。假如佃租剥削加深，常常也就是农业生产提高的反映，所以剥削量对于寻求生产量也是很有帮助的。战国初年，李悝说的农业生产量，这是很清楚的材料，他说："今一夫挟五口，治田百亩，岁收亩一石半，为粟百五十石。除什一之税十五石，余百三十五石。人食月一石半，五人终岁为粟九十石。"西汉前期晁错说："今农夫五口之家，其服役者不下二人，其能耕者不过百亩，百亩之收不过百石。"董仲舒说："或耕豪民之田，见税十五。"这三种材料就是很清楚，却又矛盾非常。李悝说的一家五口粟百五十石尚不足用，"此农夫所以常困"。到汉代一家五口才百石，如何能生活？耕豪民之田见税十五，这是地主已经剥削了一半，耕者生活何以能维持？地主尽管残酷，他可以把佃农紧逼在饥饿线上，但总还须要佃农不至于死亡，因为他明年还要剥削。

　　我想这一问题的解释,从前有个很大的错误,傅玄、杜佑都说周以百步为亩,秦汉以二百四十步为亩,汉亩比周亩大这么多,周百亩产百五十石,汉百亩产百石,生产反而退缩多了,这是不合理的。或许是应该用《王制》的东亩来计算,《王制》说:"古者周以八尺为步,今以周六尺四寸为步,古者百亩当今东田百四十六亩三十步。"郑注说:"当作百五十六亩二十五步。"俞正燮解释东田,根据《汉书·食货志》"十二夫为田一井一屋,故亩五顷",他说:"井九百亩,屋三百亩,以千二百亩改五顷,是亩二百四十步也。"这是汉的百亩,合东田二百四十亩。周田百亩,合汉田只有七十亩。周田、东田、汉田的亩量,是各有差别的。

　　汉代东田、汉田两种制度,在汉初是并行的,应该说晁错所说的百亩百石,仍然是照东田来计算;李悝说的百亩收百五十石,是照周田算的,那就不冲突了。《淮南子》说:"一人蹠耒而耕,不过十亩,中田之获,卒岁之收,不过亩四石。"刘安和晁错时代很近,照他的说法百亩就应该是四百石,这才是照汉亩算的。汉的百亩合东田二百四十亩,就是二百四十石。但刘安说是亩收四石,这是淮南田好的原故，我们在后面再详细说。仲长统说："统肥硗之率，计稼穑之入，亩收三斛。"这才是汉普遍一亩平均只能收三石的说明。晁错说的百亩百石，自然免不了"于是有卖田宅、鬻子孙以偿债"的那种现象。至于董仲舒说的："或耕豪民之田，见税十五。"恐怕只能从他所耕的多少来看了。因为这一制度是从秦来的，如其耕到秦的一顷，也就是二百四十亩，收获就是二百四十石，取了"泰半之赋"，还有一百二十石，似乎比周代耕百亩之田，取什一之税，又还有军赋、徭役的，也就相差不远。总之，都是把人民逼到饥饿线上。

这里要附带讨论的是李悝说的"石三十"的谷价，和计然（就是《越绝书》的计倪）说的谷价不相同。《货殖列传》载计然说："籴二十病农，九十病末，上不过八十，下不过三十，则农末俱利。"和《越绝书》计倪所说全是同的。自然一石五十才是中平的价格。这两种不同的谷价，在秦代都得到证明，这就不是时间和空间的问题所能解决的。《商君书》说："金一两生于境内，粟十二石死于境外，金一两死于境外，粟十二石生于境内。"这是黄金一两可买粟十二石。《食货志》说："黄金一斤值钱万。"《王莽传》也说："黄金二万斤为钱二万万。"《说苑》《淮南》都说一斤是十六两，知道一两黄金值钱六百二十五文，也就是十二石谷的价格。每一石谷应该值五十二文，这是和计然所说相合。《货殖列传》说："秦汉之制，列侯封君食租税，率户二百，千户之君则二十万。"百亩百石，照石三十计算，就该钱三千，二百正是三千的十五分之一，这恰是汉初的"什五而税一"。既然秦汉都是这样，可见李悝的话也就能够说明秦汉的谷价，这两种价格相差几乎一倍。《货殖列传》说："黍千大斗。"颜师古的注说："大斗者，异于量黍米之斗也。"《日知录》就说："汉时已有大斗，但用之量粗货耳。"近代考察秦汉度量的作品，都用秦量、莽量这些实物来考察，断定汉量是用秦量，莽量是用周量，是考证得很精确。但又说东汉是用莽量，断定东西汉的量不同，就未必妥当了。若是依《货殖列传》来看，应该是汉代和秦代都是大、小二量并行，石五十和石三十的不同，也相差将近一倍，大概是量的原故。隋唐也是二量并行，但后来一般是通行大量而小量废了。秦汉相反的是，后来一般通行小量而大量废了。唐人所说汉量，都是小量。

汉代的农业生产量，就可说和战国相等。中国的牛耕和铁耕都是从战国开始，《战国策·赵策》平阳君说："且秦以牛田，水通粮。"《史记·赵世家》正义解释这段文字说："夫牛耕田种谷，至秋则收之，言秦伐韩上党，若牛田之，必冀其收获矣。"孟子问："许子以釜甑爨，以铁耕乎？"牛耕、铁耕开始以后，农业生产技术提高，生产量自然扩大。不过战国以前的生产量，没有资料，无需加以讨论。《管子·治国篇》说："常山之东，河汝之间，四种而五获，中岁亩二石，一夫为粟二百石。"《管子》还是战国时的书，这和李悝的亩收一石半也很接近。

汉代和以后的生产量，还有许多突出的材料，乍看似很惊人，但详为考虑，都是水利的关系。《沟洫志》说："若有灌溉，则高田五倍，下田十倍。"了解这一点，就没有什么突出了。"郑国渠灌田收皆亩一钟"，一钟是六斛四斗。"引河灌汾阴蒲坂下，灌田五千顷，度可得谷二百万石以上"，这是一亩收四石。《钟离牧传》："种稻二十余亩，得米六十斛。"应该是稻一百二十斛，这也是亩收约五六斛的样子。傅玄说："魏初课田，白田收至十余斛，水田收数十斛。"《华阳国志》："绵与雒各出稻稼，亩收三十斛，有至十五斛。"（由下"至"字看，疑上"三"字为衍文。）杜预说："填淤之田，亩收数钟。"《梁书·夏侯夔传》说："溉田千余顷，岁收谷百余万石。"是亩收十石。嵇康说："一亩十斛，谓之良田，天下之通称也。不知区种可百余斛。"这些数字乍看是很惊人，但这些都是水田，钟离牧居永兴（治今浙江省萧山县长兴乡），可能也是水田，若依《沟洫志》有灌溉就增加五倍十倍来说，也就不足怪了。亩收十石也不过是亩收二斛三斛的五倍三倍。这些参差不齐的数字,都是因为水利,都可以用三二斛的不同倍数来看,就整齐一些,也就不觉得有什么突出。只有嵇康亩收百余斛的话,好像此时真有那回事,这可能是错误,他不注意古今度量的不同,不注意氾胜之在汉已经试过是亩收四十斛,并非汉魏之世真有亩收百斛的事。只有傅玄的话倒很可怪,他说"魏初水田收数十斛",这也有可能;他说"白田收至十余斛",就太奇特。我想,或许是别一原因。仲长统说:"今者土广民稀,中地未垦。"李贤注:"上田已耕,唯中地以下未也。"魏时土广民稀,可能专耕上田。氾胜之说过:"美田十九石,中田十三石,薄田十一石。"田的美恶不同,是有这样大的差额。《魏志·卢毓传》说:"谯(郡)土地硗瘠,百姓穷困,毓表徙民于梁国以就沃衍。"这是魏代人少,专耕良田的事例。所以司马芝说:"建安中天下仓廪充实,百姓殷足。"良田收获到十数斛,合唐量也不过三四斛,是事实上所许可的。仲长统说的亩收三斛,是通肥硗之率;傅玄所指,是专耕良田,条件本来就不相同。

汉魏这一时期的材料,惟有邓艾说屯田淮上的话,倒是很可以解决很多问题,很有重大关系,应当详加研究。他说:"以五万人屯田淮上,十二分休,四万人且田且守,计除众费,岁完五百万斛,六七年间可积三千万斛于淮上,此十万之众五年食也。"这是四万人每人须完纳一百二十五斛,所谓"计除众费",已经消耗了的还不在此数。

依邓艾的话来估计，五万人在一年内，应需要三百万斛，这就是"众费"。那末四万人耕一年，就应该收谷八百万斛，每人一年需完纳二百斛。但是如此估计，认为每人一月要食五斛，就太多了，大概邓艾说的"众费"是合战守耕作之费来估计的。我们看严尤说："调兵出塞，计一人三百日食，用糒十八斛。"这是一人日食六升，月食一斛八斗。《晋书·乐志》载顾臻说："兵食七升，忘身赴难。"日食七升，月食二斛一斗。《宋书·刘勔传》说："二万人岁食米四十八万斛。"这是一人月食二斛。赵充国说："步兵吏士合一万二百八十一人，用谷月二万七千三百六十三斛。"这是每人月食二斛六斗。崔实又说："二人月食六斛。"我们看一人月食三斛，已经是最高的估计。依照邓艾的说法，每人一月就要五斛，这自然不止是月食，而是把所谓"众费"也计算在内了。《通典》说："邓艾穿渠三百里，溉田三万顷。"倘若用年收谷八百万斛计，是每亩收二斛六斗至七斗，就和赵过、仲长统亩三斛的说法接近了。再看三万顷田以四万人耕，这是每人耕七十亩，这一个数字有很大的关系。班固说汉代可垦的田是三千多万顷，在东汉一代，长期垦田是六百余万顷，人民是九百余万户，平均每户总是七十亩内外。还有很多的田都未垦，可知当时农民的能力只能耕这样多的土地。课田是从魏代开始的，后来屯田大致都是七十亩。唐韩重华为振武军请"益开田五千顷，法用人七千"，是一人耕七十亩为相传

已久的成法。我们在前面说过，周代百亩也就是汉的七
十亩。元魏、北齐、北周、隋代的田制，都是一男一女授田
一百四十亩，照番休的耕法看，仍然是人七十亩，只有晋
的占田课田，数字才多些。所以傅玄说："耕夫务多种，徒
丧工力而无收。"说："魏初课田，不务多其顷亩，但务修其
功力。"屯田以人七十亩为度，可说是自魏开始来的。这
都证明，亩收三斛是可信的平均数。百亩收获为三百斛，
从汉初晁错说的百亩百石，和李悝说的百亩百五十石，显
然这一长期的产量是相同的。

　　这里就有个附带的问题。李悝说人月食一石
半，依赵充国计算，人月食二石六斗，崔实说是月食
三斛，《周官》说："食者，人四鬴上也，三鬴中也，二鬴
下也。"郑注："六斗四升曰鬴。"知道李悝所说是就下
等而言，一石半合二鬴，是和一石二斗八升的数很接
近。假如以上等言之，四鬴是二石五斗六升，四鬴之
数，就等于赵充国的二石六斗了。《管子》说："大男
食四石，大女三石，吾子二石。"李悝说的五口之家，
假如都以上等每口月食二石五斗六升的平均数来
计，是合共一月需要十二石八斗。《管子》的说法，以
一家五口计，应该是大男大女各一人月食七石，吾子
三人月食六石，共合是十三石。这两个数字也很接
近，简直可说相等。李悝说五口月食一石半，是壮幼

平均下等之数，这和赵充国的话就不矛盾。但李悝说人月食一石半，生活尚感不足，过得很苦，若是照四釂上等计算，月食又加一倍，这粟又从何而来呢？这一层李悝已说得很明白，亩收一石半是平岁；若是丰年，情况就不同了：李悝说上熟自四，那就是亩收六石；中熟自三，是亩收四石五斗；下熟自倍，是亩收三石；只是不熟，也就足够上等四釂之数了。假如不是这个关系，鲁哀公说的"二吾犹不足"，就是决不可能。李悝说人月食一石半，既是从下等言之，所以宋钘、尹文之徒说："请置五升之饭足矣，先生恐不得饱，弟子虽饥，不忘天下。"日食五升，一月就是一石半，这显然是饥饿状态，是极苦的生活。先秦一叙列的数字，处处却是大致相合，觉得这些材料尚能一致，也就可知道这些数字究竟含有多少真实性，略可窥见一些了。从量有古今、年有丰歉、人有壮幼来看，再从李悝所说又还工有勤惰、田有美恶来看，历史上的农产量问题，根据各种不同的条件来讨论，这是勉强可以得点粗略的解释的。

李悝说："今一夫挟五口治田百亩，岁收亩一石半，为粟百五十石。除十一之税十五石，余百三十五石。人月食一石半，五人终岁为粟九十石，余四十五石。石三十，为钱千三百五十，除社闾尝新春秋之祠，用钱三百，余千五十。衣人率钱三百，五人终岁用千五百，不足四百五十。不幸疾病死丧之费，及上赋敛，又未与此。此农夫所以常困，有不劝耕之心。"这是说明战国时候农民的生计情形。《盐铁论》说："先帝哀怜百姓之愁苦，衣食不足，制田二百四十步为一亩，率三十而税一。"这就是用东田的二百四十亩为百亩。依仲长统的说法亩收三斛，百亩就该有三百斛，农人的收获比战国是要好一些。但这不过从产量说，农人所能耕的田是不能到一百亩的。前汉元始二年垦田是八百二十余万顷，人民是一千二百二十余万户。如平均来看，每户不过六十七亩。东汉垦田和户口都有好几个数字材料见《后汉书·郡国志》刘昭注引《帝王世纪》，大约平均每户是七十亩左右。亩收三石，一家的收入通常是二百一十石的样子。三石合唐量一石，也就是七十石的样子。《三国志·焦光传》说："县注其籍，给廪日五升。"一月应该是一石半。这自然是苦生活。徐中舒教授告诉我：《盐铁论》说："十五斗粟，当丁男半月之食。"这是一人月食三石，和崔实的话相同，标准可能较高。若用严尤、顾臻的话来估计，每人月食应该是二石。五口之家，一年需食一百二十石，合唐量是四十石，所剩不过三十石。衣一人三百，照下面计算石价一百，五人又该用十五石。汉代贫富悬殊，这种看法，不过是估计当时农民生活假定的一个水平。

从两汉垦田和户口的平均来算，每户七十亩，亩收三斛，共为二百一十斛。政府是三十而税一，应该是七石。又从算赋来看，一户五口，以二大三小计，共合该出钱三百零九文。这三百钱应该卖多少米呢？汉代谷价最低是宣帝时一石五钱，最高是一石千钱或万钱不等，这些都是非常的现象。长时间平常的价格，大概是在一石百钱上下。应劭说："文帝盛时，谷升一钱，其后备胡费损，谷石五百。"桓谭说：文帝时"谷至石数十钱"，升一钱，石就是百钱。第五访劝民农桑，谷石百钱，都像是安定的现象。元帝时，齐地饥，谷石三百，民多饿死。《冯奉世传》："比岁不登，京师谷石二百余，四方饥馑。"这是二百三百以上，是价贵的现象。"虞诩未到武都，谷石千钱，视事三岁，谷石八十。"《华阳国志》："益州乱后，米斗千钱，景毅至，恩化畅给。比去，米斗八钱。"这都看出一石八十是平价，或许也是比较贱的价格。《刘虞传》："民悦年登，谷石三十。"《三公山碑》："元初四年，国界大丰，谷斗三钱。"自然一石三十钱是贱的现象，是应该以一百内外来作平常的价格。如照这样计算，三百钱就须卖三石谷，合算赋和田租合计，就须要十石。汉代的量合唐量又是三石合一石，人民所能剩下的不能过十二石。此外还有更赋三百，又还有稿税（也叫刍稿），贡禹说："已奉谷租，又出稿税，乡部私求，不可胜供。"左雄说："乡官部吏车马衣服一出于民。"这些就更无法计算了。

二 两晋六朝的农产量

傅玄说："魏初课田，不务多其顷亩，但务修其功力。自顷以来，日增田顷亩之课，而田兵益甚，功不能修理，至亩数斛以还，或不足以偿种，其病正在于务多顷亩而功不修耳。"汉代通常是千余万户或九百余万户、四千余万口到五千余万口，垦田是六百余万顷，平均每户是七十亩内外。晋在平吴以后，太康时是二百四十五万户，千六百一十余万口。晋代户数仅当汉代的四分之一，口数当汉代的三分之一，要地无旷土，就要二百多万户耕六百多万顷田，每户就应负担二顷以上，治田过多的困难是一定不免，很可能造成无法偿种的现象。晋代男子一人占田七十亩，女子三十亩，其外丁男课田五十亩，丁女二十亩，次丁男半之。从太康户口数字来看，每十户平均是六十六口，这超过了任何一代的户口平均数。刘宋一代是四十三万多户，三百九十多万口，平均每户有九口，这都是豪族荫附的问题。假使晋代一户男女二人占田百亩，外丁男女二人课田七十亩，次丁男女二人课田五十亩，合共二百二十亩，这确实每户负担到二顷以上，比汉每户治田多二倍。这种田制根本就是役法，要使地无余力，来增加国库的收入，不管人民的能力，真是缺乏量力性，自然要造成损失。但三国时是长期战争，在历史上一般战争之后，每户不过二三人,甚者不能超过一户二人。太康一户六口,反超过任何太平之世,这自然是有多户合一户的事实,《晋书·慕容德载记》载韩诹说:"百姓迭相荫冒,或百室合户,或千丁共籍。"在这种情况下,自然也就有按丁给田来对付豪族荫户的必要。在一般平民来看,一夫一妇再有子次丁一人或二人,一家耕作,就可能到一百二十五亩,或百五十亩,依然超过汉时名田的一倍,是不是仍然要走上傅玄说的不能偿种的路?但事实上也未必尽然,这是从后面所讨论晋代的产量可以证明。傅玄的话只是一部分现象,原因是经过曹魏的大量兴修水利工程,入晋后杜预说:"凡汉氏旧陂旧堨,当修缮以积水,魏氏所造立,皆决沥之。"显然是蓄水过多,这都是对农作的优越条件。从这一点来看,水利的开发,使西晋人民的生活富裕,应该超过于两汉。既然每户掌握土地较多,收获量自然增加,是可以想象的。魏晋人民经济的充裕是无疑的。魏晋的一切学术思想各方面都是推翻了两汉的传统,应该是这种新经济力量的反映。至于西晋政府经济的充实,比之两汉如何?两汉是对九百万户劳动者进行剥削,西晋是对二百多万户劳动者进行剥削,户数悬殊虽大,但是人民耕二百亩田,就有百多亩是与官中分,因而剥削总量也就多了,每一农户经济自较充裕,政府经费就更充裕了。

两晋以来农业的生产量究竟如何?我们应当有个答

案。《晋书·食货志》说："咸和五年，成帝始度百姓田，取十分之一，率亩税米三升。"照此计算，每亩只能产米三斗，比之三斛，就差得太远了，和十分取一不合。假如说《晋志》的三升是三斗之误，也似乎不能。因为从魏到两晋说田税，总是说亩四升、五升、二升、三升，没有说到斗的。亩税数升是从汉末田税来的。晋代别有课田，他的课法，是从魏武屯田来的。从傅玄、封裕的话看，知课田至低是与官中分。这田租、屯田二者就是晋占田、课田的来源，也就是后来永业、露田的来源。上面引的这些材料好像都有问题，这里暂时不论。《宋书·徐豁传》一段文字很费理解，但似乎可信一些，它说："始兴郡大田武吏，年满十六，便课米六十斛，十五以下至十三，皆课米三十斛。"既称为课米，自然就是晋的课田。太康元年悉去州郡兵，大郡置武吏百人，小郡五十人，这就是徐豁说的武吏，这是从魏时军屯来的。晋行占田课田之法，是十六以上为正丁，十五以下至十三是次丁，丁男课田五十亩，次丁男半之。徐豁说的十六以上课米六十斛，十三至十五课米三十斛，正是正丁、次丁的年龄，课田次丁男半之，三十对六十正是一半，课田少一半，课米也自然少一半。始兴的课米，应该是晋代的制度保存于部分地方的。晋自过江以后，课田法的民屯部分已破坏不行，而代以租米，口或三石或五石，始兴还遗留有兵屯课米之法。《宋书·武帝纪》说："州郡县屯田池塞，诸非军国所资、利入守宰者，今一切除之。"可见屯田在宋代有不除的。若是这样理解古人没有错，那么课田是五十亩，课米是六十斛。拿与官中分来说，应该是产米一百二十斛，也就是应该产谷二百四十斛，这是五十亩的产量。不过，五十亩是占田户的课田，那是民屯，武吏是兵屯，不应用五十亩去计算。傅玄说："自顷日增田顷亩之课，而田兵益甚。"这是说兵屯的课田比民屯的课田顷亩要多些。这就应当还是照汉魏以来人耕七十亩计算，尤其应该照邓艾淮上屯田人耕七十亩计算，才是"田兵益甚"。七十亩课米六十斛，照与官中分来说，产米就应该是一百二十斛，产谷就应该是二百四十斛。若依七十亩产二百四十斛计算，一百亩就应该是三百四十三斛。比汉亩收三斛是增加了，不过加得不多。《隋书·食货志》说晋时"斗则三斗当今一斗"，《通典》也说"六朝量三升，当今一升"。这都说的是南朝的量，和孔颖达所说北朝的量不同，这倒不是矛盾，两晋南朝大致和汉量是相同的。百亩三百四十三斛，合唐量是一百一十六斛，比元魏百亩产量的一百二十斛还稍少一点，比汉亩收三斛是略微高一些。事实上，生产量较大的提高，应当是唐代的事。不过，生产量没有大的提高，并不等于说人民的财富就不能有所增加，因为每亩的产量虽只能略高于汉代，而每户治田却多于汉二倍，总收获一定大为增加，当然是事实，比之两汉人民，自是生活有进一步的提高。生产量的提高与否，是不能和实际收获的数量混在一起来看的。干宝《晋纪总论》说："太康之中，牛羊被野，余粮栖亩，行旅草舍；外闾不闭，民相遇者如亲，其匮乏者取资于道路，故于时有天下无穷人之谚。"干宝的话，纵然有些言过其实，但在占田、课田制度之下，人民实际收入较多，生活得较好，是很可能的。但是《王恂传》说："魏氏给公卿以下租牛客户数各有差，小人惮役，多乐为之，权势之门，动有百数。"晋代依官品以贵贱占田和占有一定数量的衣食客，事实上都又超过了限度。因为豪族占有广大的土地和佃客或奴隶，他们剥削了劳动人民的农作果实，成为他们所有，事实上掠夺了一部分人民的财富，只是就生产的估计是可以这样看的。

缪彦威教授供给我《初学记》卷二七引《晋故事》的材料说："凡民丁课田夫五十亩，收租四斛，绢三匹、绵三斤。"这一材料很可宝贵，《晋书·食货志》太略，遗漏了这项重要数字。我们从魏晋的田制和租调来研究，这种材料很可以作补充。《晋书·食货志》说曹操："初平袁氏，令收田租亩粟四升，户绢二匹、绵二斤。"这和《三国志·武帝纪》注引《魏书》的令完全相合，这是一般的赋调，这是郡县守令直辖之人民。建安元年"始兴屯田"，"乃募民屯田"。郡县都置农官，直属于大司农，置典农中郎将、典农校尉分列各郡，典农都尉分列各县，这是普遍大量屯田。《曹真传》说："何晏等共分割野王、洛阳典农部桑田数百顷。"就知道各县屯田之多，收入很占重要。由魏晋到隋唐，屯田都非常重要。魏时应募屯田的农民，叫做典农部民。《袁涣传》说："是时新募民开屯田，民不乐，多逃亡。涣白太祖宜顺其意，乐之者乃取，不欲者勿强。太祖从之，百姓大悦。"屯田的典农部民，和非屯田的农民是显然有别，这样的事情汉武帝就作过。《汉书·食货志》说：武帝时，"往往即治郡国缗钱，得民财物以亿计，奴婢以千万数；田，大县数百顷，小县百余顷，宅亦如之。……而水衡、少府、太仆、大农各置农官，往往即郡国比没入田田之"。曹操的屯田就跟汉武帝很相像，他作得更整齐有系统些。曹操那时一般农民的负担是用魏令的租调，至于屯田就不同，《傅玄传》载：泰始四年，玄上疏曰："旧兵持官牛者，官得六分，士得四分；自持私牛者，与官中分；众心安之。今一朝减持官牛者官得八分，士得二分，持私牛及无牛者官得七分，士得三分，人失其所。"《慕容皝载记》说："以牧牛给贫家田于苑中，公收其八，二分入私。有牛者田苑中，公收其七，三分入私。封裕谏曰：'魏晋之世，持官牛者，官得六分，百姓得四分，私牛而官田者，与官中分，百姓安之。'"典农部民的负担，就是如傅玄、封裕所说的样子，这是照豪民对佃户见税十五的办法，魏是这样，晋也是这样。傅玄又说："近魏初课田，不务多其顷亩，但务修其功力；自顷以来，日增田顷亩之课，而田兵益甚，功不能修理。"这里说的"魏初课田"，就是屯田。魏有民屯、有兵屯，晋朝也是这样，封裕说的是民屯，傅玄说的是兵

屯,晋的兵屯比民屯课田又多一些。陈留王奂咸熙元年,
"罢屯田官,诸典农皆为太守,都尉皆为令长"。这是魏亡
前的一年。《晋武帝纪》:"泰始二年十二月,罢典农官为
郡县。"两处记载应该是同一件事,罢屯田官就是用课田
法来代替。晋的男子一人占田七十亩,女子三十亩,《晋
故事》的"收租四斛",应该说的是占田,曹操亩收四升,晋
占田是百亩,自然是四石。《晋书》又说:"其外,丁男课田
五十亩,丁女二十亩,次丁男半之。"这是依照魏代屯田的
负担,傅玄、封裕他们所说就是课田的办法,《宋书·徐豁
传》所说武吏课田也就是这样。我看《初学记》引的《晋故
事》只说"课田夫五十亩",至于"丁女二十亩,次丁男半
之"都没提到,占田的话更没一字提到,想来原书不能不
全部提到,这显然是文句不完全,脱漏得多。我赞同余
逊、谭其骧教授的看法,用《晋故事》和封裕、傅玄的话来
补《晋书·食货志》的简略,是很可贵的。若据近代杨莲
生的解释,径以课田五十亩即收租四斛,这和傅玄的话就
冲突了,我不很同意;魏晋这一制度的关联就不易了解。
《晋书》说的"其外丁男丁女次丁男"都是说占田的当户丁
男丁女以外的子弟和侄辈和佃客、奴婢,所以加"其外"二
字,他这一法令,是根据户口和垦田的统计制定的,就是
要依照每户六口来负担二顷以上农田的工作(详后第六
节)。

　　元魏李彪议取州郡户屯田,一夫岁责六十斛。封裕、

傅玄都说魏晋是私牛官田与官中分。汉魏到唐宋都是屯田之赋比于豪民之租见税十五。我们就知道这里一夫终岁收获是一百二十斛，同时也应该用曹魏直到唐宋的屯田大率都是人耕七十亩来计算。尤其是元魏、周、齐授田都是一百四十亩，他更休耕作，也就是七十亩，他的产量是一百二十斛。这里就可算出若是一百亩，那么产量就应该是一百八十斛。孔颖达《左传正义》说："魏、齐斗称于古二而为一，周、隋斗称于古三而为一。"唐自然是沿用隋制，这里的古是指的汉晋，是魏齐的一斗五升才能合隋唐一斗，汉晋南朝要三斗才能合隋唐一斗。从李彪的话来计算，知道元魏百亩的产量是一百八十斛，自然合唐量是一百二十斛。比之晋代的产量，百亩之收合唐量是一百一十六斛，是大致相等的，或稍稍比晋提高一些。但情形又不能一概而论，《魏书》既说："正光（明帝）以前，时惟全盛，户口之数，比晋太康倍而余矣。"《通考》就推定魏有五百万户以上，魏的疆域只有西晋的一半。西晋土广人稀，可以尽量先耕良田，元魏就没有这种条件，元魏丁男女受田率倍之，共一百四十亩，番休是年耕七十亩，这又是别一种有利条件。《玉海》说魏是三百二十七万户，那么他在汉晋七八百万顷垦田的疆域一半以内安排三百多万户，每户一百四十亩，只需要四百五十万顷垦田就够分配。垦田的美恶和汉是可以相等，但就无法比晋了，元魏和晋的生产就不是百二十石和百一十六石之比了。从周到隋，我们在前面考察过李悝说的战国生产量，以百亩来计算，他能够生产一百五十石。再用唐量折算，只有五十石了。晁错说的百亩百石，合唐量是三十三石。不过这是东田。如用汉亩来算，百亩是二百四十石，合唐量是八十石。从仲长统的一亩三斛来看，知道从赵过以后，渐渐就全面进展到百亩三百石，合唐量是一百石。从徐豁的话来看，晋宋产量是三百四十三石，合唐量是一百一十六石。从李彪的话来看，元魏的产量是百亩一百八十石，北朝的量和南朝不同，合唐量是一百二十石。中国史上生产量的不断提高，我们就可以看出一点比较具体的差度。我并不是肯定这个纪录是完全合乎实际情况，但我们总应该找寻这一长时间发展过程中的进度，如这样看法不错，那就有一个约略的轮廓了。汉代生产比周是前进了一点，南北朝进步就缓慢了，在这一长期的战乱中和军阀的剥削下，生产当然不会有多少进展。

汉的田税，是按亩征收。魏的屯田和晋的课田，就是以口计，口多当然授田也多。假如说晋的占田，丁男女共一百亩，产量是三百四十三斛。照魏时田收租亩四升，百亩自然是四石。其他丁男女二人课田七十亩，次丁男二人课田五十亩，共合百二十亩，产量是四百一十一斛六斗。六口合占田课田二百二十亩，产量共七百五十四石六斗。百亩的田租是四石，一百二十亩的课田是与官中分，应缴出二百五石八斗，还可余五百四十四石八斗。六人人月食二石，年共须一百四十四石，还剩四百石零八斗，用去作担负绢二匹绵二斤的户调。我们前面说过晋代户口是因为豪族荫附多，所以每户平均的口数，超过了历史上任何时期。以经过三国长期战争来说，晋代户口后多也只能每户四口，若是以丁男女二人，次丁男二人计算，应该每户一年还可余四百二十石五斗，除四人年食八十一石六斗，也还可剩三百三十八石九斗，合唐量一百一十二石九斗。比两汉人民所能蓄积的约多两倍，所以说晋代人民生活比较丰裕，不过多的剩余，却被豪族地主夺去了。东晋改为亩收三升或二升。太元二年除度田收租之制，改为口税米三斛，又增为五石。还是因为地主的奴婢佃客太多，所以只计口而不计地亩了。

元魏初期，是天下户以九品混通户租粟二十石；延兴时，河南六州之民租三十石。李冲说："魏初不立三长，人多隐冒，五十、三十家方为一户。"户的人多，户的租也就多到二十石或三十石，全然是这种关系还不算重赋。"太和元年，敕所督课农田，一夫治田四十亩，中男二十亩，无使人有余力，地有遗利。"这是行均田的动机，想要加以整理，拿口来作征收的单位，拿四十亩来作耕作的单位。所以后来的均田，是丁男受露田四十亩，又说"所受之田率倍之"，连倍田四十亩，就是八十亩，这是易田番休的意思；丁女露田二十亩，连倍田为四十亩。桑田二十亩，女丁无桑田。合计是一百四十亩。北齐一夫受露田八十亩，一妇四十亩，受永业田二十亩。合计还是一百四十亩。北周有室者给田一百四十亩，单丁给田百亩。隋用北齐的制度，也是一百四十亩，内露田百二十亩，每年只耕六十亩，别有六十亩休息。这比晋朝就要合理些，大约也是因为元魏的户口比较稍多，有三百多万户，比晋初多一些。元魏一夫一妇粟二石，北齐垦租二石，义租五斗，北周粟五斛，隋同于北齐。这是北周人口少的原因，所以取得多，是很明了的。北齐依据贫富为"三梟"。北周是"丰年全赋，中年半之，下年一之，若凶札则不征赋。"北周虽重，但要丰年才全征，便是调节的办法。

两汉田租之外，口赋称算，是纳钱。从董卓乱后，钱法已坏不能行，而改用绢、谷，所以魏开始户调，就用绢。这是谷帛已取货币的地位而代之，魏武帝令户绢二匹、绵二斤；晋是岁输绢三匹、绵三斤；宋大明五年是岁输布四匹；元魏一夫一妇帛一匹；北齐人一床，绸绢一匹、绵八两；北周也是绢一匹、绵八两。不过这些绢匹都不易估价，吕诚之先生考定绢匹三百、绵一斤为六百七十二文。但这是绢低的价，相当于米四斛；绢价高时匹值一千。究竟需要好多米，才能完纳户调？至于北朝又是如何？都只好存而不论。晋代是占田亩多、课田亩少。元魏北朝以来，永业是沿袭占田的意思，露田是沿袭课田的意思。露田比永业多了，这还是征收的对象重在人口的意思。北朝各代的田制不同，但每户是一百四十亩是相同的，因为休耕的原故，仍然是人耕七十亩那个基本原则。元魏的产量是七十亩一百二十斛，合唐量是八十斛，仍以汉量五口之家月食人二斛计，终岁食合唐量四十石，租的二石或五石也从这里出，户调绢绵也从这里出，还剩三十余石，这和汉代人民的可能蓄积不相上下，但还要支出"社间尝新春秋之祠""五人制衣费用""不幸疾病死丧之费"，人民生活仍然很苦，与西晋人民相比就更苦了。

两晋南北朝的谷价，觉得太贱，这是和币制有关。吕诚之先生考察这一时期的谷价很详，尤其对于币制讨论得很透彻，现在就把吕先生的话引用在这里。吕先生把晋怀帝以下一二十条米贵的材料举了出来，他说这些都是饥荒丧乱时候的情形，实在不足以考见人民的生活。他举《晋书·食货志》："远夷输义米，户三斛，远者五斗，极远者输算钱，人二十八文。"课调愈远愈轻，二十八文必定还不到米五斗的价。《齐书》"豫章王嶷为荆湘二州刺史，以谷通贱，听民以米当口钱，优评斛一百"。这是谷一斛的价不到一百。荆湘原是产米的地方，至其余别的瘠薄之区，想当在百钱左右。梁天监四年大穰，米斛三十，农人就当然更吃亏。《魏书·食货志》说："天兴后，比岁大熟，匹中八十余斛。"假如依石勒时中绢的价为四千，米一斛的价就是五十。这里所说的斛大约还是照古斛说的。这证明不论南北朝谷价都很贱。吕先生又引《晋书·食货志》："魏武时，不铸钱，既久，货本不多，故谷贱无已。"这是钱已废而不行。宋琳之说："钱废谷用，四十年矣。"前世钱贵，民间并不甚用钱，到梁时短陌大行，京师以九十为陌，其次八十、七十，末年甚至以三十五为陌。这是钱日贵，物日贱，值一百钱的，甚至仅值三十五。沈庆之通私铸，梁武帝铸铁钱，钱法大坏，积如丘山。这时物价就应该很贵，但是钱价还远比后世为贵。这是当时把晋钱折减行使，物价仍以好钱为准。江夏王义恭欲以大钱一当两，萧子良说："买本一千，加子七百。"这是以十七当十。从永初到元嘉，物价减半，到萧齐初年，仅为十分之一了。这就是当时物价一直降落的原因，吕先生说得很清楚。我看《水经注》卷四十说：会稽"射的山，年登否常占射的以为贵贱之准，的明则米贱，的暗则米贵，故谚云：射的白，斛米百，射的玄，斛米千。"这可以看出中价，和吕先生所推断大致亦合。《宋书·孔顗传》说："都邑米贵，一斗将百钱。"斛米千钱自然是贵。"优评斛一百"，当然是贱的现象。

三 唐宋金元的农产量

陆贽说："有田之家，坐食租税。京畿之内，每田一亩，官税五升；而私家收租，亩至一石；降及中等，租犹半之。官取一，私取十。"唐时豪民收租，仍然是见税十五。《新唐书·段秀实传》："泾大将焦令谌取人田自占，给与农约熟归其半。”政府屯田、营田，也还是这种办法。“徐申迁韶州刺史，按公田之废者，募人垦发，以所收半畀之。”照这样来看，私家收租，亩至一石，自然是亩产两石；“中等租犹半之”，这是次等田亩产一石。“调露中，河源垦田五千顷，收粟斛百余万。”正是百亩收二百石。《通鉴》说：“元和中，振武垦田四千八百顷，收谷四十余万斛。”正是百亩收百余石的实证。“韩重华代北开废田，益兵三千人，岁收粟二十万石。”这里没有说是若干顷，如是人耕七十亩，依然是他在振武的办法，那么三千人就该二十一万亩，还是百亩百石的样子。“崔弘礼为河阳节度使，溉田千顷，岁收八万斛。”则是百亩八十石的样子。这是溉田，就可能是收租一半的办法。千顷知道是产十六万斛的样子。从田有高下来看，通肥硗之率，唐代平均每亩大约是一石半，合汉量就是四石半。唐的生产量比汉是增加百分之五十，但汉是六尺为步，唐是五尺为步，都是二百四十步为亩，汉亩大于唐亩几于三分之一，唐百亩只能合汉七十亩，可知汉的一百亩在唐的产量应该是两百石，合汉量是六百石，这显然是比汉扩大了一倍。唐时严郢上疏论陵阳渠说：“岁僦丁三百，钱一千八百八十万，米二千一百六十斛。”知道一人每年食七石二斗，每月食六斗，唐一斗当汉三斗，六斗为一石八斗。这和严尤的话完全符合。五口之家一年需食三十六石，连租庸调的负担，也不过四十石内外。每家一顷，产百五十石，总可剩一百石内外，用来进行交换，满足自己一家的生活。工商业的发展，到唐确是有了基础，农村的购买力，显然提高。因此，认为唐以前的商业有如何的扩大，那是不能想象的。

庞石帚教授他考查唐代米价很精详，我这里需用得着，我就请他写出来，这是他没有发表的文字，他允许我引用，这是最可感谢的。他的原文很长，我只能征引大要。庞先生考《魏征传》说："（贞观）四年，米斗三钱。"《贞观政要》："贞观十六年，天下粟价，率计斗值五钱。其尤贱处，率斗值三钱。"这是三百年间米价最贱的时候。《通典》说："高宗麟德三年，米每斗五文。"《旧唐书·玄宗纪》："开元十三年，东都斗米十钱，青、齐米斗五钱。开元二十八年，频岁丰稔，京师米斛不满二百。"这时增价无多。《新唐书·食货志》："天宝五载，米斗之价钱十三，青、齐米斗才三钱。"玄宗晚年真可比隆贞观。杜少陵诗说："岂闻一绢值万钱，有田种谷今流血。"唐代绢一匹和米一斛的价大约相等时多。如《通鉴》说："开元二十八年，京都米斛直钱不满二百，绢亦如之。"一绢万钱，斗米就应当值千钱，这首诗王嗣奭定为广德二年所作，其说甚谛。《旧唐书·代宗纪》："广德二年，京师米斗值千文。"这比开元盛时，米一斗增价至五十倍。《肃宗纪》说："乾元三年，'岁饥，米斗至千五百文。'"《新唐书·五行志》说："代宗广德时，关中斗米千钱。"《本纪》："永泰元年三月,岁饥,米斗千钱,诸谷皆贵。七月,时久旱,京师米斗一千四百,他谷称是。""大历四年八月,自四月连雨至是月,京师米斗八百文。五年七月,京城米斗千文。"《新唐书·刘晏传》也说:"代宗立时大兵后,京师斗米千钱。"这七八年间,斗米高则一千,低则八百。不过这是京城的价,四方当然略减。若遇丰年,又当更减。李翱说:"德宗建中元年,初定两税,当时米一斗为钱二百。"《通鉴》说:"贞元以来,岁最丰稔,每斗值钱百五十。"《唐会要》卷九:"贞元二年,度支奏请于京兆府折明年夏税二十四万四千贯,又请度支给钱添成四十万贯,令京兆府今年内收籴粟、麦五十万石,以济军食。"若用四十万贯籴五十万石,是每石八千,每斗八百。这和大历四年久雨米涨的价格相同,未免太贵,理必不然。当是籴粟、麦各五十万石,共一百万石,价是每石四千,每斗四百,这才是当时中价。又考《陆宣公奏议》二说:"关辅年谷屡登,农困谷贱,今夏江淮水潦,米贵加倍,淮南诸州米斗当钱百五十文。米糙且陈,为京师所贱,市司月估,每斗只籴钱三十七文而已。"又说:"今岁关中丰成,请广和籴,以救农人。通计诸县贵贱,并雇船车般至太仓,谷价得四十余,米价得七十以下。"又说:"京兆开场和籴,每斗与钱一百文,计加时估价三十已上。"此奏在贞元末年,因为连年丰收,米价如此,比贞元初年只值四分之一。别的时候自然不是这样,大概中唐以后,斗米之价,是在七百和三百之间,过此就真太贵或太贱，就要病民或伤农。元和时李翱说："今粟帛日贱，钱益加重，米斗不过五十。"这是两税法行后，钱贵物贱的现象，直到唐灭亡时依然物贱。《太平广记》："宣宗大中末年，京国米价斗四十。"也是如此。至于战争或围城时，米价就没限制，《鲁炅传》："保南阳郡，为贼所围，米斗至四五十千。"《高骈传》："杨行密攻扬州，城中斗米五十千。"《安庆绪传》："王师围邺城，米斗钱七万余。"这些就都不能当常价看。只是懿宗咸通九年庞勋在徐州暴动，《通鉴》说："旬日间米斗直钱二百。"这是暴涨现象，为什么仅值二百？那是元和以后，钱贵物贱。斗米五十，骤至二百，自然是暴涨。

《通典》说：隋"承周、齐分据，赋重役勤，人不堪命，多依豪室，高颎睹流冗之病，造输籍之法，于是定其名、轻其数，使人知为浮客，被强家收太半之赋，为编氓奉公上，蒙轻减之征"。输籍就是确定户的上下，使轻重得宜，长吏不能出没欺隐，这样一来，弊端杜绝，佃客都愿变为自耕农。隋王朝的富足，可说是输籍之法的关系。统治阶级常常都有他内部的矛盾，就是政府和大地主不断的争夺人民。高颎是给六朝以来的门阀以致命打击，为唐租庸调铺平道路，为唐代提高农业生产创造了条件，这是暂时解除了地主佃客之间的剥削关系。从唐中叶以后，这种制度根本破坏了，人民长期束缚在地主的剥削之下而无法挣脱，生产量也就不能有显著的提高。一切思想学术文艺,都是陈陈相因。从汉到隋,是一个大段落。唐以后到清,是另一个大段落。历史在这里是分了鸿沟,也就是汉和唐都是生产猛烈提高的时代,因之汉唐也是中国史上最强盛的时代。这种制度遭到破坏后,中国长时期就再没有土地改良政策的实施,剥削从未松缓。宋朝刘恕说:"魏、齐、周、隋兵革不息,农民少而旷土多,故均田之制存,至唐承平日久,故田制为空文。"南宋林勋也说:"唐之口分,人八十亩,贞观之盛,户不及三百万,唐制受田倍于古,而地亦足以容之,然按一时户口,而不为异日计,则后守法难矣。"黄以周也说:"唐度田之法,迨其后人繁田少,势不能给,此立法之不善也。"都是说租庸调这一制度的本身就有它必然破坏的客观条件。这种看法,我想未必正确。唐代户口最高的数字,是天宝时的八百万户、九百万户,这时的垦田是一千四百万顷,每户授田一顷,还有很多的田在政府掌握中。何况隋朝八百余万户,垦田是一千九百余万顷。汉代提封田一万四千五百余万顷,其一万二百余万顷邑道山泽不可垦,其三千二百二十九万余顷可垦,定垦田八百余万顷。可垦而未垦的田,前代那样的多,决不能说唐代已经人繁田少。天宝定垦田五千二百余万顷,这是包括可垦而未垦的荒地,在当时实垦的熟地,才是千四百余万顷。汉六尺为步,唐五尺为步,唐亩比汉小,汉三千余万顷,可能合唐五千万顷。宋代《治平会计录》说:"租赋所不加者,十居其七,率而计之,天下垦田无虑三千余万顷。"开元十八年裴耀卿说："计有剩田者不减三四十州。"这是地有剩余的明证。北宋最高到徽宗时是二千万户，要是一户百亩，我想仍然有田；唐才八九百万户，怎么可说田不够分配。垦田千四百万顷，还有四五百万顷是如何耕法，倒值得研究，黄少荃教授告诉我说："多丁之户，授田不止一顷。"这一提示，使我很感谢，我想开元时，"天下诸州九百九十有二，收谷百九十一万余石"。凡屯田之兵屯、民屯，以及官僚之职田、公廨田，佛道寺观之田，都在这四五百万顷中，四五百万顷田，就在这里算。

《通典》载："天宝十四载，管户总八百九十一万四千七百九，应不课户三百五十六万五千五百一，应课户五百三十四万九千二百八十。管口总五千二百九十一万九千三百九，不课口四千四百七十万九百八十八，课口八百二十万八千三百二十一，此国家之极盛也。"唐王朝课户、不课户是有其规定的。《通典·食货》引开元二十五年户令云："诸户主皆以家长为之，户内有课口者为课户，无课口为不课户，诸视流内九品以上官，及男年二十以上（疑当作下）、老男、废疾、妻妾、部曲、客女、奴婢，皆为不课户，无夫者为寡妻妾，余准旧令。诸年八十及笃疾给侍一人、九十二人、百岁五人。"《新唐书·食货志》："太皇太后、皇太后、皇后缌麻以上亲，内命妇一品以上亲，郡王及五品以上祖父兄弟职事，勋官三品以上有封事者若县男父子，国子、太学、四门学生、俊士、孝子、顺孙、义夫、节妇同籍者，皆免课役。凡主户内有课口者为课户。若老及男废疾、笃疾、寡妻妾、部曲、客女、奴婢及九品以上官，不课。"显然，这些不课户中，大量是有劳动力而被免去课役的特权阶层。当然，属于幼孤、老男、废疾、笃疾、寡妻妾等没有劳动力的人户也有相当数量。特别是在开元、天宝之际，唐王朝多次开边，用兵于西、北、东北各方，农村壮劳力受到很大损失，这在当时大诗人杜甫的诗篇中有不少写照。天宝十二年《兵车行》写道："或从十五北防河，便至四十西营田。……边亭流血成海水，武皇开边意未已。君不见汉家山东二百州，千村万落生荆杞。纵有健妇把锄犁，禾生陇亩无东西。……且如今年冬，未休关西卒。县官急索租，租税从何出?"显然在天宝末年，部分农村已出现破产现象，经济危机即将爆发。李翰《苏州嘉兴屯田纪积颂》言："兴师十万，内外骚动，不得操作农桑者七十万。"何况开天之际，用兵远远超过十万，其破坏生产的程度也就不难想见了。天宝十五年安史之乱起，农村经济就更每况愈下。这便是杜甫名篇《三吏》《三别》产生的时代背景，同时它们也深刻地揭示了当时的社会状况。《新安吏》写道："客行新安道，喧呼闻点兵。借问新安吏，孙小更无丁。府贴昨夜下，次选中男行。"《羌村》写道："苦辞酒味薄，黍地无人耕。兵革既未息，儿童尽东征。"《垂老别》写道："子孙阵亡尽，焉用身独完。"《无家别》写道：

"四邻何所有，一二老寡妻。"《石壕吏》描写得更为凄惨，只剩下"老妪力虽衰，请从吏夜归。急应河阳役，犹得备晨炊"了。开元全盛的景象，从此就一去不复返了。

宋初陈尧叟说："陈、许、邓、颍，暨蔡、宿、亳，至于寿春，用水利垦田，陈迹具在，亩约收三斛，七州之间，可得三百万斛。"熙宁三年王韶说："渭原城下至秦州，旁河五六百里，良田不耕者，无虑万顷。治千顷，岁可得三十万斛。"都是一亩收三斛的说法。这不是宋比唐的产量增多，宋是五斗为斛，二斛为石，亩收三斛，是亩收一石五斗。熙宁八年，"李宏创木兰陂，溉民田凡万余亩，岁输军储二万七千斛"，也就是一万三千五百石，是亩收一石三斗。天圣中，襄州营田得谷三十三万余石。考咸平时曾说这里淳河入官渠溉民田三千余顷，这是亩收一石一斗。治平中，河北屯田三百六十顷，得谷三万五千石，说是"所入无几"，这是亩收不到一石。建炎时，两浙官庄田四万二千余亩，岁收四万八千余斛。官庄自然仍是收租，两浙田美，一亩是二三石。南宋许多时候都是斛字仍依古义为一石，下面就是这样的例子，那么产量应该是九万六千余石，一亩或是收二石三斗的样子。景定四年，陈尧道说："自两淮、江东西买公田得一千万亩，则岁有六七百万斛之入。"《齐东野语》是斛字，《续通考》是石字。这是贾似道的公田，是依豪民收租的办法，应该一千万亩田，产量是一千二百万石到一千四百万石，收十五之租，自然是六七百万石，这是一亩收一石三四斗的样子。王炎《双溪集》说："膏腴之田，一亩收谷三斛，下等之田一亩二斛。"方回《续古今考》："余在秀望吴侬之野，皆佃户也。"假如亩收三石或二石，姑以二石为中。南宋《群贤小集》周弼诗说："长田一亩三石收。"这都是长江以南的现象。从开庆《四明通志》看来，田租每亩平均约收一石四五斗。《越中金石记》绍兴五年《嵊县学田记》有六亩田收租八石一斗的，知道亩产二石七斗；有八亩收租六石四斗八升的，知道每亩只产一石六七斗。《两浙金石记》景定三年《绍兴府学田记》，有三亩收租三石的，是亩产二石；有三亩多田收租一石五斗的，是亩产一石。应当说亩产二石是平均现象，是比较普遍的。这都是宋和唐代产量大约相等的证明。只有吕惠卿对神宗说得很奇怪，他说："臣等皆有田在苏州，一亩岁收米四五斗，然常有拖缺，如两岁一收，上田得米三斗，斗五十文。"照这样说，两浙每亩不过产米八九斗的样子，他的话真句句可笑。同时苏洵就说过："富民之家，阡陌连接，募召浮客，分耕其中。鞭笞驱役，视以奴仆，安坐四顾，指挥于其间而役属之，无有一人违其节度以嬉。而田之所入，已得其半，耕者得其半。是以田主日累其半，以至于富强；耕者日食其半，以至于穷饿而无告。"这说明了那时地主好大的威风。韩元吉也说："永丰圩初赐蔡京，后赐秦桧，其管庄多武夫健卒，欺陵小民。"说明他们一个管庄也就非常厉害，谁还敢短欠他的田租。《建炎以来系年要录》绍兴四年载王居正说:“杀人者死,百王不易之法。伏见主殴佃客致死,初无减等之例,至元丰始减一等配邻州,而杀人者不复死也。及绍兴,又减一等,止配本州。由是人命寖轻,富人敢于专杀。”这是中国史上专与人民为敌的反动法律之一,这种措施最足表示它是官僚地主的政权,掌握元丰政治的是新派,掌握绍兴政治的是秦桧等主和派,在这种法律之下,竟有佃客敢欠吕惠卿这些新派人物的田租,岂能令人相信。范仲淹陈十事说:“臣知苏州田出税者三万四千顷,中稔之利,每亩得米二石至三石,计出米七百余万石。”他们必然亩收租一石至一石五斗。《续通鉴长编》载熙宁八年诏:“三司以上等粳米(粗米)每石为钱一千,中等粳米每斗为钱八十五,零粜与贫民,无与亭贩之家。”《长编》又说:“熙宁八年,诏淮南、江东、两浙勘会米斗钱八十以上处,留上供米减价市于民,斗勿过八十。”这应该都是低价济贫了。范仲淹又说:“五代时,钱五十文籴白米一石,今江浙之米,石不下六七百文足至一贯文。”为什么吕惠卿他们的田一亩只能产八九斗?他们的米只卖五十文?吕惠卿在华亭强买民田,他是叫华亭知县张若济强贷部民朱庠的钱四千余贯作他付买价。王楙《野客丛谈》:“汉田每亩十千,与今大略相似。”是宋田价约一亩十贯,四千余贯当买田四百多亩。章惇也是在崐山县强买民田。这批人都是努力在作恶霸地主。黄溍《半山报宁寺碑记》说："荆公居江宁，大治居第，（后）施为僧寺。寺基为亩八十，环其旁田园陂池为亩二百。其在句容、乌江两县者为庄五。惟太平青山庄之田出于荆公长子雱之妇萧氏者为亩一千。"王荆公必然有田数千亩，当然也是大地主。熙丰新法，免役、青苗多是刻薄贫民，维护地主官僚利益，是最反动的。现在不过因问题牵涉附带谈到一点，以后将别作专篇讨论变法的好坏。至于吕惠卿的前一段话，无一可信，若根据此种材料来考查农业生产量或主佃关系，那就南辕北辙了。

前面引苏洵的话，知道北宋佃客交租，仍然是十分之五。洪迈《容斋五笔》也说："董仲舒言：'或耕豪民之田，见税十五。'言下户贫民耕垦富豪家田，十分之中以五输本田主，今吾乡俗正如此，目为主客分。"知道南宋也是这样，我们自然可以根据这一条件来处理宋代许多材料。估计宋代的农业生产量，大约还是在亩产一石五斗以上。但是熙宁间吴充说："因弓箭手仿古助田法，熙河四州万五千顷，十分取一以为公田，岁亩一石，则公田所得十五万石。"同时郑民献也说："因弓箭手为助法，一夫受田百亩，以十亩为公田，岁亩收一石。"这自然是说一亩只能产一石，不过，熙河是中国西北边疆，土地硗薄，或者只能亩产一石，不是各地都止如此。又如林勋在绍兴时献《本政书》说："百亩之收，平岁米五十石，上熟之岁为米百石。"米百石，自然是谷二百石，米五十石是谷一百石，那么百亩之收,还是在谷百石到二百石之间。他是欲渐复井田,通各地来估计,有意估计稍低一点,是无疑的。可以说,宋代的产量,大概就是一亩收一石五六的样子。宋代的垦田,隐没太多,官府所据征税顷亩自不足信。《治平会计录》说:"率而计之,天下垦田无虑三千余万顷。"这也或有夸大。当时户或百亩为率,仁宗时候可能是有一千多万顷。这就可约略估计每年可能生产的粮食了。《谈录》说:"真宗欲东封泰山,晋公为三司使,真宗问:粮草得备否? 晋公曰:随驾兵士不过十万,每日请口食米二升半,一日只支计米二千五百石,或遇驻跸处不过三日,只支得米七千五百石,何处州县无七千五百石?"这也大略可见当时州县有储存的粮食。一人日食二升半,知道每月要七斗五升。但这是兵士的食量,全是《管子》所说的大男,不是一般人都如此。《梦溪笔谈》说:"米六斗,人日食二升,二人食之,十八日尽。"《癸辛杂识》说:"杭城凡十六七万人,人以二升计之,非三四千石不可以支一日之用。"这就是人月食六斗。范文正公治河,人日给米六升,则一月就该一石八斗,但是这是工资,不是口食。汉晋三斗大致合唐宋一斗,宋的六斗,自然是汉的一石八斗,宋的七斗五升,自然是汉的二石二斗五升。这是和我们考查汉晋人的食量很吻合。宋代社会的消费,就可以从这里算出。

宋代的米价,冯汉镛同志考得很详,他把从汉到清末的米价,全盘考出,这是颇不容易的。我在这时才看见他的稿子，真枉费了些气力。现在就全用他的。他的全文是在考米价的波动，我这里所需要的是在找出每个时期平稳正常的价格，只引用他的一部分材料，是得到他同意的。冯汉镛同志考，宋在太宗时候，米价低廉。司马光说："太宗平河东时，米一斗十余钱。"这是米石百余钱。所以范仲淹说："皇朝之初时物至贱。"《续通鉴长编》说："真宗祥符间，襄、许、荆南、夔、归、峡等州，米斛钱三百。"仁宗时间，西夏战争暴发，米价就节节上涨，《宋会要》说："天圣四年，荆、湖、江、淮四路米价，每斗或七八十，有至百文足者。"范仲淹也说："今江浙之米，石不下六七百文足至一贯者。"司马光说："平时一斗，直四五十钱，更急则二三十矣。"大约元丰、元祐的米价，是四百五百一石。《食货志》说：宣和四年榷货务说："熙丰以前，每石米价，不过六七百，今来米石二贯五至三贯。"这是徽宗主政以后铸造大钱，米价便飞涨起来。在女真南下的时候，就贵得不能说了。南渡后，米价仍高，如《挥麈录》说："浙西平江米斗钱五百。"绍兴元年，张守奏："浙西前此每斗一千二百，今减作六百。"这都是那时比较平稳的价。乾道四年时，米价跌下来，《宋史·食货志》说："石钱二贯五百文。"王炎《双溪集》也说："籴谷一斗，为钱二百五十文。"《入蜀记》说：乾道六年，"米斗六七十钱"。这是金宋议和后的物价，比较平稳。到了开禧以后，滥发纸币，就不必论了。《许国公奏议》说："未有石米之值，为缗丝三百四十千而不危者。"《可斋杂稿》说："京畿近地，米石百千。"都是特殊现象，无须说他。

金元两代，和宋比较，农业生产，毫无进步。章宗泰和元年，更定赡学养士法，生员给民佃官田人六十亩，岁支粟三十石。这还是见税十五亩收一石的样子。《食货志》宣宗兴定三年，侯挚说："河南军民田，见耕者九十六万余顷，上田可收一石二斗，中田一石，下田八斗，十一取之，岁得九百六十万石。"平均仍是亩收一石。这比北宋少得多了。北宋末年终南宋一代，中国气候有一特殊变化，就是这长时间黄河流域雨量锐减，而长江流域是丰收。长时期旱灾，金人南下以后，农产量只能是如此。元武宗至大二年说："近幸为人奏请赐江南田千二百三十顷，为租五万石。"这明明是江南，和北方旱灾无关。照亩产一石计算，就应该是十二万三千石，见税十五，租就该六万一千五百石，现在才五万石，这不是产量比宋减少，而是元代把宋的一石只当七斗，元的五斗，自然要合宋的七斗，五万石是合宋七万石，产量仍然是宋十四万石。一亩的产量，就应该是一石二三斗的样子。黄溍的《汤氏义田记》说："汤氏在龙泉置义田，其为田二百亩，岁可得谷四百石。"这是亩收二石，应该还是根据宋量说的。若是元量，二石合宋量就是三石，或许不会这样多。冯梦祯《快雪堂漫录》说："大同大米银二两一石，准南斗一石五斗。"这证明元代政府公牍用官斗，南方民间仍用宋量。

当时叫做南斗。《两浙金石志》载《湖州报恩光孝禅师碑》说："其田每亩租米一石。"这也是亩产二石的说法。《越中金石志·余姚普济寺舍产净发记》说："每亩收二石五斗，或三石二斗。"田好一点，收也就多些。合南北来看，和宋元量的不同来看，金元的产量，和唐宋相比，是毫无进展的。宋潜溪说："窭人无田，艺富人之田，而中分其粟。"这一制度，从宋元以来，似乎更为普遍。金元的材料，也是依照这个例子去算的。这一时期的米价，也引用冯汉镛同志的稿子，他依据《农田余话》说："元印造中统交钞，得江南之初，以一贯准宋会（子）三十五贯，时米沽一贯一石。后造至元钞兼行，以一当五，至是米值十倍于初。以中统钞言之，十余贯也。至正十一年，米石价旧钞六十七贯，至是六十七倍于国初。"又引刘埙《水云村泯稿》说："大德十年，江浙大饥，常年米石价止中统钞一十两，今则价值每石乃三十两之上。"元《公牍拾零》说："至正六年，粳米上等每石中统钞四十两，中等每石三十七两五钱，下等每石三十二两。占米上等每石钞三十七两五钱，中等每石三十五两，下等每石三十二两。"《辍耕录》说："至正癸亥（十九年）杭州城中米价腾贵，一斗值二十五缗。"这可见元初米价平稳的时候，是一贯一石，至大德这一段时候，是十贯一石。若遇饥荒，更涨到三十两（贯）一石。顺帝以后，就不必论。元代前后米价，不是米涨，只能看作钞跌，因为元代钞法太乱的时候多。

四　明清的农产量

明清两代,农业生产量,从表面上看,仍然和宋代差不多,也不过是每亩收一石半到二石的样子。但明代的量比宋大,每二石要合唐宋三石。明景泰六年,"永嘉大长公主奏,愿以无锡田一千二百余亩,岁入租粮七百余石,以助军需之用"。知道一千二百余亩的产量是千四百多石,这是亩收一石一二斗的样子。《日知录》引洪熙元年周干说:"如吴江、昆山等田,亩旧税五升,小民租佃富室田,亩出私租一石。"这是亩产二石。若是和唐宋的量来比,就等于唐宋的三石,显然是提高了百分之五十。唐甄《潜书》说:"是时常赋十五,四十亩田入四十一石。"知道产量是八十二石。《日知录》说:"吴中一亩之收不能至三石,少者不过一石余,而私租之重者至一石二三斗,少亦八九斗。"这都是明末清初的情况。方苞说:"金陵上田十亩,丰年获稻三十余石,主人得半。"陈绍洙说:"南昌新建,佃田者上则亩租二石,中或一石五六斗,下则亩率一石。"这种情况有些突出。吴承洛考南昌旧一亩合市亩1.02,江宁一亩合 0.415,这是亩大一倍的特殊原因。骆秉章说:"湖南有田百亩,可收租谷百石。"也是亩产二石。陈瑚说:"百亩之产,入租百石,千亩之产,入租千石。"清代南方各地的情况,大概就是平均亩产二石的样子。《农政全书》引明汪应蛟说:"天津葛沽一带,若以闽浙滨海治地之法行之,可为稻田。今春始开渠筑堤,葛沽、白塘二处,耕种计五千余亩,内稻二千亩,其粪多力勤者,亩收四五石。"这是最特殊的情况。明代山东滨海斥卤的地方,也有这样的事例。至于太湖松江一带,亩收四五石,是更明显的。但这些都不能作一般的情形来看。

冯汉镛同志考明代的米价,他依据《明史·食货志》说:"洪武九年,户部奏银一两、钱千文、钞十贯,皆折输米一石。三十年时,户部定钞一锭,折米一石;金一两,十石;银一两,二石。"这时社会安定,米价也降低了。这是明代长期的平稳价格。《日知录》引仁宗洪熙元年尹崧奏:"四方米价,贵贱不同,每石钞四五十贯者有之,六七十贯者有之。"宣宗宣德初年,《周忱传》说:"南京米贱时,俸帖七八石,仅易银一两。"宪宗时《明会典》说:"成化六年,发粜每斗杭米收银六钱,以杀京师米价腾贵。"六两一石,已经是贵的样子。孝宗弘治时,《马文升传》说:"粮一石费银一两,丰年用粮八九石方易银一两。"隆庆间《经林续记》说:"两广惟米最贱,熟米每斗银三分。"万历时,《崔鸣吾纪事》说:"苏、松、嘉、湖一带,米石价一两六钱。"《启祯纪闻录》说:"父老竞传,万历十六年为大荒,米石价一两六钱。"《坚瓠五集》说:"万历己丑(十七年),商人自楚贩米至吴,岁旱,斗米百五十钱,计利已四倍。"《留都闻见录》说:"国朝以来,南京米贵,仅嘉靖、万历时一再见。万历戊子至一两六钱。"到四十八年时，《涌幢小品》说："近日有茶山王，说者历历若亲见，米一时踊贵，斗至百五六十钱。"熹宗时，《启祯闻见录》说："天启五年，吴中饥，米价顿加至每石一两二钱。"《续通考》说："天启五年，天津米值一斗至一钱四五分。"这都说是贵价。推测当日的市价，大约是五钱一石到一两一石。思宗时，天下已经呈现着不安的状态，米价比平常高，或银百五十两一石，或斗米十金。冯同志把银和钱同时并用，我现在把王逋《蚓庵琐语》一段引在这里。他说："明朝制钱有京省之异，京钱曰黄钱，七十文值银一钱。外省钱曰皮钱，百文值银一钱。"《日知录》考明代银价很详，这里只大略看看银价而已。

要知清代米价，就须先考清代银价。钱泳《履园丛话》说："乾隆初，每银一两换大钱七百，后亦不过八九百。嘉庆元年，银顿贵，每两换钱一千三四百文，后又渐减。"自然没有说明减到何种程度。《荷香馆琐言》说："见宋本张洽《春秋传》，系严修能以钱三十八千五百文购得，合银五十五两。至嘉庆时，银每两直七百文。"知道是完全还原了。光绪三年，曾国荃奏："晋省每银一两，易钱一千三四百文；晋南纹银一两，易钱一千一百多文；丝银一两，则只易九百余文。"这是后来渐次上涨的价格。冯汉镛同志也考了清代的米价，我在这里取一部分材料来用，随处注明银钱的合价。他根据董以宁《白粮本折议》说："顺治初，江浙之米，石皆二两以外；承平以来，价日益减，每石之值，初犹一金（两）有余，后至五六钱不足。"任祥源《食货策》说："顺治十八年，江西米价，石不满四钱。康熙三年，江南米价，石不过五钱。"这是产米的地方，价格稍贱。杨锡绂说："康熙年间，谷稻登场之时，每石不过二三钱。雍正年间，则需四五钱。今（乾隆十三年）必需五六钱。"谷价原比米价低一半，米价就应当在一两内外。钱泳《履园丛话》说："康熙四十六年，苏、松、常、镇四府大旱，是时米价每升七文，涨至二十四文。四十八年，大水，价虽稍落，每升亦十六七文。雍正、乾隆初，米价每升十余文，后连岁丰稔，每升十四五文为常价。自此以后，不论荒熟，总在二十七八文至三十四五文之间为常价也。"钱泳是道光年间的人，他这说明了康熙到道光长期的米价。顺治初年，是军事时期，那不必说。以后每石银五六钱，应当是常价。谷石价二三钱，米价自然是五六钱。这种价格直到雍正初年。李绂说："广西今岁（雍正二年）米价五六钱不等。"雍正八年，《东华录》说："湖南谷每石直银三钱四分。"九年，《清通考》说："四川约计每年买谷二十万石，每石约三钱，需银六万两。"这都是石米银五六钱的样子。《石渠纪闻》说："乾隆元年平粜，时米价昂贵，每石粜银六钱。"这当然比市价低。乾隆二年，《清通考》说："现今平粜之米，每升制钱七文，较之市价，已为平减，今再每升减钱二文，以五文一升计，每石仅粜银六钱有零。"知道此刻的银价，一两确是七百文。市价当然在六钱以上。七文一升，就是一两一石。杨锡绂说："雍正谷价需四五钱。"米价当然在一两的样子。钱泳说的雍正、乾隆初每升十余文，知道一石已经到一两左右。张文敏《咨奏手稿》说："银一两，易大制钱九百上下，或八百五十上下，米虽高下不等，市价以八百文为率。"这都是乾隆初年的情形。钱泳又说："乾隆二十年后，连岁丰稔，每升亦十四五文。"这就到一两以上一石了。《清通考》说："二十三年，命五城设厂平粜。裘日修等奏，老米官粜一千四百五十文，稜米一千二百五十文，俟减至老米一千二百文，稜米一千，与平时价值低昂适中，即奏停止。"这时银价已经是一两八九百文，米价显然是一石一两以上的样子。《清通考》说："乾隆四十八年，山东每谷一石，价银七钱五分至一两二三钱不等。"《石渠纪闻》也说："山东谷石至一两三钱。"米石当然要超过二两。六十年，蔡世远说："漳、泉二府，米石二两余至三两不止。"这都显然是地方旱灾的原故。郭柏苍《五山志林》说："道光初年，福州米价每斗一百六七十文。"合银是一两以上。这时，陶澍说："安徽遇价平之年，加以转运水脚，就每石六钱之例价，仅敷市价之半。"这自然是一两二钱一石。林则徐说："江苏米贱之年，一百八九十万石之米，即合银五百数十万两；若米价涨，则暗增一二百万两。"这说明米贱是三两内外一石，贵就是四两左右一石。这和钱泳说的二十七八文一升到三十四五文一升，就很合。这时一两银，大概值八九百文钱了。这是乾隆晚年起，各处有农民起义的战事，直到太平天国失败，米价才又下跌。骆秉璋说："咸丰五年，湖南每谷一石，仅值钱四百余文。"光绪年间，王邦玺说："谷价贱时，每石钱四五百文。"米当然是一石千文的样子。平价当然是一千四五百文，和银一两的价差不多。

再用地主剥削量和政府依照地主方法的剥削量，来看农业生产量的扩大，就不能不在这里把宋明一些特殊情况补充说明一下。《日知录》引明洪熙元年周干说："小民佃种富室田亩出私租一石，后因没入官，依私租减二斗，是十分取八也。授赐公侯驸马等项佃，每亩旧租一石，后因故还官，又如私租例尽取之。尽取则无以给私家，而必致冻馁，欲不逃亡，不可得也。"富室亩私租一石，不言必致冻馁逃亡，田入官后，亩租一石，则必致冻馁逃亡，这是很怪的事。其实，"无以给私家"一语甚为重要。景定时贾似道行公田法，"其间毗陵澄江收租之际，元额有亏，则收足于田主"。宣和时，李彦"置局和州，鲁山阖县尽括为公田，使田主输租"。田主已经失田，仍使输租，知田主必然仍向佃农收租，是可以想象的。这显然是有两重地主，这就是"尽取则无给私家"。《山居新语》说："元延祐间，松江下砂场瞿霆发有田二千七百顷，并佃官田，共及万顷。"瞿家本是地主，他又佃官田这样多，对政府他当然是佃客，又把官田转佃与客户，他自然又是地主。《宋史·食货志》绍兴二十一年，丁仲京说："凡学田为势家侵佃者，命提学官觉察。"势家佃学田，必然转佃别人从中收租。西汉酷吏宁成"贳贷陂田千余顷，假（佃）贫民，役使数千家，致产数千万"。梁大同七年诏："顷者，豪家富室多占取公田，贵价僦（租赁）税，以与贫民。"这都是从中剥削的实例。是汉代、元代都有第二层地主，宋明的事实，也就可以得到解释，那就不足为怪了。《夷坚志补》说："吴兴乡俗每租一斗有百二十合，田主收百有十，而干仆得其二。"这就又是一种形态，宋时有所谓承佃人，又有所谓管庄，公田又叫作庄官。咸淳时，政府罢庄官，或一二千亩或数百亩，召人承佃。《古杭杂记》说："凡承佃之家，复以二分优之。"这就是十分取八。这种情况又是第二层地主。《农田余话》说："元时曹宣慰（梦炎），其父前宋福王府管庄田人也，至宣慰日益盛大，湖田九十三围，凡数万亩，积粟百万，豪横甲一方，北人目之曰富蛮子。"这是管庄和承佃人也可变为富豪，可知这也是第二重地主。《金史·食货志》说："大定二十七年诏，随处官豪之家，多请占官地，转与他人种佃，规取课利。命有司拘刷见数，以与贫难无地者。"像这样的情形，在宋代和金代都有，明明是二重地主。《清会典》载："盛京粮庄一百十八所，每庄庄头一名，分为四等，头等庄头每名岁交粮三百八十二石，二等岁交粮三百五十二石，棉花庄头岁交棉花七百斤。"这种组织是包揽租粮的现象。乾隆时孙家淦就说过："旗人往往因欠租夺地,互控结诉,其弊皆起于取租之旗奴,承租之庄头,揽租之地棍。庄头取租,多索而少交,佃户受其侵涣,甚且今年索取明年之租。若不预完,则夺地另佃。"清代的庄头,很像宋代的承佃人,都是第二重地主。宋末德祐元年诏:"以公田给佃主,令率其租户为兵。"《古杭杂记》载一段事很有趣,它说:"有旨云:住罢其田,给付原佃主,仰率租户义兵……其后勘会,谓田当还业主,于种户初无相干。"又说:"有旨云:其钱一半给佃户,一半给种户。然则业主竟无与也。只业主、佃主之分,用事者亦不能晓。"这是原田主称业主,承佃人也是种户,又称佃主,耕田的佃客称租户。佃主这一名称形于诏令,是政府也公然承认第二重地主了。清代后来各县的官田,也有当地富豪向政府承佃又转佃客户的。这种第二重地主的社会制度之下,政府地主所收的租额,和佃农所缴的租额,就很有差距,这就不易考查清楚,也就不能用作估计产量的根据了。

　　徐中舒教授提示:"于古田既有余,何以人民不作自耕农而要去作佃户? 应该说明。"我的意见是:唐行租庸调的均田制以后,"贞观四年,米斗四五钱,外户不闭,牛马被野,人行数千里不赍粮,民物蕃息"。唐初民生充裕,国力富强,是不可否认的。《杨炎传》说:"开元承平日久,不为版籍,又戍边者,蠲其租庸。玄宗事夷狄,戍者多死。(肃宗)至德后,百役并作,人户凋耗……是以天下残瘠,荡为浮人,乡居地著者,百不四五。"这是说明人民的流亡,是因为统治者的役法繁重。宋人就说:"民不苦重赋而苦重役。"重赋是剥削人民部分的生产品,重役是消耗人民的全部劳动力,所以更受不了。杜甫诗中所说,都是说明役法之重。人民流亡,是为逃避役法。这一来,官僚地主就有了机会,于是"召募浮客,分耕其中"。杜佑说:"开元、天宝以来,法令弛坏,兼并之弊,有逾汉成哀之间。"主户、客户的阶级,就从这里培养了出来。高颎轻赋役,是从世族的束缚下,把人民夺取到政府的直接统治下;现在,官僚豪家又从政府手中,把人民夺去,作他的佃客。我国封建社会中,长期存在着官僚和政府彼此争夺人民、土地的斗争,完全是统治阶级的内部矛盾。早在晋朝已经就是这样了。《王恂传》说:"魏氏给公卿以下租牛客户数各有差,自后小人惮役,多乐为之,贵势之门,动有百数。太原诸郡亦以匈奴胡人为佃客,多者数千。武帝践位,诏禁募客。"占田、课田制度,也就是在和此种情形作斗争。晋武禁募客,就是硬和官僚地主争夺人民。范宁说:"古者使人,岁不过三日,今之劳扰,殆无三日休停。至有残形剪发,以要复除,生儿不复举养,鳏寡不敢娶妻。"役法繁重到这样,王朝就胜不过地主了。自然人民一部分就要去作地主的佃客,有的也依附宗教去作僧尼,以此来逃避课役;倔强的也就掀起了些小小暴动,这就是统治者所谓的盗贼。中国史从汉到清,每一王朝都是三百年内外就非倒不可，这个道理是很简单。一个朝代的开始，它在农民大起义之后，只余留比较少数的地主，政府的赋役也轻。传到一百年内外，这时政府的浪费增多了，冗兵、冗官、冗费之类，往往政府一月的支付，超出了开国时一年的数字，赋也繁了，役也重了，人民就开始流亡，佃客也就开始多了。再过一百年，浪费更多，政府愈穷，赋役更重，人民更困，地主更发展，政府只能把官僚地主也作为征收对象的一部分，官僚地主对农民的剥削也就更加凶狠，到这时，已经就是农民大起义的前夕了。各代都是这样，一回又一回的翻筋斗。唐从开元以后，召募浮客耕种其中，主、客户的剥削，就从这时发展起来。到建中初年，《通典》说："按比户口，得主户百八十余万，客户百三十余万。"这是三和二之比。逃亡去作客户的愈多，剩下的主户（也有自耕农在内，这不全是地主）愈少，担负就愈重，农民此时只有大暴动的路可走。在宋真宗时候，《食货志》说："应役之家，困于繁数，伪为券售田于形势之家，假佃户之名，以避徭役。乾兴初，禁形势家挟他户田者。"谢方叔在宋末也说："小民耕百亩之田，频年差充保役，不得已则献其产于巨室，以规免役。"这明明是役法造成兼并的现象。《通考》说："真宗天禧五年，主客户八百六十七万七千余。"《宋史·地理志》说：这一年"主户是六百三万九千三百三十一"，那么客户应是二百六十三万九千余，这是三与一之比。自唐建中以来，其间经过黄巢大起义，地主被打倒的自然很多。《玉海》说："仁宗宝元时，主户是六百四十七万余，客户是三百七十万八千余。"这就上升到二和一之比了。神宗时，《通考》说："元丰六年，主客户一千七百二十一万二千余。"《中书备对》说："元丰元年，主户是一千一十万九千余。"那么客户是七百一十一万余，这是十和七之比了。到南宋理宗那些时候，叶水心也就说过："得以税与役自通于官者，不能三之一。"这是说当时一千二百万户之中，已经至少有八百万户是佃农，这是一和二之比了。《两朝圣政》载方孟卿说："郡县之间，官户田居其半。"孙谔也说："假一县有万户，为三分而率之，则民占四等五等，常居其二。"宋朝到这时也就快结局了。这都是说役法过重，是农民变为佃户的主要原因。中国在未行一条鞭法以前，役法是人民最重的负担，这一层是清代以来所不易了解的。统治王朝不解决赋役制度，而去和官僚争夺人民、争夺土地，必然是要失败。凡是元魏均田、晋宋土断，就连西汉的限田、东汉的度田，唐宋以下的括田、限田，都是争夺的表现，也都是失败。唐宋的地主，可说全部都是官僚，就是因为作了他们的客户，就都没有役法负担，所以很多人愿作他的佃客。其次纯经济的豪强兼并，也是造成主客对立的原因之一，但这是明中叶以后的情形。明在世宗的时候，就正式承认有个绅的阶级，从前都只有官和民两级之分，绅就是富人，是纯经济的兼并和剥削者。至于天灾疾病,也是主客分化的原因之一。《宋史·朱寿隆传》说:"岁恶民移,寿隆谕大姓富室蓄为田仆。"宋元时代有田者皆称田主,佃户称为田仆。顾炎武说:"汉时,董仲舒言:或耕豪民之田;唐时陆贽言:兼并之徒,居然受利。然犹谓之豪民,谓之兼并之徒,宋以下则公然号为田主矣。"不但如此,田主之下,还有管庄,公田法行,又有庄官和承佃人,清代又有承租的庄头,和揽租的地棍,这些第二重地主,更加重了剥削。在此种情况之下,农业生产量的增进,就不太容易了。中国史上就是政府的剥削比地主轻,佃客就去作政府的编民;政府的役法繁重,超过地主的剥削,编民就去作地主的佃客了。

五 两汉的租赋

从秦"简公七年初租禾",和"孝公十四年初为赋",这就确立了两汉租赋制度的规模,是和周代的征收制度断然不同了。周和秦的制度,在这里暂不详细讨论它,而专从两汉来说。"租"是说的田租,有时也称作"税",一般是征收实物;"赋"说的是口算,一般是征收钱。一种是照田亩收,一种是照人口收,是大有差别的。但这三个字在历史上各代用法不同,一个人的文字中用法也常常不同。即如《周官》说的"九赋",原来就把十一之税也包括在内,这是显然和汉代不同的一个例子。《汉书·食货志》说:

"赋供车马、甲兵、士徒之役，充实府库赐予之用。税给郊社宗庙百神之祀、天子奉养、百官禄食、庶事之费。"《刑法志》说："税以足食，赋以足兵。"把二者的用途也划分得很清楚。周代车马，是赋之于民间。汉代是人民出钱，由政府去"治库兵车马"。这也是不同的。

汉代的田租，《食货志》说：高祖"轻田租，什五而税一"，到孝景二年，"令民半出田租，三十而税一也"。大概从此以后，三十而税一是两汉的定制。如《光武本纪》说："顷者师旅未解，用度不足，故行什一之税，其令见收田租三十税一如旧制。"汉代中间，有超过三十税一的，但都是暂时改变，稍后就又仍旧了。后世统治者的收入主要是田租，所以两汉的三十税一，是多数人所了解、所常常称道的。至于汉代的算赋、更赋，是后来所没有的，有些人就把这一问题忽略；同时，在解释上也发生混乱。其实，这才是当时人民的重大负担。

《高祖本纪》：四年八月，"初为算赋"。如淳注云：《汉仪注》："民年十五以上至五十六出赋钱，人百二十为一算，为治库兵车马。"《惠帝纪》注应劭引《汉律》："人出一算，算百二十钱，唯贾人与奴婢倍算。"这是汉代算赋的常制。《昭帝纪》注如淳引《汉仪注》："民年七岁至十四岁出口赋钱，人二十三。其二十钱以食天子；其三钱者，武帝加口钱，以补车骑马。"《论衡·谢短篇》："七岁头钱二十三。"即是指口赋。不过从《贡禹传》看，贡禹说："武帝征伐四夷，民产子三岁则出口钱，宜令儿七岁去齿，乃出口钱。"可见口钱原是二十，汉武加三钱，这也成为永制了。汉武原初是三岁就出口钱，贡禹以后七岁出口钱，也成为永制了。算赋自然前后也是有增有减，但以百二十为恒制。李心传说："西汉户口率以十户为四十八口，东汉户口率以十户为五十二口。"假如完全以五口一家来计算，这种口算钱是男女都要出的，五口之家若是口钱三人、算赋二人，一家就应该出三百零九个钱。若是口钱二人、算赋三人，一家就应该出四百零六个钱。若是这两种户口各占一半的话，平均每户应该岁出钱三百五十七文，就相当于三石五斗米的价格。从每户耕地七十亩、三十税一来论，每户就应该出七石谷，显见田租比口算要多一倍。若再加上更赋来算，就可看出赋比租重得多。

《汉昭本纪》注引如淳说："更有三品：有卒更、有践更、有过更。古者正卒无常，人皆更迭为之，一月一更，是谓卒更也。贫者欲得顾更钱者，次直者出钱顾之，月二千，是谓践更也。天下之人，皆值戍边三日，亦名为更，《律》所谓繇戍也。虽丞相之子，亦在戍边之调，不可人人自行三日戍，又行者当自戍三日，不可往便还，因便住一岁一更，诸不行者出钱三百入官，官以给戍者，是谓过更也。《律》说卒践更者，居也，居更县中五月乃更也。后从《尉律》，卒践更一月，休十一月也。"应劭《音义》大致与如淳同。《吴王濞传》注引服虔说："以当为更卒，出钱三百，谓之过更,自行为卒,谓之践更。"二者释更赋不同。李源澄教授说:"服释过更为雇人代役,践更为直更而往(自往服役),与《汉律》合,与应劭不同。三更之说,始于应劭,而如淳因之,汉律不分卒践更为二。"就实际来讲,服虔和应劭的说法,我想还是相辅而足。应该是卒更之法依《汉律》居更县中(颜师古也说:"更卒,谓给郡县一月而更"),一月一更。自往应役,就是践更;雇人代役,出钱二千,就是过更。人当戍边三日,依《汉律》是为繇戍,亦名为更。自往应役,也是践更;雇人代役,出钱三百,也是过更。这里的二千或三百是应交给代役人的。这是和田赋交给国家不同。但既由政府来收,形式也等于赋了。《盐铁论·未通篇》说:"今陛下(昭帝)宽力役之征,二十三始赋,五十六而免。"大概是景帝二年,"令天下男子年二十始傅。"昭帝后改为二十三,也就成为汉的常制了。故《汉仪注》说:"民年二十三为正,年五十六乃免为庶人。"如淳亦说:"《律》:年二十三,傅之畴官。"可知老百姓每人在官服役的时间为三十三年。繇戍三日,更赋三日,一人更赋,就等于一家口算;居更县中一月,更赋二千,这就重得多了。但比之三日三百,又似较轻。《平帝纪》:"女徒顾山钱月三百。"女子劳动力弱,又是罪人出钱给政府,所以较轻。崔实《政论》说:"客庸月一千。"这是轻役,且食主人,居更是重役,就要二千。在汉代很难想象劳动人民可能有年出钱二千的能力。大概是因虽丞相之子亦须服更卒之役,故定为出钱代役之制。想当时实际情况是:在"居更县中一月"的制度中,人人自往应役,是践更多,故应劭即以为践更。在"戍边三日"的制度中,不能人人自往,多雇人代役,是过更多,而应劭即以此为过更。汉代力役频繁,当即这种更卒,因不是人人都有负担二千钱的能力,只好疲于力役了。二千钱之制,同时也说明汉代丁男服重役一月的经济价值等于二千,《汉律》说:"平价一月得钱二千。"这是重役,是政府雇役的一定价格,这是政府给钱与人民。这也说明了按照人口计征的力役之征重于按照田亩计征的米粟之征,是二千六百和七百之比。劳役剥削也就重于实物的剥削。至唐时,庸较租、调还更重些(说详后),仍为同一实质的体现。

董仲舒说:秦时"田租、口赋二十倍于古"。《通典》说:"夏、商、周因地而税,秦则不然,舍地而税人,地数未盈,其税必备。"可见口算、更赋的性质是代表力役的。古代行井田法,可以说无无田之人,故有田税而没有人口税。到秦汉时代,土地可以买卖,多寡不均的情况出现,无田之人当亦出现。于是统治者采用了按口计征的办法,使无漏网之民。法家主张"无旷土,无敖民",土地和劳动力,都被统治者认为是他的财富。而力役之征,更是通过服役而为统治者创造财富的好办法。所以汉代就将租、赋二者双管齐下,而代表力役之征的赋,又显得比田租重。再上观周代情况,周于田税之外,另有力役之征,又有车马之赋,但其施行都是以田制为依据。《论语》中载:"陈文子有马十乘。""齐景公有马千驷。"重耳在齐,"有马二十乘"。说秦公子针之富,则说他"有车二百乘"。《小雅·十月之交》:"择有车马,以居徂向。"以及《春秋经》载:"天王来求车。"这些都说明当时系以车马来表示财富。《孟子》说:"万乘之国,弑其君者,必千乘之家。千乘之国,弑其君者,必百乘之家。"《论语》说:"道千乘之国。"也都是用车马来说明财富。秦汉的赋,仍然说是"治库兵车马",只不过改变征收方法为按人口计征罢了。这是汉和周代的古今之变,同时还能看出这一制度相沿相革之迹。汉代今古文经学家,把千乘、万乘这一大约表示财富的意义忽略了,专从出兵一点去理解古代情况而相互争论不休。其实,不论今文家或古文家,他们都还不能自圆其说。依今文家说:方百里之国,出车千乘,则王畿千里,就应该出车十万乘,为什么只有万乘呢?依古文家说:公方五百里,侯四百里,伯三百里,子二百里,男一百里,是按土地大小分为五等,为什么大国三军,次国二军,小国一军,出车又仅划三等呢?且对"千里万乘"之说也无法解释。马融照万乘千里来推算千乘之国方三百六十里,既变更了今文家的说法,也不合《周官》的制度,又还没有足够的证据。这都是不了解天子、诸侯、大夫的财富,大略可以用万乘、千乘、百乘来表示;万乘、千乘、百乘之数当然和封地的大小有关系,但绝不能拘拘于千里、百里的机械计算方法。到了战国时，表示财富已不用车马，而专用"粟如丘山"之类的辞句，这就逐步和汉接近了。周代力役之征、车马之赋，在汉代都已用征收货币的办法来代替，这就是经济发展上向前跨进了一步的鲜明标帜。

董仲舒说："秦时月为更卒，已复为正，一岁屯戍，一岁力役，三十倍于古。"可见秦时更赋、口算之外，人民一生还要担负兵役和力役各一年。颜师古注说："正卒谓中都官者也。"《魏相传》说的"河南卒戍中都官者二三千人"，就是一个事例。贾山说文帝"减外繇卫卒"，《昭帝纪》如淳注说："此汉初因秦法而行之也，后遂改易，有谪乃戍边一岁。"此正文帝之减外繇。《汉仪注》说："民年二十三为正，一岁为卫士，一岁为材官骑士，习射御骑驰战阵。"卫士在中都，材官在郡国。这正是《刑法志》说的"踵秦而置材官于郡国"。秦时为一岁屯戍是兵役，一岁是力役。到汉时改为一岁卫士，一岁材官骑士，都为兵役。这是汉之力役与秦不同。贾捐之称文帝："偃武修文，丁男三年而一事，赋四十。"我想"三年一事"是指"戍边三日"的繇役，也就是贾山说的文帝减外繇卫卒。旧来的解释，把"三年一事"说为减算赋，但算赋是丁女也要出的，为甚么不减丁女的算赋而只减丁男算赋？于理难通。算赋减为四十，是减了三分之二，同时也将每年戍边三日之更赋减为三年一事，也正是减轻了三分之二。这样解释，应当是较为合理的。文颖解释"居更县中，五月乃更"，以"五当为三，言一岁之中，三月居更，三日戍边，总九十三日，古者役人，岁不过三日，此所谓力役三十倍于古也。"可能秦时原是三月，后改为一月。正是如淳所说："后从《尉律》，卒践更一月。"力役之征在汉文之时确似减得较多。

《贡禹传》说："已奉谷租，又出稿税。"《汉官仪》说："田租稿税，以给经用。"田租、稿税二者总是相提并举，似田租之外随田征收者尚有稿税，稿税又常称为刍稿，《安帝本纪》载："诏以三辅除三年逋租、过更、口算、刍稿。"《始皇本纪》尝载："下调郡县转输菽粟刍稿。"显然刍稿之税在秦时就已有了。但秦汉的征收标准均不得而知。《光武纪》注引《东观记》曰："帝尝为季父故春陵侯诣大司马府讼地皇元年十二月壬寅前租二万六千斛，刍稿钱若干万。"知刍稿后亦折钱征收，但标准仍不可知。《货殖列传》载："秦汉之制，列侯封君食租税，岁率户二百，千户之君则二十万。"《通考》据此因疑汉别有户赋。但此既明言"租税"，显然就是田租，而非其他的赋。晁错说："农夫五口之家，其能耕者不过百亩，百亩之收不过百石。"照李悝所说谷价"石三十钱"计算，则百石合钱三千，秦汉十五而税一，洽为二百。《货殖列传》所载"率户二百"，可能就是当时用货币价格来表示的田租，不必怀疑汉代别有户赋。《张延寿传》："既嗣侯国，租入岁千余万，徙封平原，户口如故，而租税减半。""千余万"当然指的是钱，这里也正是用货币来表示租税。"户口如故，而租税减半"，亦可证是按各户实际所垦的田收税而不单纯是按户征收。因户口数相同的地方，垦田数却未必相同，所以租税收入可能减半。且安世本为万户，如按户赋二百计，则万户亦不过二百万，何至"岁千余万"？又高祖十一年诏："欲省赋甚，今献未有程，吏或多赋以为献，而诸侯王尤多，民疾之，令诸侯王常以十月朝献，及郡各以口数率人岁六十三钱，以给献费。"近人有依此又列献赋一项者。查《通考》解释此文为："据四年算赋减其半。"史文既一再称赋，《通考》用算赋来理解，这是有根据的。且以户口率人出钱，也和算赋计征方法相同。《通考》释为减赋，是确为妥当的。《汉仪》说："《酎金律》文帝所加，令诸侯助祭贡金。"如淳说："《汉仪注》：侯岁以户口酎黄金，献于汉庙。"张晏又说始于武帝。酎金侯以户口，大约是根据千户、万户来规定各献多少，很像后来的所得税。但只限于诸侯王，和郡县无关，也和汉初献费不同（汉初献费就是算赋，所以连言郡国，后来的酎金，只是诸侯的所得税）。当时郡国田租、刍稿、口算、更赋等税收，不时都有除复的诏令，但从未见到除复户赋、献赋的记载，称道民间疾苦的文字，也没提到过户赋、献赋，也可反证当时没有这一制度。但人民的负担比之周代已经重了许多，是可以肯定的。人民能负担这种苛税，也还是要在国民经济上升的条件下才有可能。轻米粟之征的田租，而重代表力役性质的算赋、更赋；赋是收钱，田租有时也部分是收钱。货币流通量比较扩大，这显然是汉比周代向前发展了。但这种情况，到了魏晋又发生了变化。

附录：论秦汉限田

井田之制，据孟子说是："方里而井，井九百亩，八家皆私百亩，其中为公田。"至秦用商鞅之法，而坏井田、开阡陌，民得买卖。但其制田仍不失一夫百亩之数。蔡泽说："商鞅为孝公决裂阡陌，以静生民之业而一其俗。"既说"以静生民之业而一其俗"，似自应有其一定的办法。《商君书》虽非鞅作，但其所载事，大底可以作为秦政看待。《徕民篇》说："地方百里者，山陵处什一，薮泽处什一，溪谷流水处什一，都邑蹊道处什一，恶田处什二，良田处什四，以食作夫五万。"方百里为九万顷，恶田、良田总计什六，则为五万四千顷，以食作夫五万，正略为一夫百亩之数。《境内篇》说："其有爵者乞（音气，给与之意）无爵者以为庶子，级乞一人。能得甲首一者，赏爵一级，益田一顷，益宅九亩，除庶子一人。"也正是一夫百亩。《一行算法》言商鞅之术："开通阡陌，以五尺为步，二百四十步为亩。"傅玄也这样说。杜佑说："周制百步为亩，百亩给一夫。商君佐秦，以为地力不尽，更以二百四十步为亩，百亩给一夫。"这正说明商君的废井田，只是决裂其阡陌而增大亩量以扩大每户农民的耕种面积，百亩之制则未必废。这也就是所以静其生民之业。孟子称夏后氏五十而贡，殷人七十而助，周人百亩而彻，也同是扩大每户农民耕种面积，这都是农业生产技术有了提高后的措施。《汉书·地理志》说："商君制辕田，开阡陌。"张晏注："周制三年一易以同美恶，商鞅始割裂田地，开立阡陌，令民各有常制。"开阡陌即所以制辕田，是辕田即为秦将周制百步为亩改为二百四十步为亩之制，是增大亩量、扩大耕种面积的制度。但商鞅制辕田的办法，实又源于晋国：《国语·晋语》"爰作辕田"，《左传》僖十五年作"晋于是乎作爰田"，是辕、爰通用。韦昭注："贾侍中云：辕，易也。为易田之法，赏众以田，易其疆界也。或云辕田以出车赋，昭谓此欲赏以悦众，而言以田出车赋，非也。唐曰：让肥取硗也。"杜预注："分公田之税应入于公者，爰之于所赏之众。"正义曰："服虔、孔晁皆云：爰，易也，赏众以田，易其疆畔。"贾、服两家都用赏田和易其疆畔来解释辕田：民原自有田，现又赏田，就是增加农民耕种面积，易其疆畔就是开阡陌，这正与商君增大亩量、开阡陌之事相合，故都称为辕田。《吕氏春秋·乐成篇》载："魏氏之行田也以百亩，邺独二百亩，是田恶也。"是三晋确也曾有扩大每户耕种面积的事。因此，应以服、贾的解释较为恰当，唐固、杜预的解释都没有抓住问题所在。颜师古注《地理志》引孟康说："三年爰土易居，古制也，末世浸废。商鞅相秦，复立爰田，上田不易，中田一易，下田再易，爰

自在其中，不复易居也，《食货志》曰'自爰其处'是也。"则
又是用《周官》大司徒"不易之地、一易之地、再易之地"来
作解释，而认为商鞅是恢复古制。但若商鞅既是复周旧
制，岂不又与"废井田、开阡陌"之说相冲突，因而这个解
释也是不符合史实的。读《商君书·徕民篇》，得知秦国
当时的问题是"土广人寡"，为了解决这个问题，而提出了
招徕他国人民来耕种的办法。据此，我们可以推论，扩大
每一农户的耕种面积也不失为解决这一问题的另一个好
办法。但每一农民的耕作能力有限，若按前说改百步为
二百四十步，则约增加了一倍半，农民是否能够胜任倒是
一个值得考虑的现实问题。想来秦改亩制的情况可能和
赵过代田法差不多。《食货志》载："过能为代田，一亩三
甽，岁代处，故曰代田，古法也；十二夫为田一井一屋，故
亩五顷。"依邓展和俞正燮的解释，都以此法就是商君改
二百四十步为亩的办法，则商君改亩制也可能就是建筑
在改良了耕作方法的基础上，改为岁代处的代田，故称
"代田古法也"。既以岁代处，则农民的耕作能力自然也
就能够胜任了。晋作辕田虽然不必是商鞅的二百四十步
为一亩的办法，但其以扩大耕种面积为目的则是相同的。
《左传》僖二十八年说："原田每每，舍其旧而新是谋。"代
田自然要舍旧谋新。《史记·商君列传》称孝公用商君
法："宗室非有军功论，不得为属籍，以尊卑爵秩等级，各
以差次名田宅，臣妾、衣服以家次。"索隐说："谓各随其家

爵秩之班次，不使僭侈逾等。"是秦之制田、宅、奴婢各以其爵秩之不同而有差次，即各有其一定的限制。《商君书·境内篇》："得甲首一者，赏爵一级，益田一顷，益宅九亩，除庶子一人。"《荀子·议兵篇》言秦人："五甲首而隶五家。"都是说一甲首而隶一家，依所获甲首数而递增。但是，这一规定不是漫无限制的，《续汉·百官志》刘昭注引刘劭《爵制》言："商君为政，备其品法……八爵为公乘，九爵为五大夫，皆军吏也。吏民爵不得过公乘者，得贳与子若同产，然则公乘者，军吏之爵最高者也。"则是秦有爵不得过公乘之规定；公乘为八级，则应隶八家；不得过公乘，则是所隶也不得超过八家。是商君之制吏民之产的最高限额为隶八家，五大夫以上则随其爵秩而另有规定，则是商君之时也有限田之制。但由于令民得卖买，遂为兼并之徒大开方便之门，而致"富者田连阡陌，贫者无立锥之地，或耕豪民之田，见税十五，故贫民或衣牛马之衣而食犬彘之食"了。

《汉书·食货志》言："汉兴，循而未改。"是汉仍应为秦制。但汉是否行过均田、限田，则史无明文，学者忽焉。而汉王朝打击兼并之徒的事则是史不绝书。既是打击兼并，依理也应该有均田、限田之制。《汉书·王嘉传》载嘉奏封事言："诏书罢苑而以赐（董）贤二千余顷，均田之制，从此堕坏。"据此，则似当时确实行过均田。颜师古注引孟康说："自公卿以下至于吏民，名曰均田，皆有顷数，于

品制中令均等,今赐贤二千余顷,则坏其等制也。"孟康,
魏人,紧接汉世,所说当自有根据。《食货志》又载:"哀帝
即位,师丹辅政,请限民田,天子下其议。丞相孔光、大司
马何武奏请诸侯王、列侯皆得名田园中,列侯在长安,公
主名田县道,及关内侯、吏民名田,皆毋过三十顷。诸侯
王奴婢二百人,列侯、公主百人,关内侯、吏民三十人,期
尽三年,犯者没入官。时田宅、奴婢,贾为减贱,丁、傅用
事,董贤隆贵,皆不便也,诏书且须后,遂寝不行。"后人多
据此以为孔光、何武之请未曾实行。但师丹之议,孔、何
之请,皆在成帝绥和二年六月,成帝于三月崩,哀帝四月
即位,是在哀帝即位刚两个月就有此议。建平元年四月
傅喜始为大司马辅政,二年三月又才罢喜而以丁明为大
司马,而后始可言"丁、傅用事",董贤之贵当又在其后,何
遽能于哀帝即位之初即阻均田之议。并且,假如当时未
行均田、限田,则"田宅、奴婢"何致于"贾之减贱"。故《汉
纪》仅载:"哀帝即位,有司上奏王侯以下至庶人,占田不
过三十顷,贾人不得占田,过科没入县官。"而没有"丁、傅
用事⋯⋯遂寝不行"等语,《哀帝纪》亦同。《食货志》载前
后事,多不记年月,应当是哀帝即位曾用师丹、孔、何之
请,曾施行限田,丁、傅、董贤贵后,遂不能贯彻。"丁、傅
用事⋯⋯遂寝不行",当系史家追述之辞。王嘉奏封事在
元寿元年,正丁、傅、董贤贵时,所谓"均田堕坏",当即指
此。再孔光、何武所请关内侯吏民各田毋过三十顷,奴婢

毋过三十人，可能也正如元魏"奴婢依良人受田"之意，每奴一人受田一顷，假如是这样，则诸侯王奴婢二百人，列侯、公主百人，其均田之限似也应为诸侯王二百顷，列侯、公主一百顷。这似乎也和魏、晋、隋、唐"依官品受田"的办法差不多。这样才和孟康"皆有顷数，于品制中令均等"之说相符。这样看来，汉代均田限田之制，还不是毫无踪迹可寻了。《武帝纪》元封五年："初置部刺史，奉诏条察州。"师古注与《续汉志》刘昭注引蔡质《汉仪》："一条，强宗豪右田宅逾制，以强凌弱，以众暴寡。"此文既说"逾制"，当然也就应该有"制"，而且这是六条书的第一条，可见其为王朝赋予刺史的首要任务，如没有"制"，将如何察？是限田之制，不仅哀帝时曾施行，在武帝之时董仲舒建议限田后已就施行了。《主父偃传》载偃说武帝："茂陵初立，天下豪杰兼并之家、乱众之民，皆可徙茂陵，内实京师，外销奸猾，此所谓不诛而害除。上从之。"《陈汤传》载汤说成帝："天下民不徙诸陵三十余岁矣，关东富人益众，多规良田以役使贫民，可徙初陵，以强京师，又使中家以下得均贫富。汤愿与妻子家属徙初陵为天下先。"都说明汉代徙豪强守陵是有其打击豪强兼并而均贫富的政治意义的。《郭解传》言："及徙豪茂陵也，解贫，不中訾（同资），卫将军为言郭解家贫，不中徙。"是说徙陵的富豪，还有其一定的资产标准。《后汉书·梁统传》："统高祖父子都，以资十万徙茂陵。"《文帝纪》载："百金，中人十家之产也。"则是中家之产为十金。《公羊传》隐五年："百金之鱼。"何休注："百金犹百万也，古者以金重一斤，若今万钱矣。"《食货志》："黄金重一斤，直万钱。"师古注："诸言赐黄金者，皆与之金；不言黄者，一金为万钱也。"则是中家之产十金即十万，梁子都以资十万徙茂陵，也正合于"中家以下得均贫富"之说。这个"资十万"，也许就是徙陵的最低资产标准，又可能就是田宅逾制的"制"。景帝后元二年令改"訾算十以上乃得宦"为"资算四得宦"（宦，官本、监本俱作官）。服虔曰："訾万钱算百二十也。"是訾十万又为入宦为吏的标准。汉代计资的范围，不仅限于田亩，并及奴婢、住宅、牛车、轺车、服牛（参《居延汉简》中"候长鱳得广昌里公乘礼忠""一坞鱳长居延西道公乘徐宗"两简），与《西域传》所言"武帝算及舟车、訾及六畜"正相合。是汉时已以计訾为计税的标准。王莽天凤六年令："一切税天下吏民訾，三十取一。"（计訾制度，自汉下迄南朝一直奉行。《宋书·周朗传》载朗奏："取税之法，宜以人为输，不应以资，云何使富者不尽，贫者不蠲。乃令桑长一尺，围以为价，田进一亩，度以为钱，屋不得瓦，皆责资实。民以此树不敢种，土畏妄垦，栋焚榱露，不敢加泥，岂有剥善害民禁衣恶食若此者！方今若重斯农，则宜务削兹法。"魏、齐、隋、唐户分九等，两税著籍分五等，凡器械、仓庾、丁口、缗钱、田亩，都是分户等的根据。依资产来分户等的办法，就是始于汉而影响及于唐宋的。）

自高祖至元帝一百五十年间，徙郡国富豪守陵及关中之事，见于史传者就有九次，富豪兼并之势当然也就因此而受到一定的抑制。但这一政策在"柔仁好儒"的元帝即位以后，在怜愍徙民"破业失产（这也反映出富豪徙陵以后失掉其原有产业），亲戚分离，人怀思慕之心，家有不自安之意"的慈悲心下便停止执行了。富豪既不再徙，当然也就大大发展起来，于是就如《原陟传》所说"哀、平间，郡国处处有豪杰，然莫足数"了。应该是武帝所定之制，到元帝以后就破坏了，所以师丹在哀帝时又再请限田。自丁、傅、董贤堕坏均田之后，直到王莽出来，又才进行了一次"名天下田曰王田，不得买卖；其男口不盈八而田过一井者，分余田予九族乡党；故无田今当受田者，如制度"的比较彻底的改革（因其不得买卖，故说比较彻底）。但这一制度，受到了既得利益份子的强烈反对，也只是昙花一现便取消了。西汉的徙陵政策，既说"中家以下得均贫富"，当然也就应该有其"均"的办法，就是说起码应该有其一定的顷亩限制，否则便不能说是"均"。史传中又曾有多次"赐贫民田"的记载，想来这也是为了"均"。既云赐田，也是应该有其一定的办法的，只是书阙有间，这些办法已难于查考了。现在我们且另看看《盐铁论》的记载，《未通篇》载："御史曰：古者制田百步为亩，井田而耕，什一而籍，一义先公而后己，民臣之职也。先帝哀怜百姓之愁苦，衣食不足，制二百四十步而一亩，率三十而税一，堕民不务田作，饥寒及己，固其理也。"《食货志》载："武帝末年，以赵过为搜粟都尉，过能为代田，一亩三甽，岁代处，故曰代田，古法也。后稷始甽田，以二耜为耦，广尺深尺曰甽，长终亩，一亩三甽，一夫三百甽，而播种于甽中，其耕耘、下种、田器，皆有便巧，率十二夫为田一井一屋，故亩五顷。"师古注引邓展曰："九夫为井，三夫为屋，夫百亩，于古为十二顷；古百步为亩，汉时二百四十步为亩，古千二百亩，则得今五顷。"是《盐铁论》所说先帝制田二百四十步而一亩的办法，正是赵过改甽亩的办法，也正是商君开阡陌二百四十步为亩的办法。《盐铁论》所说武帝之制与古不同者二：一为古者百步为亩，武帝制田二百四十步而一亩，是增大亩量；一为古者井田而耕，什一而籍，武帝率三十而税一，是降低税率。降低税率固不失为武帝"哀怜百姓"之一办法，但增大亩量究与"哀怜百姓"有何关系？依理推测，应当是武帝仍循秦法有"一夫百亩"的规定。一夫百亩虽有规定，但增大亩量后也就增大了耕种面积，这正是商君之所以"静生民之业"，同时又可以实行赵过的代田法。这样，便不失其为"哀怜百姓"了。俞正燮《癸巳类稿》说："商君开阡陌，东地度洛，尽秦地井田皆改，而六国仍以百步为亩。商鞅言开阡陌，武帝诏不言十二顷为五顷而云一井一屋为五顷，明是续开商鞅未开之阡陌，井田至是始尽。"应当承认俞说是合理的。从"徙陵"和"改亩制"两件事来看，都透露出西汉是沿袭秦制，存在着限田和均田制度的；只是同时又令民得卖买，而兼并之风遂不能不愈演愈烈了。东汉时，仍然是刺史奉行六条诏书巡行郡国，其制度当也仍同西汉。在光武统一全国后的第三年（建武十五年），就下令"度田"。在这次"度田"的有关记载中，反映出很多问题：《刘隆传》载："是时天下垦田多不以实，又户口年纪互有增减，十五年诏下州郡检核其事，而刺史太守多不平均，或优饶豪右，侵刻羸弱，百姓嗟怨，遮道号呼。……河南帝城多近臣，南阳帝乡多近亲，田宅逾制，不可为准。"《光武纪》载："河南尹张伋，及诸郡守十余人，坐度田不实，皆下狱死。郡国大姓及兵长群盗处处并起，害杀长吏。"据此，我们可以知道，东汉时对田、宅仍然是有"制"的，这次度田，就是据"制"办事。《后汉书·党锢传》载："中常侍苏康、管霸固天下良田美业，民庶穷困，州郡累气。（刘）祐移书所在依科品没入之。"荀悦《中鉴·时事篇》说："富人名地逾限，富过公侯。""科品"和"限"都是"制"的意义。是至东汉之末，限田之制犹存。光武这次度田，一方面既大大触犯了豪族大姓的利益（虽然有的人也受到优饶），另方面在执行中同时又侵凌了小民的利益，于是就引起了大姓小民的群起反抗。而且由于东汉开国君臣多是出身富豪，当然对这项"汉家故事"是执行得不彻底的，因而出现了"度田不实""侵刻羸弱"等事件，保存了"河南、南阳不可问"的特殊区。开国之初都不能彻底，其后也就更糟，而兼并情况当然也就更甚于西汉了。仲长统《昌言》说："豪人之室，连栋数百，膏田满野，奴婢千群，徒附万计。""井田之变，豪人货殖，馆舍布于州郡，田亩连于方国。不为编户一伍之长，而有千室名邑之役。荣乐过于封君，势力侔于守令。财赂自营，犯法不坐，刺客死士，为之投命。"这就是东汉后期的社会写照。但是，我们却又不能因此而否定均田、限田制度在两汉确实存在，只是应看到在不同时期的实施情况各异而已。同时还应看到，汉代的均田、田田制度是一种限制兼并而又不彻底消灭兼并的制度，它是儒家思想的产物。董仲舒在《春秋繁露·调均篇》中说过："圣者见乱之所从生，故其制人道而差上下也，使富者足以示贵而不至于骄，贫者足以养生而不至于忧，以此为度而调均之。"出于汉儒的《坊记》也说："小人贫斯约，富斯骄，约斯盗，骄斯暴，故圣人之制富贵，使民富不足以骄，贫不至于约。"受到儒家影响的《管子书·侈靡篇》也说："甚富不可使，甚贫不知耻。"可见当时对贫富之限有个共同看法。汉武帝大概就是依据董仲舒等人的议论制为一夫百亩的最低限度和某种的最高限度的与大土地所有制同时并存的均田、限田制度。这一制度与魏晋"给公卿以下租牛客户数各有差""依官品受田""奴婢依良人受田"的占田、课田和元魏、周、齐、隋、唐的均田制度是相衔接的。

六　魏晋六朝的租调和唐的租庸调

魏晋税制，一般都以"户调"名之，其实，这个名称是不完全切合实际的。查《晋书·食货志》上所说的户调，都是专指绢绵。《惠帝纪》永兴元年诏"减户调、田租"，是户调原不包括田租。《惠帝纪》又载"复租调一年"，《武帝纪》泰始元年也载"复天下租赋"。因此本文采用"租调"一词。从曹魏开始，用租调的剥削方式替代了两汉的租赋方式。《三国志·武帝纪》注引《魏书》建安九年令："其收田租亩四升，户出绢、绵二斤。"汉是亩产三斛，三十税一是一斗，魏是亩收租四升，比之汉代又减轻了一半多。正是因为魏行屯田，史称"所在积粟，仓廪皆满"。自然田租可以减轻。这时却把汉代的口算钱变为户调，改征绵、绢。原来在汉章帝时，曾因钱贱谷贵，就有以布帛为租，以通天下之用而尽封钱的议论。从魏晋户调用绢来看，也正是因为物重钱轻的原故。自初平元年董卓"铸小钱，品恶劣，于是货轻物重，谷一斛至数十万，自是后钱货不行"，到了黄初二年，就明令"罢五铢钱，使百姓以谷帛为市"，绢在流通上就取钱的地位而代之。这在货币史上是一个倒退现象。魏晋用户调代替汉时的口算，也就是用绢来代替汉时的钱。

魏武帝的屯田制度是"与官中分"，比之一般编户的

"亩收四升"重了很多，可见魏时的主要收入是在屯田。但人民为什么愿作这种典农部民呢？《魏志·袁涣传》载："时新募民开屯田，民不乐，多逃亡。涣白太祖宜顺其意，乐之者乃取，不欲者勿强，太祖从之，百姓大悦。"可见人民是不愿作屯田的，当时也曾采取"不欲者勿强"的办法。但后来各郡县都有屯田，一县甚至有数百顷之多，为什么仍有这样多人愿意来作屯田呢？这显然是曹操打击了当时的豪族，那些豪族都是"田亩连于方国""奴婢千群，徒附万计"的，在豪族打垮之后，就有大批奴隶或佃客解放出来，他们都是无产者，不得不前来应募，接受"与官中分"的条件来当屯田的部民。屯田的"与官中分"，也正是地主对佃客的旧例，收了十分之五，只是"官府"来作地主罢了。魏武抑制豪强的记载不少，但事实上究竟作到什么程度，仍然令人怀疑。《通典》说："除平蜀所得，当时魏氏唯有户六十六万三千四百二十三，口有四百四十三万二千八百八十一。"平均每十户有六十六口，这比任何太平盛世的平均口数都大得多。西汉末年，每十户平均数字是四十八口；东汉末年，每十户平均也只五十二口。岂能经过汉末三国长期战乱之后，每十户平均口数反而增加至六十六口？这只有《晋书·外戚传》所载"魏氏给公卿以下租牛客户数各有差，贵势之门，动有百数"可以说明。曹魏时候的兼并情况并不比汉降低。汉的口算，依《汉律》说："唯贾人与奴婢倍算。"就是说口二百四十钱。这是对权势豪强的一种打击。魏晋调绵、绢，不用人口计，而以户计，那就把权势之家和劳动人民同等征收了，而把政府的主要收入放在屯田上。也就是说，把刚从豪门解放出来的奴婢和佃客，当作政府剥削的主要对象了。

这里附带说一下东汉末年每户平均口数问题。这里用的数字是根据《晋书·地理志》和《通典》所记的材料。两部书都说："桓帝永寿三年，户千六十七万七千九百六十，口五千六百四十八万六千八百五十六。"应该说，这是唐人所见《续汉志》是如此。宋本《续汉志》载："永寿二年，户一千六百七万余，口五千六万余。"这就显然有错误了。质帝本初元年，户才九百三十四万余，刚隔十年，户就增加到千六百余万，这是太不合理。若照宋本（今本）《续汉志》计算，每十户平均只三十一口，也就更不合理。《通志》所载和《晋书》相符，是郑樵之本尚不误。《通考》所见之本已和今本相同，当在宋时就已经错了。《续志》注引《帝王世纪》所载永寿户口数，全与错了的《志》文相合，这可能是校书的人，依错了的《志》文去改了注，就是把户的千六十七万，错成千六百七万，把口的"五千六"下面掉了"百四十八"四个字。使用材料中数字的时候，应反复审查其合理与否，纵然是宋

本,倘若不合理,也必须加以考订。皇甫谧的原书应
是不错的,如注中引《帝王世纪》:"永寿(误嘉)三(误
二)年比永和中,户则多九十七万九(误八)千三(误
七)百三(误七)十(衍一),口七百三(误二)十三(误
一)万六千六百三十六。"这种误字不难寻出,只需把
《晋书》的永寿数字和《续汉志》的永和数字作一比
较,就会知道错误发生在:把三十三万误为二十一
万,把九千三百三十误为八千七百七十。这都可能
是字形相近而搞错的。现将《续志》所引顺帝永和五
年的户口数字,加上校正后的《帝王世纪》所载增多
的数字,正好等于《晋书》《通典》所记永寿的户口数
字。十三个数字中就误了五个,其余都合,是应加以
校核改正的。于此可知皇甫谧的书,原来不误。清
人辑《世纪》只是发现了《志》注和《志》注引《世纪》数
多讹字,却未能校正。《文献通考》据误本《续志》谓:
"与《通典》未知孰是。"这都是没有详加考证的原故。
读者是应当予以注意的。

晋代占田、课田制度,有很多不同的解释。大致可分
为两类:一种是认为丁男女占田百亩之外,又要课田七十
亩,我对这种说法不同意,不同意的理由在于:一夫一妇
的劳作能力,不可能这样大。晁错说过:"五口之家,其能
耕者,不过百亩。"一百七十亩,自然不是二人之力所能胜

任。一种是认为课田五十亩,就在占田七十亩之内。而仅是依五十亩收租四斛,但这为何不定为七十亩收租四斛,而要分为占田、课田,其理由安在? 如其每户仅收租四斛,则我对这种说法也不同意。因为晋此时仅二百四十五万九千八百四十户,如户收粟仅四斛,则作为政府主要收入的田租,不过九百八十万斛。至于支出方面,照傅玄说:"国家之财富,几皆为军用。"军费应当是支出中的第一笔大数,在此姑置勿论。至于官俸,应当是支出中的另一笔大数。傅玄说:晋官"较魏、蜀、吴多三倍",蜀吏四万,吴吏三万,以三倍来计算,应有二十多万,史称汉官十八万,晋当不至较汉为少,二十万之数,应当是接近正确的。《晋书·职官志》载:"品秩第一,食奉日五斛(一岁则为一千八百斛),春绢、秋绢三百匹。品秩第二,食奉日四斛(一岁则为一千四百四十斛),春绢、秋绢二百匹。品秩第三,秩中二千石,食奉日三斛(一岁一千又八十斛),春绢、秋绢百五十匹。秩千石,食奉月五十斛(一岁六百斛),春绢、秋绢一百匹。"年用俸米的总数虽不易考,但官俸之浩大,可以想见。且可看出谷和绢在官俸中的比例,总是一匹绢同时就要俸六斛或七斛粟。魏时户调绢二匹,晋泰始二年罢典农官,赓即实行占田、课田之制,泰始三年就诏议增吏俸,春绢、秋绢都是后来增的。在官俸方面,起初也只有斗斛,后来才有绢这一项,户增绢一匹,也正是为增加吏俸之用(梁方仲教授认为平吴以后,将税增高；其实，占田百亩四斛之税并未增高，绢加一匹，是为了官俸）。如户增一匹，就是二百四十五万匹；如按《官志》所载绢、粟比例计算，则仅此一项就需要粟一千四百七十余万斛，这个赤字就很大。如用《陈群传》注所引太康三年《地记》有户三百七十七万计算，每户四斛，也只一千五百万斛，则全部田租所人，只能供给官俸一项开支，也太不合理。我们再另从官员食粟来计算，如平均每一员官月用六斛，则一岁为七十二斛，二十万官吏总计亦应为一千四百四十万斛。因为崔实说："长吏当有从者一人，客佣一千，人二，月共食六斛。"如每一员官吏每月支给六斛，也只够二人的口食。实际情况决不至如此之少。所以"课田"之说，必须用封裕的说法才能解释得通。在第二节内讨论所提出封裕、傅玄的话，是必须要考虑的。

晋在太康时，是二百四十五万户、千六百一十余万口，每户平均六十六口，这是任何太平盛世所不可能有的现象，应当是豪族的奴婢、佃客增多所致。在经过汉末、三国长期战乱以后，每户平均口数应当不会超过四口，则魏晋时代的佃客、奴婢，可能已经占了全部人口的三分之一，或者还要多些。以二百四十万户的田租收入计算，是不可能支持当时晋王朝的国用的，因此就必须靠课田的方式"与官中分"，才能扩大王朝的收入，才能满足统治者的需要。晋制"丁男女占田百亩"，这是根据劳动人民耕作能力的限度来规定的。"其外丁男女"，就是指的佃客和奴婢。但为什么只课田七十亩呢？推想其情况应当是：王朝虽然想把豪族剥削佃农的剩余劳动夺为己有，但是不可能全部夺尽；佃客或奴婢丁男女二人的实际耕作能力，大概有一百亩至一百二十亩，王朝取七十亩作为课田与官中分外，尚余三十亩至五十亩由佃农与豪族地主中分，为豪族地主保留一部分剩余劳动。占田、课田制度的立法精神，大概就是如此。如以奴婢、佃客占全部人口三分之一计算，则应有五百四十万口，至少也相当一百万户。如再以每户丁男女二人课田七十亩、亩产三斛、与官中分来计算，则每户每年应缴纳一百斛。如以百万户计算，则晋王朝每年可在课田上收入一亿斛，政府的财政开支就可以解决了。这是占田、课田的情况。下面我们再看官田、课田的情况：根据傅玄、封裕所说的课田，本来就是官田；再据"何晏等共分割洛阳、野王典农部桑田数百顷"这一记载来看，则是这种官田每县有多至数百顷者。再看杜预说："（应）遵（宋）县领应佃户二千六百口，所谓至少，而犹患地狭不足肆力。"似乎每县应佃户还有一定数量的规定，宋县的二千六百口，约相当于六百户，如尚认为为"至少"，则每县应佃户数量可假定为八百户，晋时计一千一百又九县，如以一千县计，则当时计有官田应佃户（即课田）八十八万九千户，大约是九十万户，这就占了晋二百四十万户的三分之一还多。傅玄说："魏初课田，不务多其顷亩，自顷以来，日增顷亩之数。"是这种课田的每户耕种数量，晋较魏时增加了许多。晋时丁男女二人占田可达百亩，我们可以估计这种官田的课田户，每户耕种数量也不会低于一百亩。百亩年产三百斛，与官中分，则每户每年应缴纳一百五十斛，以当时千县八十万课田户计算，则政府年可收入一亿二千万斛。我们可再观察元魏情况，《魏书》载李彪曾建议："取州郡户十分之一，以为屯民，一夫之田岁责六十斛。"以"正光户口，比晋太康倍而有余矣"来计算，则魏约有五百万户，十分取一，应有五十万户，以岁责六十斛计，则每年可收入三千万斛。较之五百万户、户岁输粟二石，岁入不过一千万石，多入二千万石。而三十户的田租才能等于屯田一户的缴纳。这就可以看出，魏晋到隋唐期间屯田的重要性，这才是政府的主要收入所在。

元魏均田，三十户的田租才能相当于一夫屯田所缴纳的数量。魏晋田租，亩四升，百亩之田，不过四石，三十户也不过一百二十石，但屯田一户就可收入百五十石，约相当于三十七户的田租所入。由此可以看出由汉至唐长时期的大量屯田的意义了。从汉武帝屯田渠犁，开始有屯田之法，令少府、水衡、太仆、大农都设农官，把县官没入田田之。就是把杨可告缗钱没入的田——大县数百顷，小县百余顷——来作屯田；魏武帝的屯田，则是承继汉制。汉的田租是三十而税一，屯田税率，我们从曹魏屯田是"与官中分"，汉代地主剥削佃农是"见税十五"，这样来推断其为十五之税，还是比较合理的。如此，则是十五户田租的收入才能相当于屯田一户的缴纳数量。西汉的县和侯国大约是一千五百八十余，以平均每县没入田三百顷计，应共有田四十七万六千余顷。亩产三斛，以见税十五计，岁可入粟七千一百四十余万石。西汉垦田八百二十七万五百三十余顷，除去没入田数余七百七十九万四千四百余顷，以三十税一计，岁入粟七千七百九十四万余石。二者大致相等。但当时又还有官田，可见屯田的重要，竟使田税收入增加了一倍。汉代往往因为用兵就广开屯田，到东汉时期，除边地屯田之外，在内地屯田也不少，如建武四年刘隆屯田武当，马援屯田上林苑中，五年张纯屯田南阳，六年王霸屯田新安，李通屯田富阳，郑兴亦曾留屯成都。这些都是内郡屯田。东汉于边郡置农都尉，主屯田殖谷。邓艾论淮上屯田说："淮北屯二万人，淮南屯三万人，十二分休，常有四万人，且田且守，计除众费，岁完五百万斛。"这是四万人屯田，每人岁入纯收益一百二十五斛。魏的田租，亩收粟四升，人耕百亩，岁入也只四斛，三十户的田租计一百二十斛，也只略等于兵屯一夫屯田的收益。这就可以看出魏晋重视屯田课田的意义了。石鳖、芍陂、襄阳及南阳之钳庐陂，自两汉召信臣、王景，魏邓艾，晋羊祜、杜预、苟羡，齐桓崇祖，皆先后修复屯田，以致"仓庾盈亿""资食有储"，都是历史上比较显著的事实。东晋元帝时，"非宿卫要任，皆令赴农，年各田作，即以为廪。"这更是大量屯田，其规模当不在魏大统之下。梁时在司州、荆州、北梁北秦二州、芍陂、竟陵都有屯田。北齐乾明时屯石鳖，皇建时屯督亢，自是淮南军防粮足，北境得以周赡，又置怀义等屯以给河南。隋也大兴屯田。唐开军府，因隙地置营田，天下屯九百九十二，其他东都、宝应、洪泽、芍陂、苏州、嘉兴、郾城、郑、滑均先后置屯，从史传可以考见的又有二十多处。屯田制度在唐时更为完备，前后解决了财政上很多困难。从汉到唐这一长时期中，人口没有达到一亿，土地常常是有剩余的，以此官田很多，最便于屯田。李埏教授在所作《论我国的封建的土地国有制》一文中，详细的分析了我国历史上的土地国有、大土地所有和小土地所有等各种形式，对我有很大的启发（李文系油印本）。屯田课田就是建立在土地国有的基础上，也可以叫作国家庄园。至于建立在奴婢或佃农耕作基础上的大土地所有制（在南朝很多世族都是奴婢耕作，《晋书·刁协传》："有田万顷，奴婢千人。"《宋书·谢弘微传》："田业十余处，僮仆千人……奴仆犹有数百人。"又《沈庆之传》：

"奴僮千人。"田客一词很少见。北朝世族几乎完全是用奴婢耕作,魏齐受田都止说奴婢依良人),就又是一种形式,也可以叫作豪族庄园。在南北朝时期,常常都见到这两种力量的对立和互相争夺劳动力。因此,我们可以把晋的课田分为两种:一种是傅玄、封裕所说的课田,是建立在官田的基础上,是属于土地国有制形式,其剥削方法是"与官中分"。另一种是建立在土地私有的基础上,是属于大土地所有制形式。是在大土地所有制逐渐发展,大土地所有者拥有土地过多以后,统治者给予大土地所有者的一种限制办法。这种限制办法规定:在一定限度的占田以外的土地,虽然其所有制形式仍然是大土地所有制性质,是属于大土地所有者所有,但必须以其中的十分之七作课田,同样使用"与官中分"的办法,而以其余十分之三留"与豪族地主中分"。换句话说,就是统治者从豪族地主手中,夺取原由豪族地主剥削农民的剩余劳动的大部分攫为统治者所有。这就是《晋书·食货志》所谓的课田。小土地所有者在西晋时,是占田百亩,所应缴纳的田租,比汉三十税一又减轻了一半多。这也可以反映出,这种自耕农在社会生产上不占主要的地位,同样也反证出这种自耕农的数量在全部人口中所占的比例不会太大。假如千六百一十六万余口的三分之一是客户,而所余的三分之一还多是屯田户,自耕农就只有七百万口了。每十户平均六十多口,假定在长期战争当中,每户平均不超过四口,则可推断当时豪族的佃客及奴婢已经占到人口总数的十分之三四,其余的十分之六七中,还有一部分是政府的兵屯和民屯。

从这时农产量水平和人民每家最低消费量(均见前)来估计,也可看出奴婢和佃客在生活方面并没有多大的差异。荀卿说:"秦人五甲首而隶五家。"杨倞注:"有功者使相长,得五甲首则隶役乡里之五家。"《商君书》说:"赏爵一级,益田一顷,除庶子一人。"此"庶子一人"应当就是耕作"益田一顷"的佃客。《商君书》又说:"其庶子役其大夫(有爵者)月六日,其役事也,随而养之。"则是这种佃客是兼有劳役义务的。董仲舒说:"或耕豪民之田,见税十五。"这只谈到地租,没有谈劳役。商君言"月役六日",便是在地租之外还有劳役了。两汉的大土地所有者,都是说有奴婢若干人。西汉末限田,同时也限制奴婢数。杨可告缗钱没入了奴婢,又说"田宅亦如之",都是说二者有同等的意义。崔实说:"上家斥地侔封君之土,下户父子低首奴事富人,躬率妻孥,为之服役。"仲长统说:"田亩连于方国,有千室名邑之役。"南齐虞玩之说:"弥山满海,皆是私役。"晋时,匈奴在并州为田客,可以把他们带到山东贩卖,石勒就是这样被卖到山东的。刘渊、石勒发动推翻晋王朝的战争，既是民族矛盾，也是阶级矛盾。田客、奴客、僮客往往并称，都是从两汉"奴婢"演变而来，在汉光武有关禁止奴婢的八次诏书之后，田客一名词才见出来，这和唐宋时的佃客名相同而实际应有区别。国家对田客无课役，但大土地所有者对田客是既有实物地租而又有劳役。政府的劳役，便是以小土地所有者为征调的主要对象了。田租虽然征得较轻，而劳役却变得重得可观。《晋书·王恂传》说："魏氏给公卿以下租牛客户数各有差，小人惮役，多乐为之，权势之门，动有百数。"《韩非·诡使篇》早就说过："士卒之逃事藏匿，附托有威之门，以避徭役。"这都说明依附豪族的人增多的原因，就是因为"惮役"。《晋书·慕容德载记》载："百姓迭相荫冒，或百室合户，或千丁共籍，公避课役，擅为奸宄。"《南史·齐本纪》也载："诸郡役人，多依士人为附隶，谓之属名。"依附于豪族以避役的人愈多，则自耕农的役也就愈重，以至发展到范宁所说"殆无三日休停"，《宋书》王敬弘所说"旧制人年十二半役，三十全役，至令逃窜求免胎孕不育"，齐竟陵王子良所说"亦有斩绝手足以避徭役"等等残酷情况了。可见这一时期的徭役是人民最大的灾难。附属于豪门虽仍有其"富室之役"，但与政府的劳役比较起来，还算是要轻松一些。东晋南渡初年，颜含曾对王导说："南北权豪，竞招游食，国敝家丰，且将征之势门，使返田桑。"这正是说明"竞招游食"是豪族经济势力逐渐强大的原因。《南齐书·顾宪之传》载山阴一县："课户二万，其民资不满三千者，殆将居半，多是士人复除，其贫极者悉是露户役民。"贫极的都是役民，官僚士人因为复除劳役就变成了富室，可知"劳役"在当时关系民生之重大。豪族的佃客有富室之役，自耕农有烦重的官府之役，"兵屯""民屯"也仍然是一种役（北魏、北齐皆有兵屯、民屯，南朝亦然）。从"小人惮役，乐为客户"来看，就可见当时劳役太重，比之"见税十五"还更病民。从前引《袁涣传》所载情况来看，也可见当时确有人民乐于作"典农部民"，来负担"与官中分"的重税，推其原因，当也是由于"惮役"。统治者既采用"屯田"或"课田"的办法来解决政府的财政开支，当然也就把"田租"放在次要的地位，于是就可以降低到"亩税四升"，比两汉减轻了一半。但是，统治者是不会这样宽大的，这方面的"租"虽然减轻，而另方面的"役"却大大的加重了。自耕农的负担，也就日益加重了。魏晋王朝在户口大量减少以后，更干脆把赋税制度改变为"役重租轻"的形式，来巩固王朝的收入。《隋志》又说："晋时其无贯之民，不乐州县编户者，谓之浮浪人，乐输亦无定数，任量准所输，终优于正课焉。"可见户调的正课仍然不是政府的主要收入，其数量还不及浮浪人的乐输。此外，还有各种杂调、杂役和随时发生的没有"恒法定令"的征发，这些就形成了人民的重大负担。所以"百姓迭相荫冒公避课役"的现象就更趋严重，政府也就要采取禁制的对策，这就明了户调不过是收入较少的一部分了。因此，在研究这一阶段的国民经济问题上，是应当把"屯田"和公私"劳役"作为重点的。

魏的典农部民和晋的占田课田，前在第二节已作过了详细的解释，这里就不再说。这三四年来，关于占田课田的讨论很多，但我仍不想改变我的看法。原因是在某些作者的思想上，总认为占田课田和周的井田、唐的租庸调都是"仁政"，因为不承认封建统治者会有什么"仁政"，因而也就不承认有均田分田的办法。但如果我们深入的分析一下这些制度的实质，便会知道这并不是什么"仁政"。查《晋书》各传所载："张辅为蓝田令，强弩将军庞宗，西州大姓，辅夺宗田二百顷以给贫民。""王戎广收八方田园、水碓，周遍天下。""石崇水碓三十余区，仓头八百余人，田宅称是。"就可以看出西晋时仍然有很大的地主存在，并未受到依官品占田制度的限制，也就说明占田课田并不排斥大土地所有制。即古代的均田，也只不过是在人口少而土地多的情况下的一种分田耕作制度，仍然是一种劳役。《周官·载师》："凡民无职业者，出夫家之征。"郑注释为："令出一夫百亩之税。"《闾师》："凡无职者，出夫布。"这都说明不论有田无田、有职无职，即使是完全无产者，还是同样要负担统治者的租税。这就把分田耕作是一种劳役制度的意义肯定了。因而对元魏到隋的均田制度，我们不必再有什么怀疑。晋唐之制都是先后相承的，也就不必怀疑了。元魏均田是奴婢依良人受田，纳税是八口当一夫一妇之调；耕牛一头受田三十亩，十头牛纳一夫一妇之调。依奴婢和牛的多少来分田，这又何尝是均贫富，正更显示其是力役了。所以我愿坚持"其外，丁男、丁女课田"，是当户男女以外的子弟和奴婢、佃客。北齐清河三年令："奴婢受田者亲王止三百人，嗣王止二百人，二品嗣王以下及庶姓王止一百五十人，正三品以上及皇宗止一百人，七品以上限止八十人，八品以下至庶人限止六十人。一夫受露田八十亩，妇人四十亩，奴婢依良人。"可见庶人可以有奴婢同良人一样受田，晋代当然庶人也可以有奴婢，亦得于占田之外还有其他的田。这就是"其外"丁男丁女的课田。官品和庶人占田限度以外，同样可有课田。通常的庶民一夫一妇占田百亩以外，自然也可能很多人没有课田，也可能很多人还是有课田；而官品豪族在占田以外，则显然有成百上千的课田男女。西晋时期，应当是兼并更盛了。《通典》载："魏灭蜀至晋武帝太康元年（灭吴时），户增九十八万六千三百八十一，口增八百四十九万九百八十二。"这十数年中所增,每十户平均八十八人,显然是部分地主的奴婢和佃客增加了。也看出吴的奴婢、佃客或许多。晋时"客皆注家籍",都是合在地主户籍之中。在曹魏时,同汉代一样,没有看见如何从制度上来处理兼并问题;到晋时,兼并更盛,于是统治者开始想办法应付豪强地主了。晋王朝尽管承认豪族占有大量的土地和佃客、奴婢,却要对这些过多田土、奴婢、佃客的所有者施以重税。《王恂传》说:"公卿以下租牛客户……动以百数。太原诸郡亦以匈奴、胡人为田客,多者数千。武帝践位,诏禁募客。"禁募客同时也就是限制门阀的措施,和占田、课田同一作用。魏时屯田,是政府利用官田来作地主,把典农部民当作佃农来收租。当时就已经发生有大官僚"私割典农部桑田数百顷"的现象。至晋时,大概屯田为私家所占的已经很多了,于是晋王朝就来一个新办法:依官品占田,佃客和顷亩都有一定的限度,这是等于俸禄的一部分;一夫一妇占田百亩,也是一定的限度;其外丁男、丁女,如奴婢、佃客之类,都按劳动力课田,把限外的田十分之七政府照魏时屯田来收租。《隋志》:"都下人多为诸王公贵人左右、佃客、典计之类,皆无课役,其佃谷皆与大家量分。"晋自然是承认豪族可有多的佃客。《傅玄传》所述本为晋的课田,但文句内说到"魏初课田",是即认为魏的屯田就是晋的课田。是晋王朝在官田的课田之外,要把大地主剥削佃客太多的果实，抢夺十分之七到自己手里来，这也是课田。魏亩收四升，很轻；晋占田百亩，租四斛，也很轻。大概官品占田和一定数量的佃客以外，都要取十分之七的土地照"课田"计征，一般的一夫一妇占田百亩以外，余丁所占的田，也取十分之七照课田计征。这样，便是给予了一定限额以上的土地以加重了接近三十倍的田租。这便使占田、课田制度实际上起到了一些对大土地占有的限制作用。而在事实上则承认大土地所有者拥有超限额的土地，否则，便对和占田制度同时存在的大土地所有者现象无法解释，而使占田制度毫无意义。《王恂传》说："魏氏给公卿以下租牛客户数各有差。"可见依官品占田是从魏来的。《通典》所载魏原有官品，也见官品也是从魏来。收租四斛，正是魏百亩的征收量。课田征收办法，也和魏屯田相同。晋就是用课田的方法来打击地主，这是统治者和豪族争夺利益的手段。以后南朝刘裕所厉行的"土断"，和北朝元魏的"均田"，都是王朝和门阀的斗争，是大家在争夺作为剥削对象的农民，根本没有什么"仁政"问题存在。课田本是在土地国有的基础上的一种残酷的力役之征；在多数劳动力和土地控制在门阀手中以后，晋王朝统治者虽在事实上承认官僚门阀拥有超额的大量土地、佃客、奴婢，但由于这种"超额"而获得的大量剩余劳动，却要转移一部分到王朝政府手中来。

东晋在渡江十余年后，就开始废除了占田、课田的制度,而建立按亩收税的制度。这样便取消了每人占田数量的限制,而只是按照所占土地数量来征收了。《晋书·食货志》载:"咸和五年,成帝始度百姓田,取十分之一,亩税三升。哀帝即位,乃减田租,亩收二升。孝武太元二年,除度田收租之制,王公以下,口税米三斛,唯蠲在身之役。八年,又增税米,口五石。"亩收二升或三升,则是百亩之田应征二石或三石;石勒户租二斛;李确丁岁三斛;是自曹魏至元魏、东晋的税率大致都是如此。但如用仲长统所说当时农业生产水平"亩收三斛"来计算,则应是三斗,才与"取十分之一"之说相合,但又与前后制度不相连贯;因此,"取十分之一"一语,颇不可解。且文中所说的"米",也可能是粟而不是米,可能是《晋书》有误。东晋的"度田收租"和"土断人户"是有密切关系的。度田收租是整理"田籍",其目的在消灭"黑田";土断是整理"户籍",其目的在消灭"黑口"。其共同的目的都在加强政府的收入,因而在历史上的户籍整理常常总是和田籍整理同时进行。而且在黑田、黑口逐渐消灭、政府收入逐渐增加以后,也就可能会有一些降低税率的措施。咸和五年制度田之令,定为亩税三升,《陈书·武帝纪》亦载:晋"咸和中土断"(《晋书·成帝纪》将"皆正土断白籍"记在咸康六年,可能有误)。哀帝隆和元年减田租为亩收二升后,也在其后的第三年(兴宁二年)历行桓温的土断之法了。在土断既行之后,黑口渐趋消灭,户口逐步正确,也就为

"按口计征"奠定了基础；也就是说，土断之法是为孝武太元二年的"除度田收租之制"、施行"口税米三斛"的新制度准备了条件。我们在研究租税制度时，也应该对户籍问题给予一定的注意。曹魏、西晋有屯田、课田，当时政府的主要收入也放在屯田、课田上，所以对一般自耕农只要取其"亩收四升"即可。渡江后，取消了占田、课田，改为按亩收租。租税制度既变，税率也就不能不随之而改变了。《隋书·食货志》载：东晋"其课丁男，调布、绢各二丈，丝三两，绵八两，禄绢八尺，禄绵三两二分，租米五石，禄米二石。丁女半之。男、女年十六以上为丁。年十六亦半课，年十八正课，六十六免课。其田亩税米二斗。盖大率如此"。《隋志》在这里说"大率如此"，就是表示没有详细的说明情况。《文献通考》引《隋志》此文列在户口门奴婢项下，似乎认为《隋志》所载是指的佃客的情况。根据前节的论述，我们知道佃客、衣食客之类的人员，只有"富室之役"而没有对政府的课役的。《通考》作者对此文的体会是不符合历史事实的。此文所述课役的对象应当包括自耕农和耕种地主土地的佃农（详下）。太元二年："除度田收租之制，口税三斛，八年增为口五石。"这里很明确的说明是有了口税，就除了亩税，是租税制度上的变更。则是太元二年未改制以前，亩税米二升时，就应该没有禄米、租米。《晋志》所载太元八年税米口五石，也就是《隋志》所述租米五石。只是《隋志》仅根据太元八年确定后的制度来记述，而省略了成帝、哀帝变占田、课田为亩税、变亩税为口税的一段演变沿革，所以它说"大率如此"。我们不能冒然地根据两志所说的差异而认为亩税、口税同时并行。太元八年改为口税，既称"口税"，当然也就不论其有田、无田，也不论其为自耕农的口或地主佃客、衣食客的口，都一律要按照"租米五石，禄米二石，丁女半之"的规定来征收。自耕农和地主佃农的区别在于：（一）自耕农是政府直接征收的对象，而地主佃农则是向地主缴纳十五的田租（或者更重一些），再由地主按口税规定把佃农或奴婢的口税向政府缴纳，地主可从中取得一笔数字巨大的剩余价值。较之占田课田制度下只能取得十分之三的剩余价值增加了很多。（二）自耕农除口税而外，还要负担政府的力役，而地主佃农则不负担政府的力役。《晋志》说："王公以下，口税三斛，唯蠲在身之役。"所谓"王公以下"云者，就是指的官僚、地主以及他们的佃客、衣食客、奴婢等。再太元八年既已废除了亩税，但《隋志》还说："其田亩税米二斗。"则似晋、隋两志在这点上又存在着矛盾。实则两志所述史实，都必有其根据，应当都为可信。只是由于在叙事上或彼有而此无，在解释上或彼详而此略，需要将两志结合起来研究，互相补充，就能看出问题的全面情况。此处所说"亩税米二斗"，应当是指官田租税，吕诚之先生说，魏晋都有官田，用北齐的事例来作证，这是很正确的。因为曹魏、西晋都有官田，东晋当然也不致突然消灭（但吕先生又将成、哀亩税三升、二升和此处的亩税二斗说为一事，则不够妥当）。官田的租税当然较私田要重一些，魏明帝"孝昌二年，税京师田亩租五升，赁公田亩一斗"，就是一个明显的例证。官田亩税米二斗，百亩税米二十石，比之哀帝时私田亩税米二升，相差十倍，但以太元之制五口之家所负担的租米、禄米——约为一十五石七斗五升（以五口之家有丁男女、次丁男女各二人计，丁男一应为七石，丁女一应为三石五斗，次丁男一应为三石五斗，次丁女一应为一石七斗五升）来比较，则仍相差不远。如以之与曹魏、西晋的屯田、课田相比较，那就轻了很多。因此我们可对咸和五年"始度百姓田"的制度作这样的理解：私田亩税米三升，官田亩税米二斗，两者都是从西晋占田课田制度演变而来。太元改变户调以后，可说南朝的长期大约都基本上是实行这一制度，只时而有些小的变更，所以《隋志》就略而不谈了。李源澄教授意谓《隋志》说："晋自中原丧乱，元帝寓居江左……历宋、齐、梁、陈因而不改。"是《隋志》所说课调及年十六半课、十八正课云云，为统论南朝之制，但又非南朝初年之制。《宋书·王弘传》说："旧制民年十三半役，十六全役，今皇化惟新，十五至十六宜为半役，十七为全，从之。"此为对晋制之修改。《晋书·范宁传》说，"今以十六为全丁，以十三为半丁"，与《晋书·食货志》合，这是旧制。《隋志》所言年十八正课为宋文帝以后之制，禄米、禄绢、禄绵，惟见南朝晚期历史，如《陈书》《隋志》所言，应该是南朝后半期的制度。这些诠释，最合情实。关于太元八年增口租至五石问题，《文献通考》说："口税三斛，增至五石，则颇重矣。岂王公以下云者，非泛泛之百姓欤？"究其实际，五石之租比之西晋课田、曹魏屯田已轻很多了，较之北朝诸制也相差不远。北魏均田，一夫一妇粟二石，用南朝的量来计算便是四石；北齐垦租二石，义租五斗，便是五石。北周有室者粟五斛是十五石，隋一床粟三石是九石。北周与隋的容量又大于北魏。是周、隋才算最重的剥削，《通考》没有注意容量的不同，而怀疑东晋户调过重是不妥当的。汉代田租为三十税一，则亩租一斗，百亩应为十石，和东晋五口之家租十五石七相较，亦相去不远。又西晋户绢三匹，东晋只布绢各二丈、禄绢八尺，如以绢每匹四丈计算，则东晋户绢较西晋减少三分之二。可见两晋在租税的征收重点是不同的，西晋是绢重租轻，东晋是绢轻租重。这可能由于东渡以后取消了课田，而且北方屯田也大都丧失，作为国家租米主要收入的课田、屯田既已破坏，也就不能不加重一般人的租米、禄米负担了。但在租米增加以后，相对的降低户绢。因此，总的说来是没什么增加的。这也可能是在整理户籍、田籍以后，消灭了黑口、黑田，增加了课税对象，扩大了课税面，政府收入自然也就增加，而不必在提高税率上来打算盘。而人民之间，则由于消灭了黑口、黑田，而致负担趋于均衡,生活也就较为安定,因而《晋书》说:"孝武末年,百姓乐业,谷帛殷阜,几于家给人足。"史称范宁陈孝武帝说:"今以十六为全丁,则备成人之役矣,以十三为半丁,所任非复幼童之事矣,困苦百姓;宜以二十为全丁,十六至十九为半丁,则人无夭折。帝善之。"可见孝武帝在当时还是待民较宽。除度田收租改为口租一事,王船山认为:"收租而不度其田,一户若干,一口若干,有余力而耕地广,获粟多者无所取盈,窳弃而废地者无所蠲免,民乃珍其土而竞于农,人各保其口分之业,强豪又乌从而夺之? 则度人而不度田,劝农以均贫富之善术,太元之制,不禁兼并而兼并自息矣。"其实,太元之制应该是强豪仍然可拥有奴婢,而不必都从事田亩。国家要一例的征收口税,这是对兼并者加以负担。它是同时起到了抑制兼并的作用,王船山这一点看法是正确的。

从魏晋起,实行了"户调",但是从《隋志》所载具体内容来看,户调却变为"丁调"了。元魏在孝昌时,事实上也就是丁调。大致说来,在强豪兼并的时候,每户所荫的丁很多,按丁的调法比之按户的调法,在此时要合理些。但还不及汉代奴婢倍算的严格。这应当也是太元时除度田收租改为口税而同时也把户调改为丁调,都是记载不详、"大率如此"出的问题。晋隋两书的《食货志》记东晋户调很有异同,但《隋志》说的比《晋志》觉得要合理些。即如《晋志》说:"其官品各以贵贱占田,第一品五十顷,二品四十五顷，三品四十顷，四品三十五顷，五品三十顷，六品二十五顷，七品二十顷，八品十五顷，九品十顷。其应有佃客：官品第一、二者，佃客无过五十户，第三品十户，第四品七户，第五品五户，第六品三户，第七品二户，第八、九品一户。"这种规定显然不很合理。第二品是不需要五十户的。第三品四十顷却限于十户，每户需耕四顷地，在劳动力负荷上是不可能的。第八品十五顷，佃客只一户，就更不可能了。《隋志》："第一、二品佃客无过四十户，三品三十五户，四品三十户，五品二十五户，六品二十户，七品十五户，八品十户，九品五户。"这样规定，佃客和占田就大致相称了，每户种地一顷。除第一品官多出十顷外，其余各品官都多出五顷。这多出的土地可能有两种处理办法：一是仍分给每户佃客耕种；一是不加耕种，作为园宅等用。从这也看出：晋王朝对官吏，不吝惜土地而吝惜劳动力。《王恂传》说："公卿以下租牛客户数各有差，动以百数。太原诸郡亦以匈奴、胡人为田客，多者数千。武帝践位，诏禁募客。"此种措施，自然是在限制门阀，和用占田课田来打击豪族，是同一目的，很可以相互证明。以后南北朝时期，长期都是豪族和政府争夺劳动人民，元魏均田的目的也是如此，刘裕再次厉行桓温的土断也是如此。后来宋大明、梁天监、陈天嘉，都行过土断。南齐永明依虞玩之奏请也是这种政策，才引起唐寓之的乱子。从宋初的户口看，可知土断行得很彻底，所以宋就强些；从大明时看，每户就有九口，可知土断法又坏了，荫冒显然有了增加，南朝从此又弱了。北朝是长期保存均田的，南弱北强的形势，是与此有一定关系的。

租庸调，也就是户调。唐"武德七年，始定均田赋税。丁男给田一顷，凡授田者，丁岁输粟二石，谓之租；户随乡所出，岁输绢、绫、绝各二丈，布加五之一，绵二两，输布者麻三斤，谓之调；用人之力，岁二十日，不役者日为绢三尺，谓之庸。岭南诸州，则税米上户一石二斗"。这就是唐的租庸调，可说仍然是沿袭户调之法而来。《通考》说："此租庸调征科之数，依《通典》《唐会要》《新唐书·食货志》，以为每丁输粟二斛，稻三斛，调则岁输绢二匹，绫、绝各二丈，布加五之一，非蚕乡则输银十四两，疑太重。"清代人往往依马氏所说而否定《新唐书》的说法。其实，"绢、绫、绝各二丈"一语，是说各地的出产不同，产绢者出绢，产绫者出绫，产绝者出绝，虽各地出产不同，但都是二丈。不是说一户要出三种，共出六丈。查《新唐书·地理志》和《太平寰宇记》所载各地土贡，就可看出：产绢的地方如陈、许诸州，不产绫和绝；产绝的地方如汝、虢诸州，不产绫和绢；青、蔡诸州，又只产绫；最足证明此点。唐人文句，往往如此，是马端临把这一句解释错了，反而贻误了清代许多学者。《新唐书》所说"丁输粟二石，稻三斛"，其解释也应同前，就是产什么就输什么，但数量要按照这个规定。中国产稻之地不产粟，产粟之地不产稻，一户不可能同时输粟又输稻。《旧唐书》下文紧接着说岭南输米，正证明了这点。新、旧《唐书》是相同的，不必疑《新唐书》所说太重。"输银十四两"，也正说的是岭南。既然"加役二十五日免调，三十日租、调皆免"，可知二斛粟只相当于五日，二匹绢却相当于二十五日，进而推知两匹绢相当于十斛粟的价值，十四两银也就相当于十斛粟。《新唐书·食货志》说："开元、天宝时，米斗十三文，青、齐间斗才三文，绢一匹二百文。"是绢二匹四百文，谷十石六百文，是绢三匹略等于谷十石。《旧唐书》说"十五日免调，三十日租、调免"，应该以《新唐书》所说较为可信。至于岭南用银问题，叶水心说："东汉以后，黄金最少，故金银不复为币，反皆以为器用。"是正说明在唐时，银是实物，不是货币。梁时："惟京师、三吴、荆郢、江襄、梁益用钱，其余州郡则杂以谷帛，交广之域则全以金银。"可见岭南是金银多的地方。陈亡的时候还记载："岭南诸州以米布交易，俱不用钱。"唐时，"唯银无益于人，五岭以北采银一两者流他州，官吏论罪"。银不是货币是明显的。元和时才诏采五岭银坑，仍然禁钱出岭，又禁用铜作器物。但在岭南就恰恰相反。晋时"广州夷人宝贵铜鼓，而州素不出铜，官司贾人皆比输钱，斤两差重以入广州，货与夷人，铸鞴作鼓"。以铜作器是晋时严禁的。唐时也仍是"时虽禁铜为器，而岭南列市鬻之，铸千钱为器，售利数倍"。都可以看出岭南少铜多金银，自然铜贵银贱，以金银为货币。

五岭以北禁采银,银非货币。当然在唐时银的价贱,而岭南则当更贱。岭南多银,就用银作户调;从岭南说是征收货币,而北方则是征收实物。但十四两银却未必恰等于十斛粟或二匹绢和三两绵的价值,因偏远地区,度量衡原有些不同;唐用北朝的衡量,大于南量,《宋书》所说"南称"。而交广衡量,又比南朝的衡量还要小。

《周官·载师》:"凡宅不毛者有里布,凡田不耕者出屋粟,凡民无职事者出夫家之布。"郑注:"不毛,不树桑麻布帛也。宅不毛者,罚以一里二十五家之布。空田者,罚以一屋三家之税。民无职事者,出夫税、百亩之税、家税、出士徒车辇给徭役。"可见周代重在力役而不重产业,从事劳动者取之轻,不从事劳动者取之重。赵商问:"田不耕,罚宜重,乃止三夫之税粟;宅不毛,罚宜轻,乃以二十五家之布,未达轻重之差。"《周官》如此规定的意义应该是:用力多而难者,如不愿勤劳,则罚较轻;用力少而易者,如不愿勤劳,则罚较重。其目的是使人民从事力役,以供统治者的剥削。倘若不肯从事力役,则不问资产有无,反而加重剥削。所以可以认为百亩之田、十一之税是力役之征。至秦时"致粟帛多者复其身,怠而贫者举以为收孥",更说明了是强迫力役。百亩之田原不过是劳动的对象,是剥削劳动者的工具,秦代"地数未盈,其税必备"(《通典·赋税》),仍然是不重资产而重在力役。汉时依顷亩收入的多少三十而税一,在田租方面取得较轻;算赋口钱更赋是代表力役性质的,只照人口征取,而不问资产的多少有无,这方面就取得很重。这也还是重视力役之征而不重视资产的粟米之征。但三十税一,大略是计亩征税,却又是逐渐在重视资产之税了,可见这时人民的私产已经有了一些增长,统治者除力役之外,已经注意到劳动人民的私有积蓄了。照私有财产的多少以为征收的轻重,也可以看出秦汉时代的经济发展比周代有了进步。

西汉时期的口赋,常因国家多事而有所增加,事后又下诏减除。到东汉末期,桓帝延熹八年初令郡国有田者"亩敛税钱",章怀注:"亩十钱也。"灵帝中平二年,"税天下田亩十钱",章怀注:"以修宫室。"两汉时谷价,一般为一石百钱,如人耕七十亩,三十税一,五口之家,不过七百钱;现亩税十钱,则人耕七十亩,就要另出七百钱,增加了一倍。虽然这是一种横征苛政,但如从东汉专加田亩之税这一点来看,是和西汉只增减口赋大不相同了。这一变化,说明了东汉农产量比之西汉前期的农产量有了扩大。劳动人民财富的多少,已经和他所耕土地的多少有了密切的联系,而不能只根据劳动力的多少来衡量了。"户"已逐渐拥有一定的财产,可以作征收的对象了。于是魏晋开始有了户调。户调绢绵本来是从汉代口赋变革而来,把以"口"为单位作调的征收,变为以"户"为单位作调的征收,也正是表示从前以劳动力为征收对象,此时变而为以私有财富积累的户为征收对象。当时贫富不均,当然有很多穷人，贫者、富者是否同等负担户调呢？当时有屯田制度，穷苦人和佃农、奴婢多投募为典农部民了。另部分则去投靠豪势："魏氏给公卿以下租牛客户数各有差，小人惮役，多乐为之，权势之门，动以百数。"这种佃客，自然就不负担赋役了。除此以外，大概都能承受户调的负担。晋代用课田代替屯田，所以晋也用户调的方式作为征收制度。同时，在三国时已产生了"军户"，而为长期世兵的开始。晋东渡十数年后，把占田课田废除了，而度田按亩收租，显然是由于当时豪族占有土地更多了，须要照土地的多少来征收，才能增加统治者的收入。太元中，又改为按口收五斛的办法，户调也改来似乎是丁调了。显然这时门阀之势愈盛，他们拥有很多的荫户，而不是全部从事农作。按丁计征就是要把豪族所控制的劳动人口，一律改为要对国家负担。计亩征税，是以豪族控制的土地作为对象，而此系以豪族所控制的人口作为对象。此后，统治者就控制得更严密些了。这些办法，其目的是在于从豪族手中攫取一部分豪族所剥削的剩余价值作为统治者所有；但在实施中是否能打击豪族，究能予豪族经济以多大的影响，则很难断定。

两晋的户调，虽然有些变化，但在承认豪门拥有大量土地和人口这一点上，都是一致的。只是统治者想对这些土地和人口的剥削攘夺一部分为己有。占田课田本来就不是均田，所以占田课田制度中没有授田还田的规定，只是规定了收租调的办法。北朝虽名义上是均田，但有奴婢和牛，也就可以多给田。北齐奴婢依良人受田，纳税却是依良人之半；可见北齐时有奴婢的豪族，负担比元魏重些。豪族的田虽是可以多些，而奴婢数量有了限制，田也就受到限制，但是承认豪族剥削这一点上，六朝是没有什么不同的。到了隋代，这些限制又进了一步，在输籍之法实施后，门阀才受到彻底的打击。唐的租庸调，就在这一基础上建立起来。租庸调仍然是户调方式，一步一步的把从前无限制的徭役逐渐减轻，而作出了明确的规定。范宁说："古之使人，岁不过三日，今之劳扰，殆无三日休停。"六朝徭役之烦，可以想见。唐每户的调，不过绢二匹，庸是力役，如其不役，每日出绢三尺，二十日就要六丈。唐时，父母在，兄弟不能分居，所以唐每户平均是六口，如一户有二人或三人应出庸，那就比调重多了。由此可以看出：从魏到唐，依然是力役之征重于其他的税。北齐文宣："始立九等之户，富者税其钱，贫者役其力。"（《隋书·食货志》）官僚是无役的。此处的富者还是自耕农。世族的奴婢在数量上此时也受到限制，对奴婢的征税也加重了，这一些都是在六镇变乱起义之后而发生的改变。但是这同样表示出从汉到唐初，依然是劳役性质的负担比之实物的负担要重得多，而汉的力役之征，在比例上又比唐重。

从孟子所说"百亩之田，勿夺其时，数口之家，可以无饥"的话，可以看出，当时的人，得免于饥寒，就是幸事。孟子又说："仰足以事父母，俯足以畜妻子，乐岁终身饱，凶年得免于死亡。"也可以看出，当时人民生活上的希望也不高。至汉时，《史记·平准书》说："汉兴七十余年之间，国家无事，非遇水旱之灾，则人足家给，都鄙廪庾皆满，众庶街巷有马，阡陌之间成群，守闾阎者食粱肉，人人自爱而重犯法。"《史记·律书》说："文帝时，人民乐业，自年六七十翁，未尝至市井，游敖嬉戏如小儿。"这比孟子时所希望的提高了一些。干宝《晋纪总论》说："太康之中，牛羊被野，余粮栖亩，行旅草舍，外闾不闭，民相遇者如亲，其匮乏者取之于道路，故于时有天下无穷人之谚。"这又比汉文时又提高了一些。因为这些都是"有余"的现象，不仅是"足够"而已。以上述材料来说明这一情况，当然是显得不够具体、不够有力。但生产力的发展应当是日益进步的，人民创造财富的能力应当是日益提高的；只要没有战争的破坏，统治者不太苛扰，人民的生活水平也应当是时代愈后愈有提高，社会财富也应当是时代愈晚愈为富裕。

魏晋六朝是门阀最盛的社会，因而统治者的很多措施（如赋税制度），都是用以对付门阀的。因此，探讨这种门阀豪族的起源和发展，是了解这段历史的主要问题。在汉魏的史料中，经常可以看到各地都有一些不知名的豪族大姓；尤其是《华阳国志》，几乎每县都载有三五个大姓。这就是西汉时，刺史奉行六条诏书中所说的"强宗豪右，田宅逾制"者。这种人，在汉魏社会上是普遍存在着，只是没有如《华阳国志》这样的书把各地的大姓都尽记载而已。通常所称道南朝的王、谢，北朝的崔、卢，这不过是豪族中取得仕进之途的一部分，较为喧赫的几家罢了。其他未入仕的还不知有多少。这种大姓，本来就不必是同一血缘，如张孟跟灌婴姓灌，马援的兵都姓马，张燕本姓褚，跟张牛角改姓张，等等。这原是汉代常有的风气。《梁书·贺琛传》："百姓不能堪，或依于大姓。"可见是多数人依靠一个有力量、有财富的人，也就成为豪族大姓的成员了。《南齐书·州郡志》说："时百姓遭难，多庇大姓以为客。"因此，所谓豪族大姓，似应作为一种内容复杂的社会组织来研究。

《史记·平准书》说："当是（武帝）之时，网疏而民富，役财骄溢，或至兼并豪党之徒，以武断于乡曲。"这说明豪党就是富家。秦汉都曾徙天下豪杰于关中，《刘敬传》说："愿陛下徙齐诸田，楚昭、屈、景，燕、赵、韩、魏后及豪杰名家居关中。"《地理志》说："汉兴立都长安，徙齐诸田，楚昭、屈、景及诸侯功臣家于长陵，后世世徙吏二千石高资富人及豪杰兼并之家于诸陵。"齐的诸田就是这样徙去的。而"关中富商大贾，大抵尽诸田"，可见商人就是当时的豪族或豪杰。陈豨反赵、代，"其将皆贾人"，就是因为他们是豪党、有力量。《管子》书说商与君争民，王孙贾说："苟卫国有难，工商未尝不为患。"可见商人和统治者的矛盾，很早以来就已存在了。《管子》说："万乘之国，必有万金之贾，千乘之国，必有千金之贾。"这种富商大贾，到汉时就更普遍了。太史公说："大者倾郡，中者倾县，下者倾乡里。"所谓"富商大贾或蹛财役贫，转谷百数"。王莽就把他们叫作"豪民富贾"。这都可见汉代的豪民多就是商豪，而秦汉间的商贾，又有部分是六国诸侯的宗室转变而来。西汉的经济问题，从《食货志》可以看出：前期重在商贾盐铁，后期重在土地奴婢。这是一个重大的变动，是有它的原因的。师丹在请限田的时候说："孝文皇帝务劝农桑，民始充实，未有兼并之害。"可见文帝时土地兼并的现象不严重。晁错在论贵农贱商的问题时，也只看见商贾之为害。从汉文实行晁错的政策后，商人在政治上受到重大的打击，农业方面却有利可图，于是商人就转向土地投资，而大地主就产生和发展了。杨可告缗钱遍天下，说"往往即治郡国缗钱，得民财物以亿计，奴婢以千万数，田大县数百顷，小县百余顷，宅亦如之，于是商贾中家以上大抵破"。

因为治缗钱，没收了很多的田宅奴婢，却说"商贾中家以上大抵破"，可知贵农贱商以后，商贾已经转变为土地主，土地是需要劳动力的，所以后来土地和奴婢总是联系在一起的。这就说明贵族转而为商贾，商贾又转而为土地主。这是汉代社会的一个动态。

袁宏把秦汉风气分为四个阶段：战国重的游说，汉初是游侠，武帝以后重的是守文（指章句之徒），东京重的是肆直（指党锢诸人）。这一看法是很有识见的。袁宏认为汉初的武将都是游侠，所以一时游侠很盛行。但西汉初年一批游侠已随着高祖成为一时的功臣显宦，所以《后汉书》指出这时已经是世族掌政权了。直到武帝前半段时期，丞相都是高祖时带兵的将领。汉初只有"任子"才能入仕途，换句话说，只有做官的人的子孙才能做官。如何不是世族政权呢？但是，老一批的游侠作了功臣显宦，而后一批的游侠，在政治上却没有出路，只好去作诸侯王的宾客，汉初诸侯王谋反，都有这般人参加（《史记》载战国时延陵、孟尝、平原、春申、信陵诸公子，都和游侠有关联。贵族豢养游侠，游侠投靠贵族的关系，很早就存在了）。《史记》说："凡编户之民，富相什则卑下之，伯则畏惮之，千则役，万则仆。"这些富人自然就是当时的豪党大族。汉初游侠和豪杰、商贾几乎分不开。他们为了寻求政治上的出路，都想拥戴自己的主子坐上皇帝的宝座，因而和最高统治者立于反对地位，总想推翻现政权。所以到了景帝、武帝，就大诛游侠、抑制商贾。这是巩固其统治地位的必要措施。《史》《汉》中记载了大批酷吏，他们都是专门对付游侠豪族的。从诸酷吏传中可以看出，当时郡县的"吏"多半是些豪族富人；这批富人在当时是只能作小吏而不能作官。武帝虽一方面大诛游侠、抑制商贾，以打击这些豪族，但另方面也不能不为他们打开一条出路。于是"立博士学校之官，策科取士"。颍川、南阳本来号为难治，就是因为豪族游侠很多的原故（系秦时迁不轨之民于南阳，不轨之民就是商贾豪族）。但在武帝以后直到东汉，颍川、南阳出的显宦最多，真所谓"英雄入吾彀中"。这种豪族，从策科到仕途，就变成官僚地主了。从此就开始把中国社会逐步导向比较稳定的经济形态。

崔实说：秦时"制民之财，既无纲纪，而乃尊奖并兼之人。上家累巨亿之资，斥地侔封君之土，行苞苴以乱执政，养刺客以威黔首。下户踦岖，无所跱足，父子低首奴事富人，躬率妻孥为之服役"。这就是魏晋门阀大姓豪族所由来，纵然还有刺客游侠，却已为豪族所豢养了。仲长统说，这些豪族都"连栋数百，膏田满野，奴婢千群，徒附万计，船车贾贩，周于四方"。又说他们"馆舍布于州郡，田亩连于方国，有千室名邑之役，势力侔于守令，刺客死士为之投命"。桓谭也说："今富商大贾，多放钱货，中家子弟，为之保役，趋走与臣仆等勤，收税与封君比入。"可见这些豪族，是拥有奴婢、徒附、保役，还有刺客死士。《潜夫论》又说："徒御仆妾，皆服文采。"《昌言》也说："妖妻美妾，填乎绮室，倡讴伎乐，列乎满室。"至于宾客门生，那就更多。到魏晋之世，又有所谓僮客、佃客、衣食客、部曲、送仗、义从（吏卒自愿从者）、投刺人、给仗、荫户、义故、门生、私附、旧门、隶户、典计，种种名色。可知这些豪族大姓的内容组织是非常复杂。有的专服劳役，有的代为管理经费，有的供其玩戏，有的为之捍御。如再根据柳芳所说，则又可知门阀世族因各地区的具体情况不同，而门阀也有种种的不同。魏时行中正九品这一制度，又使豪族得到一种有利的条件。这些豪族因他们有了社会基础，而成为地方力量，所以晋元帝到江左，要得到顾、陆这些当地豪族的支持才能立国。陈子昂叙述他的祖先在"晋灭蜀后，子孙居涪南东武山，与唐、胡、白、赵五姓置立新城郡，部制二县，而四姓宗之，世为郡长。有名太平者，为郡豪杰，拜为新城郡守，太蒙为黎州长史，督护南梁二郡太守"。可见当时设置郡县多是依靠大族支持，为郡守长史的，也是这些人，就因为他们是大姓豪族，是有实力的。晋渡江以后，就需要侨置州郡，一般大姓，也就建立门阀，原因就在于此。南宋渡江立国，虽同样是受到北方民族的侵略而"衣冠南渡"，但却不侨置州郡，也没有门阀建立起来。王、谢在西晋的政治地位，并不如韩氏、吕氏在北宋时的政治地位高，到南宋时，韩、吕也并没有衰，但却不能如像王、谢在东晋时那样的声势喧赫，就是因为世族制度在隋代已经解体了。从三国到隋唐，这种豪族盛衰的发展变化，在史籍中是有迹可寻的。魏初"给公卿以下租牛客户数各有差"，"依官品占田"，似乎对豪族拥有土地及劳动力的数量都有一定程度的限制，但是田亩和客户依然这样多，就知道由于实行的占田课田法，对占田之外的课田的人数是没有限制的，因而实际上等于没任何限制，遂不能不发生"权势之门，动有百数"，"以匈奴、胡人为田客，多者数千"的大土地所有者了。元魏均田："未娶者四人出一夫一妇之调，奴婢依良，奴婢八口当未娶者四。"则奴婢八人才出一夫一妇之调，税额很轻，且对拥有奴婢的数目也没有限制，这都大有利于兼并者，可说是豪族的极盛时期。至北齐时，虽奴婢受田依良人，而调各准良人之半，则奴婢二口便要出一夫一妇之调，是北齐的豪族由于奴婢而负担的税额比元魏时重了四倍，而且北齐还规定了拥有奴婢的数目，亲王最高，限三百人，下迨八品以下至庶人，限六十人。

则是豪族的发展在北齐开始受到了一定的限制，较之元魏时不加限制就严格起来了。及至隋时，自诸王以下皆给永业田各有差，多者一百顷，少者四十亩。唐时官品受田也是亲王一百顷，下迄八品、九品二顷。北齐奴婢多者三百人，可能有田三百顷，隋唐则最多只能有田百顷，是对豪族的限制比之北齐更加严格了。从九品中正制度的取消，斩断了凭倚世族而求进仕之途；高颎的输籍法，又使私家附属的劳动力离开了世族而愿作国家的编户。民之趋于利也，犹水之就下，政府的剥削重于世族，依附世族有利，则人民就逃而依附于世族；反之，人民就要离世族而复为政府的编户齐民。世族既失掉了剥削对象，经济基础垮台，自然也就衰败了。北周开国，随黑獭入关的不过万人，因而北周就没有很多世族，隋代开基，又尽力打击世族门阀，世族问题也就基本上解决了。北周并了北齐，隋灭了陈，都说明世族少的统治王朝的力量，是强于世族多的统治王朝的，周、隋灭了北齐和梁、陈，就是世族制度的末日了。但六朝的世族，也不同于春秋的贵族。春秋的贵族，原从公室分出来，是自上而下的，所以他们就不断和公室争夺政权，目的是"再多分一点"。而魏晋的世族，则有其自己的经济基础和社会力量，所以他不争夺政权而专要保持经济地位，对政争很疏远，就在篡国弑君的时候，他们还是置身世外，每一朝代更替，他们依然只做他的官。他们和王朝的矛盾，专在争夺劳动人民和财富方面。这是从战国到六朝社会发展的结果，明了了这种变化的发生和转变，有许多问题就可以理解了。

七 两税法和二税法

唐到德宗的时候，始行两税法，其主要内容是："户无主客，以见居为簿；人无丁中，以贫富为差。"魏晋六朝相沿的税法，到这时发生了一次巨大的改变。唐的农产量，比汉既增加了一倍，人民创造财富的能力提高了，社会的贫富有了显著的分化，兼并日益剧烈，人民大量逃亡，以丁作为征收对象的租庸调税法逐渐不能继续实行，于是产生了依照贫富的等第来征收的两税法。从这段时间起，我国历史发生了全面的重大变化，租庸调变而为两税，唐的府兵也变而为募兵（正是因为失业的穷人多而发生的制度），学术和文艺在此期前后也有显著的变化。此当另作讨论。这种税法经过宋元一直实行到明初。宋初，"两税""二税"两个名词同时并用，以后就只使用"二税"一词。近人刘道元先生把二税和两税分别为二："两税是财产税，是按照户的等第收；二税是田税，是按照田亩收。"但其所举材料，还不能充分说明这种看法。无论两税或二税，都包括了户税和田税，是不能分别为二的。《玉海》载："熙宁五年六月一日，罢五等户簿，州县版籍，皆保长簿也。"这说明熙宁五年以前都是用的五等簿。陈止斋《论役法札子》说："役法者，五等簿是也。保甲法者，鱼鳞簿是也。"可见熙宁时虽曾罢过五等簿，但在哲宗元祐时诏书说："以税赋户籍，在第一第二等者，支移三百里；第三第四等，支移二百里；第五等一百里。不愿支移而愿输道里脚钱者，亦酌度分为三等，各从其便。"支移是属于二税的事，应当是在元祐时，司马光等还是使用五等簿。徽宗时也有诏书说："五等户税不及一斗者，支移皆免。"可见章惇、蔡京复行新法，五等簿还是行用的。直到南宋时，五等户这一名词仍经常见于史籍。

两税制既行以后，力役的"庸"本来已包括在两税以内，但事实上的力役却依然存在。唐宣宗大中元年曾下诏："州县差役不均，自今每县据人贫富及役轻重作差科簿，每有役事，据簿轮差。"就是明显的例证。且此处的差科簿，虽仍是役，但却已有赋的意味了。因为差科簿是以富人担任重役，贫人担任轻役，重役是要赔钱的。很明显的是因为社会里有了富裕的农民，才有如此分别的法令；这显然是唐和汉国民经济不同的反映。再看北齐文宣时"始立九等之户，富者税其钱，贫者役其力"，更可看出本为劳动力剥削的役，到唐宋时已变为带有部分货币剥削性质,这和古代的"役"已大不相同了。汉代的役法为力役,至于所谓"三老掌教化,啬夫收赋税,游徼禁盗贼",这是乡亭之吏,不是力役。到宋所谓的重役,是"衙前主官物,里正户长督赋税,耆长弓手捕盗贼",这都是职役,而非力役。本就是汉的啬夫、游徼,原是乡官。其余承符人力等轻役,才是力役。但到宋时却差上户来担任重役,使他赔钱。役名虽同,而性质已全不相同了。宋的役法,到仁宗时,京畿、河北、河东、陕西、京东西行的是韩琦的法,淮南、江南、西浙、荆湖、福建行的是韩维、蔡襄的乡户五则法。显然南北所行役法各不相同。在仁宗以前,则是"里正衙前"又另为一法。仁宗皇祐时曾禁止"令民输钱免役",可见输钱免役在当时已经行过。至王逵在荆湖"率民输钱免役,得缗钱三十万,进为羡余",受到奖励,于是别路也来仿效,弄得人民破产。《通考》说:"以免役诱民而取其钱,及得钱,则以给他用而役如故,其弊由来久矣。"可见出钱代役的事稍后更为普遍。但虽出钱代役,而役却未必能免,这需根据当时的具体条件来决定是否可以完全做到雇役而不须差替。免役原是比较进步的法,但第一要人民真能出足够的钱,第二是官府真能出钱雇得到代役的人。宋代役法问题的争论很多,其是非得失,应根据其是否适合于当时社会经济的实际情况来衡量,不能主观臆断。从仁宗时起,就南北异法,正是因为南北的经济水平不相同。邵伯温说:王安石的雇役法,宜于南而不宜北；司马光的差役法，宜于北而不宜于南。又说二人都是少年骤贵，没有多作过四方的地方官，不能周知南北风俗。这个评论至为公允确切。南宋说："民不苦重赋而苦重役。"这是指南宋时代的情况，当然是南方的情况。宋代南方民富而北方民贫。南人较富，一般掌握得有生产工具和生产资料，可以搞些副业生产，他的生产成果能获得一定的利润。重赋，只是出些钱，这种剥削，人民还能忍受，而重役却要耽误人们的生产工作，耽误生产所带来的损失，就令人民不能忍受了。而北人一般较贫，他没掌握得有生产工具和生产资料，他在农事以外，没有别的收入，所以司马光说："农民出钱难于出力。"这正说的是北方的经济状况。人民有的是力，而官府不使用；人民无钱，而官府却一定要他出钱，免役法当然在北方就行不通了。南北古今之异，正在于此。明代的一条鞭，就是把役法合在税里，实际上也就是王安石的免役法。但它在北宋行不通，而在明代却被称为良法，就是因为它能适合于明代的社会经济情况。换句话说，就是明代北方的经济水平已经达到或接近宋代南方的经济水平，因而能够接受这一制度。这又证明了明代的国民经济又提高了一步。明人曾说："南方赋重而役轻，北方赋轻而役重。"赋役的轻重，就是应该依据经济实况来规定，我国历来版图辽阔，经济发展的不平衡状态，在历史上也是存在的。考论历史事件，也必须充分考虑到这一因素。

一条鞭法的施行，也是先行于南方，而逐渐的行之北方。这是符合于客观规律，而不能单凭主观愿望的。

元代在统一南宋以后，其所行的赋税制度，仍然是南北不同。南方行的是二税制。北方就大不相同，《续通考》曾以此即租庸调，因差科之法：成丁的科以身税，每丁岁科粟一石，驱丁五斗，这等于庸；每二户出丝一斤输于官，每五户出丝一斤输于本位，这等于调；地税：上田亩税三升半，中田三升，下田二升半，水田亩税五升，这等于租。又有包银之法，汉民每户科银四两，这也是调。中国北方，由于女真、蒙古的相继侵入，经过长期战乱，社会经济倒退了，赋税制度也就反回到唐初的方式；很显然的不注重财产税，而注重劳动力了。从而也使人知道，北宋的雇役法就是一条鞭，在社会经济水平更进一步的时候，一条鞭在明代是良法；在社会经济水平还不够的时候，雇役法就冒进了，就行不通，尤其是北方，更很清楚。这同时可以看出，租庸调进一步就是二税法，二税法退一步依然要回到租庸调，二税法再进一步自然是一条鞭，这都决定于国民经济的具体情况。在经济水平还不够的时候，主观的想进一步也不可能。上层建筑一定是物质基础的反映且为它所限制的这一历史规律，在这里很明显的体现着。·

八 一条鞭和地丁合一

《明史·食货志》说："一条鞭者,总括一州县之赋役,量地计丁,丁粮毕输于官,一岁之役,官为金募。力差则计其工食之费,量为增减;银差则计其交纳之费,加以增耗。凡额办派办诸费,以及土贡方物,悉并为一条,皆计亩征银,折办于官,故谓之一条鞭法。"这主要是把力役改为金募,一切皆计亩缴银。《明夷待访录》说："有明两税,丁口而外有力差、有银差,盖十年而一值。嘉靖末行一条鞭法,通府州县中十岁中夏税、秋粮存留、起运之额,均徭、里甲、土贡、雇募、加银之例,一条总征之;使一年而出者分为十年,及至所值之年,一如余年。是银力两差,又并入于两税。"这把一条鞭法和宋代雇役法的相同之处全然指出。到了清代康熙五十一年,永定此后所生人丁,免增钱粮。到五十三年,董文焕请统计丁粮,按亩均派,因部议不便而止。嗣后,各省先后摊丁入地;到乾隆四十二年命贵州摊丁入地,这一办法才算完全实行。朱云锦《豫乘识小录》说："雍正四年,以各邑丁粮,均派入各邑地粮之内,以昭划一。由是地丁粮价,统归一则,真所谓一条鞭矣。"这是认为清代的地丁合一,是明代一条鞭法的继续和完成。粗略看来,两法同是摊丁入地。但一条鞭主要是合并了役法,而丁仍然存在,丁有增加则摊丁之数也有增加;地丁合一是丁虽增加,但既作为"盛世滋生",不再增摊于地,而丁不存在了,税额永远不加,这才真正把丁合并于地。两法是有其些微不同的。为什么说地丁合一才真所谓一条鞭呢?在清代尚未行地丁合一之先,邱家穗《丁役议》曾说:"一邑之中,有田者十一,无田者十九,乃欲专责富户之粮,包赔贫户之丁。"这是无田之丁也就无税。且于此可以看出光丁更多了,社会的贫富分化距离更进一步大些了。盛枫《江北均丁说》把这个理由阐发得更为具体。他说:"今试总一县之田税得若干,总一县之丁课得若干,其丁赋之数,常不及田税三十分之一,又以一县之丁课,均之田税之中,常不及五厘,以上农夫一亩之所获,富民之入恒不下一石,于税外稍为溢额,不为大病。"他又说:"一县之丁,不下三万,农夫十之五,在官与士大夫之无田及逐末者十之四,其十之一则坐拥一县之田者也,举一县之丁,征十一于富民,宽然而有余。""十之九非在官,即士夫也,逐末者也,焉能复办一丁?势必以十九之丁,尽征之于无田之贫民,贫民惟恐不得富民之田而耕之,豪家之田不患无十五之税,而贫民丁课并不能办当时户调二十分之一,善变法者,不若并丁之名而去之,条目归一。……既取于民矣,顾不取于富而取于贫,此当熟审者也。"盛枫所说,也是在地丁合一之前先有此种主张。且丁课实际只占田税的三十分之一,所以他主张"并丁之名而去之"。丁税原就不多,去了也无大损,可见"续生人丁永不加赋"并不是什么"德政"。袁守民《图民录》说："田多役多，田少役少，无田之丁，是谓穷丁，其可役乎哉？"都可见田税多丁课少，无田之丁，本来无法取他的钱，还不如完全取之于有田之人还可靠些。这是很早就存在的情况，所以明代葛守礼就认为，有田者负担太重，无田者与国库无关。李腾芳在当时也说过："专征粮，则四海之内但有田土而无户口。"就是户口已经不重要了。清初陆桴亭说："旧制定赋役有两册：一黄册，以人户为母；一鱼鳞图册，以田为母。法久，弊且百出，若欲厘整，莫若废黄册专用鱼鳞图册。"这也是把以户口为主的黄册，早已看成无用之物了，就是显示，丁在当时无足轻重了。一条鞭既把一切都计亩缴银，当然丁就无所谓了。陈登元教授肯定"一条鞭者，乃地丁合一之前身"，是正确的。因为这本来就不是截然不同的两种法，而是一种法执行的彻底和不彻底，在程度上有些大同小异。南北朝的户调和唐、宋、元、明的二税，行之既久，也都同样有些大同小异的变化。

唐、宋、明、清这一千余年中，从租庸调变而为两税，又从两税变而为一条鞭，这具体的反映了我国民经济发展史可以概略的划分为几个阶段。在前面已经谈过一些，现在把某些具体不同的情况提出来讨论。

唐在赋役繁重、兼并剧烈的时候，农民开始逃亡，这些人被称为"浮客"。官僚们借权势侵占国家土地，从而

"召募浮客,分耕其中",他们就成为地主了。历史愈是在前的时期是力役愈重,农民在逃避力役的时候,也有愿意把自己土地献给官僚,而作为他们的佃客,因为官僚是不负担力役的,因而佃客就只向地主纳租而免去了对国家的赋役。宋代曾几次明令禁止,可见这种情况在宋代是很严重。唐宋统治者都是把一州一县的定额赋税,均摊在农民的头上,逃亡的农民愈多,而未逃亡者的负担也就愈重,也就更促使农民的逃亡。唐宋这种逃亡户的佃客,自然都是赤贫,他们除劳动力以外,一无所有,因而当时的地主除供给佃客的土地、住房以外,还要供给耕牛、农具、籽种等生产资料,甚至佃客一家人从下种到收获一段时间的口粮,也要地主供给。在宋代有的还要借给佃客七十四吊钱,分在两年秋收后归还。地主收租,一般是十分之五,明代行一条鞭的时候可不同了,就明白规定佃客有牛具籽种者,地主只能收十分之三,佃农得十分之七;由地主付出牛种者,收租还是十分之五。可见有部分佃客,自己已经有了一定的经济基础。到清代,除了住房以外,一切都是佃农自己的。有时还要先缴一年佃租才能上庄耕作,有的还要付出一定数量的"压租"才能上庄。可见佃农的经济基础也有了进一步的增长。这也可看出从唐宋到清的发展情况。但在前期,地主为了保证其剩余劳动的剥削,还对佃农有些帮助,到后期,剥削花样加多,数量加重,就完全阻碍生产力发展了。同时,唐宋农民要是自由离开土地，政府便要严惩。屯田者离开土地，是要充军戍边，甚而是死罪。明代农民逃亡，处罪已很轻，只是在别处拘获之后，递解回籍。到了清代，农民纵然远走，也无人管了。明代前规定官可有奴，庶人不得有奴。世宗时，就认为缙绅之家既非官，亦非庶民，许可有奴，因改奴为雇佣，论月值。这可看出，唐宋的地主，大多是官僚；到了明代，非官的地主显然增多了。不能不说是经济向前发展了的现象。一条鞭把力役合并在地租以内，由官府自己雇役，地主也可以雇用工人，这是出卖劳动力的情形，到明代这时期已很普遍。兼并之家愈多，脱离土地的人也就愈多，这是贫富分化的更进一步。唐的租庸调是收实物，两税才兼收货币。宋代田赋依然是实物缴纳占多数，从城市收来的商、酒、盐、茶各税才是货币。到明代施行一条鞭后，就完全改为纳银。这些都是和户调变而为两税，再变而为一条鞭这一发展密切联系的。

九　正始学术

自秦汉统一中国，社会逐步安定，经济形态也逐步趋于稳定，当时学术思想，亦由战国时百家竞鸣的局面，逐步的趋于统一。自汉武帝"罢黜百家，独尊儒术"以后，遂致儒学独盛而诸子之学寝熄。至东汉后期，崔实著《政论》、仲长统著《昌言》，又才重新提出了刑名法术之学，然其立说，犹依违于儒法德教、刑罚之间。至东汉末，海内大乱，群雄并起，割据州郡者，多以成王霸之业自期，游谈之士，也多以成王霸之业为说，由是学者多以儒法并论，而治诸子之学的风气也因以兴起。史称曹操"揽申商之法术，该韩白之奇谋"，"博览群书，特好兵法，钞集诸家兵法，名曰《接要》，又注《孙武》十三篇，皆传于世。"《隋志》著录有魏武帝注《孙子兵法》三卷，撰《续孙子兵法》二卷，又注《太公阴谋》二卷，撰《兵书要略》九卷、《兵书接要》十卷，又传《魏武帝兵法》一卷。曹丕也"博贯经传诸子百家之书"，《诸葛武侯集》中有先主与后主的诏，也侧重在法家和兵家。其他如甘宁"亦颇读诸子书"，孙权"省三史诸家兵书，大有所益"，管宁在辽东，"娱心黄老，游志六艺"。当时学者，又多以"儒墨""儒道"并举；管宁"避地辽东，韬韫儒墨，潜化滂流，畅于殊俗"。《世说新语·排调》注载《张敏集·头责秦子羽》言："今子上不希道德，中不效儒墨。"是墨学也颇为当世所重，鲁胜尝注《墨辩》四篇，又采诸杂集为《刑名》二篇。王昶戒其兄子说："俗使汝曹立身行己，遵儒家之教，履道家之言。"是当时又多持道家之说。学者之并通《老》《易》者，为数至夥，王弼以前兼注《老》《易》者有荀爽、宋忠、李撰、钟繇、董遇、虞翻、陆续诸家，前于王弼为《老子》作注者，也还有张揖、张嗣、钟会、何晏诸人。高诱所注《吕览》《战国策》，也为最早注本，又尝注《淮南子》。《隋志》著录名家者尚有姚信《士纬新书》十卷、《姚氏新书》二卷,卢毓《九州人士论》、刘邵《人物志》。著录法家者尚有刘廙《刘氏政论》五卷、阮武《阮氏政论》五卷、刘邵《刘氏法论》十卷、桓范《元氏世要论》十二卷、陈融《陈子要言》十四卷。著录兵家者尚有魏武、王凌集解《孙子兵法》一卷,吴沈友注《孙子兵法》二卷,贾诩注《吴起兵法》一卷,诸葛武侯撰《平朝阴府二十四机》一卷、《六军镜心诀》一卷。扬雄《太玄》也为当时所重,《华阳国志·先贤士女赞》称雄:"其玄渊源懿,后世大儒张平子(衡)、崔子玉(瑗)、宋仲子(忠)、王子雍(肃)皆为注解,吴郡陆公纪(绩)尤善于《玄》,称雄圣人。"《隋志》亦载陆绩注《太玄》十二卷。他如管辂之于数术,华佗之于方技,皆以其术显于当时而传于后世。《隋志》五行著录管辂《周易林》四卷、《周易灵通要诀》一卷、《鸟情逆占》一卷。于此可见当时学风已迥异于两汉之儒家独盛的局面了。傅玄说:"魏武好法术而天下贵刑名,魏文慕通达而天下贱守节。"杜恕说:"今学者师商韩而尚法术,竞以儒家为迂阔,不周世用。"是最能道出当时学术风尚。鱼豢《魏略》言:"建安之末,天下分崩,纲纪既衰,儒道尤甚,太和、青龙中,中外多事,志学之士遂复凌迟,而末求浮虚者,各竞逐也。"盖自王弼、何晏等所谓"正始名士"之辈出,清谈之风大盛而儒学也就日益衰微了。但王、何时之清谈学者,还只是"好论儒道","好《老》《庄》言",虽"祖述《老》

《庄》"，但又多以《老》《庄》之义来解释孔圣之经，王、何所注《周易》《论语》，都是如此。故何晏虽崇尚虚无，但他同时又说："善为国者，必先治其身，治其身者，慎其所习，是故为人君者，所与游必择正人，所观览必察正象，放郑声而弗听，远佞人而弗近，然后邪心不生、正道可宏也。"（《魏志·齐王芳传》载晏奏）是晏所言犹符合儒家之旨。王弼言："圣人茂于人者神明也，同于人者五情也。神明茂，故能体冲和以通无；五情同，故不能无哀乐以应物。然则圣人之情，应于物而无累于物者也。今以无累，便谓不复应物，失之多矣。"又答裴徽言："圣人体无，无又不可为训，故言必及有，《老》《庄》未免于有，恒训其所不足。"是弼虽崇无，而又不废有，其言"应于物在而无累于物"之义，则唐之李翱、宋之程颢所言义理亦不过如此。是弼较晏为更淳。但王、何之义虽不悖于儒旨，但其摆脱章句、独研玄理之风，则与汉儒迥不相同。至嵇康、阮籍竹林七贤而后，清谈之风也发生了变化，阮籍提出"礼非为我设"，则连儒家的名教都要抛弃了。嵇康又"每非汤、武而薄周、孔"，他说："少加孤露，不涉经学，纵逸来久，情意傲散，简与礼相背，嬾与慢相成，又读《老》《庄》，重增其放。"于是清谈之士，变而成为放荡狂诞之徒了。

汉代儒学，很早即由微言大义转而入于名物训诂，缺乏作为一代学术的思想内容。其"谨守师法"的学风，更把学者局限在狭窄的圈子里。正如鲁丕所说："说经者传先师之言，非从已出，若规矩权衡之不可枉。"其末流则如《后汉书》所说："经有数家，家有数说，学徒劳而少功，后生疑而莫正。"于是东汉末出现了摈弃汉师家法的新学风，各经都有许多学者著过"集解"。所谓集解者，就是集各家之言，而根据己意选择取舍来解经。换句话说，就是反对传统的师法。所谓"江左儒门，参差互出"，正是指此。这样一来，就把两汉的经今文学和古文学的藩篱都一齐拆了，而异说纷纭的今古文之争也就从此息绝了。这种风气，始于郑玄，下至王肃都是如此。自此以后，解经之书，每人自为一家，何晏、杜预、范宁、徐邈之流称为"集解"者遂盛行于世了。

这一学术的变革，推其流变渊源，应始于"荆州之学"。汉末，刘表为荆州牧，《三国志·刘表传》载："表在荆州，起立学校，博求儒术，綦毋闿、宋衷等撰立五经章句，谓之后定。"《刘镇南碑》称表："深愍末学远本离直，乃命诸儒改订五经章句，删刬浮疑，芟除繁重。"是荆州之学即针对"末学远本离直，章句繁重"而起，其方向是反对传统学风的。《李撰传》载："撰父仁，与尹默俱游荆州，从司马徽、宋衷等学，撰传其业。又从默讲论义理，著《古文易》《尚书》《毛诗》《三礼》《左氏辩》《太玄指归》。"《王肃传》载肃"从宋衷读《太玄》，而更为之解"。李撰、王肃的学术，都是传自宋衷。衷尝遍注《周易》《太玄》《法言》。其时陆绩也讲述《太玄》，认为："《玄》之大义，揲蓍之谓，而仲子(宋衷字)失其指归，休咎之占，靡所取定，虽得文间义说，大体乖矣。"可见宋、陆为新旧二派，而宋则重在义理。王弼之祖王凯，与兄粲并避难荆州，当正宋衷主讲之时，王弼清谈玄理之风，不能说和荆州之学没有密切的关系。

在思想学术都已变化之后——讲经之家变汉儒师法而自成一家之言，诸子之学兴起，清谈之风盛行，于是史学也就不能不变。《史通》说："自魏以来，多效三史，从晋以降，喜学五经。"效三史是摹仿马、班的纪传体，学五经是恢复《左传》的编年体，这正指的是晋时干宝、孙盛、习凿齿诸人。干宝议撰晋史，以为宜准丘明(他们不仅效法《左传》的体制，而且还摹仿《左传》的文章)，而史家义例之学于是大兴。《史通》说："夫史之有例，犹国之有法，国无法则上下靡定，史无例则是非莫准。昔夫子修经始发凡例，左氏立传，显其区域。迄乎有晋，年逾五百，虽史不乏才，而斯文终绝。唯令升(干宝字)先觉，远述丘明，重立凡例，勒成《晋纪》。邓(粲)、孙(盛)以下，遂蹑其踪，史例中兴，于斯为盛。"是说义例兴起，肇于干宝。干宝所说的"五志"是："体国经野之言则书之，用兵征伐之权则书之，忠臣烈士、孝子贞妇之节则书之，文告专对之辞则书之，才力技艺殊异则书之。"《文心雕龙》称："《春秋》经传，举凡发例，自《史》《汉》以下，莫有准的。"《史通》也说："杜预申以注释，干宝籍为师范。"是干宝义例，实又本于杜预之释《春秋》。杜预《春秋经传集解·序》说："故发传之体有三，而为例之情有五：一曰微而显，二曰志而晦，三曰婉而成章，四曰尽而不污，五曰惩恶而劝善。"是干、孙言史，固与马、班《史》《汉》之学大不同了。在杜氏之前，荀悦述《汉纪》提出："立典有五志焉：一曰达道义，二曰彰法式，三曰通古今，四曰著功勋，五曰表贤能。"又可见杜预是从荀氏来的。范蔚宗尝言："班氏最有高名，既任情无例，不可甲乙，唯志可推耳，博赡不可及之，整理未必愧也。"蔚宗既薄班氏"任情无例"，则其重义例可知。所以后来叶水心称"范氏用律精深"。则是不仅编年之家学《春秋》者重义例，而学马、班纪传者也重义例，最显著的是《隋书·魏澹传》把《后魏书》的五例完全取在传中。文中很有些重大的见解，于是修史必须有义例，遂成为后世史学家之宪章。修史贵乎精简扼要，也是晋人创论，张辅论名士优劣云："世人论司马迁、班固才之优劣，多以固为胜，余以为失。迁之著述，辞约而事举，叙三千年事，唯五十万言。固叙二百年事，乃八十万言。烦省不敌，固不如迁，此真所以为良史也。"而干宝也称颂《左传》"能以三十卷之约，囊括二百四十年之事，靡有遗也"。这又是他们主张编年体的一个理由。高似孙"史以约而见精"的说法，也是从晋来的。魏晋而下，撰史体例也较前激增，《史通》言："鱼豢、姚最著魏、梁二史，巨细毕载。"二书今已失传，其佚目现可考知者有佞幸传、游说传、儒宗传、纯固传、苛吏传、清介传、勇侠传、知足传、西戎传等，杂传之多，前此未有。许善心父子撰《梁史》，杂传之目，更扩大为十五个。至于阮孝绪《七录目录·传记录》分列国史、注历、旧事、职官、仪典、法制、伪史、杂传、鬼神、土地、谱状、簿录等十二部。《隋书·经籍志》史部目录也分为十三类，著录各体，大抵都出于魏晋。史学之盛，确为前此未有。这些也就是在反对马、班同时所造成的风气。

　　魏晋之际，整个学术风气既变，因而文学风格也就起了变化，骈俪之文，大行于世。《金楼子》言："古之学者有二，今之学者有四。夫子门徒，通圣人之经者谓之儒。屈原、宋玉，止于辞赋，则谓之文。今之儒，博穷子史，但能识其事，不能通其理者，谓之学。至如不便为诗如阎纂，善为章奏如伯松，泛谓之笔。吟咏风谣，流连哀思者，谓之文。文者，唯须绮縠纷披，宫徵靡曼，唇吻遒会，情灵摇荡。"裴子野《雕虫论》称："古者四始六艺，既形四方之风，且彰君子之志，后之作者，思存枝叶，由是随声逐影之俦，弃指归而无执。爰及江左，称彼颜、谢，宋初迄于元嘉，多为经史，大明之代，实好斯文。自是闾里少年，罔不摈落六艺，吟咏性情。学者以章句为专鲁，淫文破典，斐尔为功。荀卿有言，乱代之征，文章匿而采，斯岂近之乎？"都是足以说明当时文学风尚，正昭明太子所谓"事出乎沉思，义归乎翰藻"，到了月露风云，连篇积牍，完全沦于卖弄辞藻，文体之衰，一至于此。和两汉的区别，就也很显然了。

十　大历学术

在魏晋变古而后，其流风所及，下迄李唐。到了孔、贾义疏和唐修五史，经史之学，遂又到另一定型。自天宝、大历而后，于是学术思想上又发生了显著的变化。由于文学上的变化——"古文"的兴起，来得比较猛烈，提得比较响亮，韩、柳散文，又大为后世所传习，人自孩提，即闻"文起八代之衰"之说，于是这一文学上的变化，几乎人能言之。但这次学术思想的变化，不仅是发生在文学方面，而是一次全面性的变化，整个学术思想既变，文学也就不能不变，故这次新学术中各方面的人物，多有一定的师友渊源相互关系。唐初经学，当以《五经正义》为其代表，其作风仍然是笃守汉、魏注训，不出郑、王范围。所谓"宁道孔圣误，不言服、郑非"，正是斥责当时的烦琐支离作风。至啖助、赵匡而后，才打开了摆脱旧传统的风气。《新唐书·儒学传》言："啖叔佐（助）善《春秋》，考三家短长，缝绽漏阙，号《集传》，赵匡、陆质传之，遂名异儒。大历时，助、质、匡以《春秋》，施士匄以《诗》，仲陵子、袁彝、韦彤、韦茝以《礼》，蔡广成以《易》，强蒙以《论语》，皆自名其学。"《文献通考》载匡《举选议》言："疏以释经，盖筌蹄耳，明经读书，勤劳已甚，既口问义，又诵疏文，徒竭其精华，习不急之务，而当代礼法，无不面墙，及临人决事，取办胥吏之口而已。所谓所习非所用，所用非所习者也。"正足以说明其对"义疏之学"的态度。吕温《与族兄皋请学〈春秋〉书》说："儒风不振久矣，夫学者岂徒受章句而已，盖必求所以作人。"柳宗元《答严厚舆论师道书》说："马融、郑玄者，徒章句师耳，今世固不少章句师，仆本非其人，言道讲古穷文辞以为师，则固属吾事。"则提得更为明确。由于他们的学风是摆脱旧说、直探经文，卑鄙训诂章句，大与传统学风不同，因此就被称为"异儒"，而他们也就以此"自名其学"。赞同者称颂为"《春秋》三传束高阁，独抱遗经究终始"（韩愈送卢同诗），而不同意者，则斥为"穿凿之学，徒为异同"（唐文宗语）。不论其评语如何，其于唐初《五经正义》之外而另标新义，则已很显然了。

唐初文学，犹为六朝骈俪余波。王勃、杨炯、卢照邻、骆宾王，号为四杰，其所为文仍务求华丽，及陈子昂出，其风始变。《新唐书·陈子昂传》称："唐兴，文章承徐、庾余风，天下祖同，子昂始变雅正。"李舟《毗陵集序》称："天后朝，广汉陈子昂独溯颓波，以趣清源，自兹作者稍稍而出。先大夫（李岑）尝因讲文谓小子曰：吾友兰陵萧茂挺（颖士）、赵郡李遐叔（华）、长乐贾幼邻（至），洎所知河南独孤至之（及），皆宪章六艺，能探古人述作之旨。"梁肃《唐左补阙李翰前集序》称："唐有天下，几二百载，而文章三振。初则广汉陈子昂以风雅革浮侈，次则燕国公张说以宏茂广波澜。天宝以还，则李员外（华）、萧功曹（颖士）、贾常侍（至）、独孤常州（及）比肩而作，故其道益炽。"独孤及《赵郡李华中集序》称："至太后时，陈子昂以雅易郑，学者浸而向方。天宝中，公与兰陵萧茂挺、长乐贾幼邻勃焉而起，用三代文章，律度当世。"是当时古文家，都以唐代文章至子昂而一变，天宝以来，萧、李、贾、独孤四家为文风所宗。梁肃、元结学于独孤及，韩愈又从其徒游，孟郊、张籍、皇甫湜、沈亚之、李翱，皆韩门弟子。《萧颖士传》称："卢异、贾邕、赵匡、柳并，皆执弟子礼，以次受业，号萧夫子。"柳谈、柳镇，皆柳并之宗，而柳宗元则镇之子。则韩、柳并出于四家，韩、柳出而古文益盛了。吕温，古文名家，学古文于梁肃，其《与族兄皋请学〈春秋〉书》说："儒风不振久矣，夫学者岂受章句而已，盖必求所以作人，日日新，又日新，以至乎终身。夫教者岂徒博文字而已，盖本之以忠孝，申之以礼义，敦之以信让，激之以廉耻，过则匡之，失则更之，如切如磋，如琢如磨，以至乎无瑕。魏晋之后，其风大坏，于圣贤之微旨、教化之大本、人伦之纪律、王道之根源，荡然莫知所措，则我先师之道，其阒于深泉。是用终日不食、终夜不寝，驰古今而慷慨，抱坟籍而太息。小子狂简，与兄略言其志也。其所贵乎道者六，其《诗》《书》《礼》《乐》《大易》《春秋》与！人皆知之，鄙尚或异。所曰《礼》者，非酌献酬酢之数，周旋裼袭之容也，必可以经乾坤、运阴阳、管人情、措天下者，某愿学焉。所曰《乐》者，非缀兆屈伸之度、铿锵鼓舞之节也，必可以厚风俗、仁鬼神、熙元精、茂万物者,某愿学焉。所曰《易》者,非揲蓍演教之妙、画卦举繇之能也,必可以正性命、观化元、贯众妙、贞夫一者,某愿学焉。所曰《书》者,非古今文字之舛、大小章句之异也,必可以辨帝王、稽道德、补大政、建皇极者,某愿学焉。所曰《诗》者,非山川风土之状、草木鸟兽之名也,必可以警暴虐、刺昏淫、全君亲、尽忠孝者,某愿学焉。所曰《春秋》者,非战争攻伐之事、聘享盟会之仪也,必可以尊天子、讨诸侯、正华夷、绳贼乱者,某愿学焉。此外非圣人所论,不与于君臣父子之际,虽欲博闻,不敢学矣。"其对六经的意见,正合于所谓"异儒"——新经学——之旨,故温又学《春秋》于陆质。赵匡学古文于萧颖士,又学《春秋》于啖助。刘轲善古文,又从寿春杨生学,作《三传指要》,亦啖助并考三家长短之意。韦处厚学古文于许孟容,而孟容则又兼传其父鸣谦的《易》学。处厚又尝学经于刘淑,淑为刘禹锡之父,而禹锡也以古文出名。苏源明、樊宗师皆古文家,而苏传《玄包》、樊作《春秋集传》,下逮陆龟蒙为古文后劲,也宗啖、赵《春秋》。都说明古文和新经学的关系至为密切,古文家常说"文以载道""取之六经","经""道"之旨既已变古,其"文"当然也需要变了。

萧颖士虽以古文名,但也擅长《春秋》,且以《春秋》之法言史,这一来就开始改变唐修五史的传统的纪传体了。颖士《与韦士业书》说之綦详:"孔圣因鲁史记而作《春秋》，托微辞以示褒贬，惩恶劝善，有汉之兴，旧章顿革，纪传平分，其文复而杂，其体漫而疏，事同举措，言殊卷帙，首末不足以振纲维，支条适足以助繁乱，于是圣明笔削之文废矣。仆欲依鲁史编年著《历代通典》，于《左氏》取其文，《穀梁》师其简，《公羊》得其核，综三传之能事，标一字以举凡，扶孔、左而中兴，黜迁、固为放命。"《新唐书·萧颖士传》称："颖士谓《春秋》为百王不易之法，而司马迁作本纪、世家、列传，不足为训，撰编年依《春秋》义例，书魏高贵乡公之崩，则曰司马昭杀帝于南阙；书梁敬帝之逊位，则曰陈霸先反；黜陈闰隋，以唐承梁。有太原王绪，作《永宁公辅梁书》，黜陈不帝；颖士佐之，亦著《萧梁史谱》，及作《梁不禅陈论》，以发绪义例。"这种复兴褒贬义例、尊崇编年、排斥纪传的论调，也和唐初官修五史一仍马、班旧贯以纪传为书者，大相径庭了。嗣后，刘轲、柳冕皆步其后尘。刘轲言："自《史记》《班汉》以来，秉史笔者，余尽知其人也，余虽无闻良史，至于实录品藻、增损详略，亦各有新意，常欲以《春秋》条贯删冗补缺，掇拾众美，成一家之尽善。"柳冕也说："司马迁过在不本于儒教以一王法，夫圣人之于《春秋》，所以教人善恶也，修经以志之，书法以劝之，立例以明之，故求圣人之道，在求圣人之心，书圣人之法。法者，凡例褒贬是也，而迁舍之。《春秋》尚古，而迁变古，由不本于经也。"冕为柳芳之子，亦柳并之宗，其学也可以溯源于颖士。自此而褒贬义例之说以盛。陆长源撰《唐春秋》盖即师法其意。裴光庭荐李融、张琪、司马利宾等入弘文馆，亦续《春秋》经传自战国至隋，并"表请天子修经，光庭作传"。褒贬义例编年通史之学，在唐为异军突起，盖亦为新学术的反映，而与古文、经学之变同时发生。嗣后皇甫湜作《编年纪传论》，虽然右纪传而左编年，但其所撰《东晋元魏正闰论》，则颇受颖士影响。下迄宋朝欧阳修、苏轼、陈思道等人的正统论，也正是这派学说的余绪。

诸子之学，除《老》《庄》为清谈所宗，在魏晋六朝曾兴盛一时而外，其余诸家，仅在魏晋初期略露头角之后，又复销形隐迹了。入唐以后，又再逐渐的为学者所重视，盖亦同为新学术兴起的另一现象。房玄龄所注《管子》，实为后来尹知章所作，至今犹行于世。陈子昂弟子卢藏用并注《老》《庄》，又尝撰《子书要略》。尹知章曾遍注《老》《庄》《管》《韩》《鬼谷》诸书，杨倞注《荀子》，卢重玄注《列子》，徐灵府注《文子》，贾太隐、陈嗣古皆曾注《公孙龙子》及《老子》，尉迟行珪注《鹖子》，胜辅注《慎子》，陆善经注《孟子》，其他注《孙子》者有李筌、杜牧、陈暤、贾林四家。道家为王朝所宗，注《老》《庄》者更多。韩愈于《荀子》《墨子》，柳宗元于《列子》《文子》《鬼谷子》《晏子春秋》《鹖冠子》，皮日休于《司马法》，皆有所论述，并可按寻。杜佑亦尝著《管子指略》。杜周士《广人物志》、宋燧《吴兴人物志》，并著录于名家。赵蕤《长短经》综合纵横、儒、法以成一家之言。元结《元子》亦杂儒、道家言。王士源《亢仓子》，亦杂取《老》《庄》《列》《文子》《商君》《吕览》《说苑》《新序》之词。罗隐《两同书》《谗书》，亦并取老聃、孔丘之说。谭峭《化书》，亦兼采孔、孟、老、庄之言。林慎思《续孟》《伸蒙》，并伸儒家之说。诸书皆尚流传至今。思想解放之风，于此大张。诸子之学盛行，孟轲、荀卿、扬雄、王通之书，渐见重于世，而研究儒家义理之学也就因之兴起。贾至言："宣父称颜子不迁怒、不贰过，谓之好学，今试者以帖字为精通，而不穷旨义，岂能知迁怒、贰过之道乎？"吕温言："夫学者，岂徒受章句而已，盖必求所以作人，日日新，又日新，以至乎终身。"这些议论都已接近于宋儒了。而韩愈、李翱，则表现得更为显著。愈著《原道》称："传曰：古之欲明明德于天下者，先治其国，先齐其家，修其身，正其心，诚其意。然则古之所谓正心而诚意者，将以有为也，今也欲治其心而外天下国家，灭其天常，子焉而不父其父，臣焉而不君其君……夫所谓先王之教者何也？博爱之谓仁，行而宜之之谓义，由是而之焉之谓道，足乎己无待于外之谓德。其文《诗》《书》《易》《礼》《春秋》，其法礼乐行政。……斯道也，何道也？斯吾所谓道也，非向所谓老与佛之道也，尧以是传之舜，舜以是传之禹，禹以是传之文、武、周公，文、武、周公传之孔子，孔子传之孟轲，轲之死，不得其传焉。荀与杨也，择焉而不精，语焉而不详。"大有直承孔、孟道统之概。又说："孟氏，醇乎醇者也，荀与杨也，大醇而小疵。"又说："求观圣人之道，必自孟子始也。"李华、柳冕都以孟、荀并称，柳宗元也并称孟、荀，而愈则能独尊孟氏，且又揭出《大学》《中庸》二书之理论，并又提出了"道""心""性""情""诚""明"等命题，都为宋代理学作好了准备。其弟子欧阳詹著《自明诚论》，即发挥愈论《中庸》诚明之旨；皇甫湜著《孟荀言性论》，即阐明愈"性三品"之说，而重在孟氏性善之旨。李翱《复性书》所论，更综《大学》《中庸》《易传》之说，而特重《中庸》，又较愈深刻透彻多了，其论点则更接近于宋儒。杜牧《三子言性辩》，其说虽重在性恶，但也略同愈三品之说。陆质《删东皋子序》言"亡所拘而迹不害教，遗其累而道不绝俗"，和李翱《复性书》"物至之时，其心昭昭然明辨焉，而不著于物"之义，也可说是"所见略同"。这些学者，都为宋儒之学开辟了途径，而为理学的启蒙了。

唐代中叶，虽然在学术思想上发生了一次革新运动，无论在经学、文学、史学、哲学各方面都发生了反对旧传统的新学术，而为宋代一切学术的先河，但这一新学术，终唐以至五代，都还没有能够形成学术界的主流，还不能取旧传统的地位而代之，旧学还为当时的王朝政府所倚重，新学仍只能处于在野的地位，而致两者并行于世。及至宋仁宗庆历以后，新学才走向勃然兴盛的坦途，于是无论朝野都是新学的天下了。但是，新学的幼苗，却是发芽和生长在中唐以后。历史研究者，对于这类足以引起巨大变化的新生因素的发生和发展，是应当给予特别注意的。否则便不能观察出历史事件的相互联系的关系。但是，这一科学法则，在研究实践中却常常为人们所遗忘。

十一　嘉靖学术

明代中叶，在学术思想上所发生的巨大变化，也正好和中唐的情况差不多。正德、嘉靖时候所谓"前七子""后七子"者出，在文学方面发生了一次革新运动，这次运动的方向，是反对传统的"宋文"；而在同时，却也发生了反对传统的"宋学"的新学术，而下开清代的考据、训诂之学——所谓的"汉学"。它的命运也和中唐一样。这次新文学的发生、发展和对旧传统文学的斗争，研究文学史者已多有所论述；而这次新学术的发生、发展却为人们所忽略，故不可以不有所说明。

明正德、嘉靖间所谓"七子"者出，他们在文学上的口号是"文必西汉，诗必盛唐"，换句话说，就是不要宋代的文和诗。在学术方面，由于明代统治者最尊"朱学"，因而不敢正面的提出反对"理学"，却提出"不读唐以后书"的主张，这自然也就是不要宋的学术了。继七子之后，又有所谓"十才子""四十才子"，遂使这种新的学风因以大盛。在这种风气下，这些"才子"以及受他们影响的朋友，都喜博览旧文，不受《五经四书大全》的束缚。常以古义攻击宋代学者的错误，这就开启了"汉学"的途径。其较著名为后人所习知之者如杨升庵（慎）、焦弱侯（竑）、王弇州（世贞）、胡应麟等，都是此时人物。这种风气的逐渐发展，又产生了一些专事攻击宋人学术的著作，如袁仁作《尚书砭蔡编》，即完全根据古义来纠正《蔡传》的错误；又作《春秋胡传考误》，专门攻驳胡安国。陈泰交作《尚书注考》，也是专纠《蔡传》之讹。杨子庭《春秋质疑》、陆粲《春秋胡传辨疑》，也都是专门攻击《胡传》。董守谕作《卦变考略》，举出朱熹《卦变图》和《本义》自相矛盾的材料，而别考汉儒郎顗、京房、虞翻、蜀才诸家之说，推衍成图以存古义。何楷作《古周易订诂》，其目的也在保存汉晋以来的古义；又作《诗经世本古义》，于名物训诂也引据详明。冯应京作《六家诗名物疏》，所谓六家系指齐、鲁、韩、毛、郑康成、朱晦庵，考证也很丰富。朱谋㙔作《诗故》，也是以汉学为主，《诗故》之名也是仿汉儒《鲁故》《韩故》。李先芳作《读诗私记》，也以毛、郑为宗。陈耀文作《经典稽疑》，系取汉唐以来说经与宋儒不同者分条辑录成书。这些都是攻击宋儒，推重汉、魏、晋、唐之学，在考证事物上都下了旁收博览的工夫。又如陈士元作的《论语类考》和《孟子杂记》，对名物典故和事迹都考证得很详，也很为清儒所推重。朱谋㙔的《骈雅》和方以智的《通雅》，也都甚为清代考据家所称许。朱睦㮮的《授经图》，则更专记两汉经师传授的谱系和著述书目。专崇汉学的心情，于此表现得非常明显。程、朱、蔡沉、陈澔、胡安国等五经、四书的传注，是明代取士功令之所崇尚，而这批学者都加以反对，从训诂名物方面提出汉晋古义作为根据，这正是清代汉学家的治学方法，只是清人作得更为谨严详密，并且明确的打出了"汉学"的旗帜罢了。但这种反宋学、重汉学的风气的创立，却应当归功明人。明人虽开创了这一新学风，但终明之世却还未能在学术界居于优势；崇宋人、宗宋学的旧派学者，在当时仍然很盛，从力量对比上看，只能算是旗鼓相当。迄至清初以后，而汉学始独盛一时，宋学因之一蹶不振。清世学者多诋明人"学无根柢"，若以指斥守宋文、宋学的旧派学者，颇有几分近似，若并指新派学者而言，则就大谬不然了。如梅鷟的《尚书考异》，推翻了《伪孔尚书经传》，揭露出流行千余年的伪书。陈第《毛诗古音》《屈宋古音》，对古音之学，寻出了科学的规律。孙毂《古微书》将五经纬谶佚文搜集成编。刘绩《三礼图》，根据《博古图》并寻求实物来证明礼器。这些工作都作得很细致，是有巨大价值的，这都为清人各方面学术的先导。虽明人考据的条理化和精密程度都还不及清人，但先河后海、愈演愈密，亦势所当然，又何可以一概而论。

　　明自嘉靖以后，文学上发生新旧两派的对立，学术上也是新旧两派并行，这是应当分别对待的。从版本学上来看，《四库提要》常常丑诋明刻本随意删改古籍，错误很多。虽这也是事实，但这些荒谬的刻本，多是出于笃守宋学的旧派学者之手。明刻、明钞的善本书，为数也很多，往往出自北宋本，其价值在宋刻坊本之上，向为清代校勘家所重视。但这一些善本多刻于嘉靖时代，而刻本的人和作序跋的人，几乎都和十才子、四十才子有师友渊源，这岂不是两派间的又一道鸿沟，《四库提要》的作者由于没有看到这种新旧的差别，当然也就笼统其词了。但《提要》论述宋明以来学术流变之梗概，基本上是抓住了问题的关键，是符合于史实的（然其对每期末流的批判则不完全恰当，此不具论）。《提要》经部总叙称："越孔（颖达）、贾（公彦）、啖（助）、陆（淳），以及北宋孙复、刘敞等，各自论说，不相统摄，及其弊也杂。"这是说在唐中叶以后到宋初时期有新学术的兴起，起而反对唐初传统学术。又称："洛、闽继起，道学大昌，摆落汉唐，独研义理，凡经师旧说，俱排斥以为不足信。其学务别是非，及其弊也悍。"这是叙说宋学的建立和完成。又称："学脉旁分，攀援日众，驱除异己，务定一尊，自宋末以逮明初，其学见异不迁，及其弊也党。"这是朱学独盛时期，如董楷、胡与平、胡一桂、胡炳文、董真卿、陈栎、董鼎、陈师凯、朱祖义、辅广、刘瑾、朱公迁、陈深、王元杰、汪克宽、赵顺孙、詹道传等，都是墨守朱学。至永乐时《四书大全》《五经大全》颁行，这一传统更堵塞了人们的智慧。就理学而言，也没有什么阐明发挥，只是依傍门墙而已。《提要》又说："主持太过，势有所偏，材辨聪明，激而横决，自明正德、嘉靖以后，其学各抒心得，及其弊也肆。"这就是反对《大全》传统学派的一些学者，随着"文必西汉，诗必盛唐"，"不读唐以后书"的风气而起了一次激而横决的反抗。同时也就培养出来了复古的学术途径，初起时是用汉晋说作为攻击宋学的工具，后来渐渐变成以恢复汉晋旧学术为目的了。故《提要》又说："空谈臆断，考证必疏，于是博雅之儒，引古义以抵其隙，国初诸家，其学征实不诬，及其弊也琐。"这是指的顾炎武、张尔岐、阎若璩、毛奇龄、陈启源、万斯大、朱鹤龄诸人，他们所攻击的对象，仍然是宋学。《提要》对学术流变所划分的这几个阶段是很明确的，但对各阶段变化发展的源委线索则认识不够，这是作学术研究工作者所当予以条理分疏的。

在不读唐以后书的号召之下，开创了读古书的风尚，把束缚在宋学末流的肤陋之弊，予以一次洗刷。清代汉学家所重视的一些古籍，明人都已经加以注意而进行了一些工作。如《文心雕龙》，明代前期没有善本，到嘉靖时，出现了几种刻本，但仍是讹脱满纸。自杨升庵始加以评校，梅庆生又采升庵以下朱郁仪、孙无挠、谢耳伯、许伯伦等凡十余家，并集众家之说以作注。其中以朱氏参考《御览》《玉海》诸籍，订正最善。到万历时张之象刻本，才大致可诵。这是经过很多学者的工作而后才得到比较妥当的板本。梅注以外，明人还有张墉、洪吉臣二家合注，最后才有黄叔琳校注。又如《史通》,在陆深以前流行的是蜀刻本,缺文错简很多,陆氏曾用抄本来校补;嘉靖再刻时,张鼎思补陆氏所缺《曲笔》《鉴识》二篇,张之象刻本又从宋本补《因习》《补注》二篇,自此《史通》才有完书。自陆俨山为《史通》之学,然后郭延年、王维俭继之作注,最后才有浦起龙的《通释》。以上二书的校和注,都是明人有导始之功。清人因袭旧作,略加增益,遂据为己有,诸书固具在,可以覆按。清人喜丑诋明儒,而实又多剽掠明人之功,在著述道德上不无缺憾。而纪昀《提要》只称黄、浦两家,卑视明人著作,如毫无足取者然,殊觉可怪。若无明人校补于前,清人又何遽有可以畅读之完本。又如《竹书纪年》,现行本以范氏天一阁本为最早,其为明人伪作,学者早有定论。清人用力于此书者,先后十余家,最后由王静庵作《古本竹书纪年辑校》,汇集前人所考辑《纪年》佚文勒为一书,若以王本与范刻相对比,也可看出范刻仍然是先从唐宋古籍中辑出《纪年》佚文,然后再编次成书。王本各条范刻皆有,王本同一条而两书所引文字小有异同者,范刻则在此条下作为小注若校语者然。范刻有而王本所无者,多可从《左传》《国语》及诸子书中考见。且陆淳《春秋传》中所引各条及《通志》中所引各条,范刻皆有,而王本却漏了。于此可见这位《竹书纪年》的"作伪人"确是一位见闻博洽的学者,其搜集的资料比清代十余家所考见的还要多些。这似乎可说明明人之博尚非清人所及。至于范刻中还有少部分至今尚未考明出处者，可能是我们的考证工作还作得不够，也可能是明人所根据之古籍今已散失，即如《天文大成》诸书所引的古籍，有很多在后来就看不见了。如此之类，似乎还不能够武断的说是明人有意识的虚造伪作。至于范刻将原本用晋魏编年的形式擅改为用周编年，这却不能不由明人负责。这说明明人在治学方法上还不够谨严，辑佚虽为有功，但辑佚而擅为补苴以作为原书形式，则就成为画蛇添足，必然招致非议了（我们从马氏《绎史》、陈氏《战国策异辞》两书所引《竹书纪年》来看，可知马、陈所见之本尚为晋魏编年，马氏称此本为坊本，此坊本可能在范刻之前，可能原编辑人在编成后仍用的是原文形式，而范氏刻书时始加以篡改的。详另文《论别本〈竹书纪年〉》）。他如薛虞畿《春秋别典》、董说《七国考》，所搜集的材料也是异常丰富。即如说部《东周列国志》，也无一事没有根据。屠乔孙、项琳的《十六国春秋》，大致也和《竹书纪年》一样，汤球曾作《考订》，证明其是搜辑佚文补苴成书的。《宝颜堂秘笈》和《汉魏丛书》中，有部分书籍是宋代已不见于著录，而明代却有了刻本，但两个刻本的文字却又颇有不同（《汉魏丛书》文字较少）。其实，这些书都是从类书辑出，两刻不同，就是因为原辑本的不同。至于《说郛》所刻诸书，更多是辑的佚书，如姚士粦辑的《陆氏易解》就是显著的例子。校古书、辑佚书，是清人乐于从事的，而

且也是作得比较有成绩的,但都早已由明人开其端。朱
谋㙔笺《水经注》,刘绩补注《管子》,张之象注《盐铁论》,
张佳胤补《华阳国志》,这些都是清人喜用工的书,而明人
也都对此下过工夫,只不过时有先后而学也就有疏密之
分。毛奇龄辈却偏偏要说"元明以来无学人",也未免过
甚其辞。如他所作《四书改错》,明人早已有此风气,所作
《尚书冤词》,其见解更在梅鷟之下,而其立说之荒诞无根
则较明人更甚(全祖望《毛西河别传》言之甚详)。清世很
多学者这种学明人而又呵斥明人,剽窃明人而又鄙夷明
人的作风,实无可取;而《四库提要》持论虽偏,但于明人
也还未一概抹杀。如胡应麟《少室山房笔丛》,《提要》云:
"明自万历以后,心学横流,儒风大坏,不复以稽古为事,
应麟独研索旧文,参校疑义,以成是编,虽利钝互陈,而可
资考证者亦不少,朱彝尊称其不失读书种子,诚公论也。
杨慎、陈耀文、焦竑诸家之后,录此一书,犹可差强人意者
矣。"方以智《通雅》,《提要》说:"明之中叶,博洽著者称杨
慎,而陈耀文起而与之争,然慎好为伪说以售欺,耀文好
蔓引以求胜,次则焦竑亦喜考证……以智崛起崇祯中,考
据精核,迥出其上。风气既开,国朝顾炎武、阎若璩、朱彝
尊等沿波而起。"这都以清代汉学为源于杨、胡、焦、陈诸
人,对明人学术给予了较为恰当的估价。只是他不认识
这一风气是从王、李开端而来的。

　　自明七子以后,不仅排宋学、读古书的风气从此大

盛，清人校刻古书的风气，也自嘉靖起同时大盛起来。这也同样是和七子学风有密切关系的。单以王世贞来说，他的交游中就有很多是喜刻古书的。如后五子中之汪道昆，刻《春秋繁露》，翻相台本《仪礼》《周官》；张佳胤刻《越绝书》《华阳国志》；续五子中赵用贤，刻《管子》《韩非子》及重修《玉海》；《八哀篇》中之黄姬水，刻《前、后汉纪》；《四十咏》中之都穆，亦曾参与冯刻《文心雕龙》、陆刻《陆士龙集》、涂刻《盐铁论》。刻《史通》的陆俨山，也和七子中的徐祯卿齐名。刻《水经注》的黄省曾，也曾致书李梦阳愿为弟子。广五子中之李先芳，就是著《读诗私记》以毛、郑为宗的学者；编集《文纪》的梅鼎祚，也是和这派人有关联的。因此嘉靖以前善本很少而嘉靖以后则善本很多了。清人校勘多重视宋本，但宋的坊本实远不如明嘉靖刻本。故阮元、黄丕烈等往往舍宋本而用明本。《四库提要》的作者，没有注意嘉靖以后所出现的刻本及覆北宋本，而一概加以指摘，只为偏见而已。

明代理学中产生了王阳明一派，以反对当时占统治地位的宋代理学——朱学，也正是在正德、嘉靖时候，这也并不是偶然的事。王阳明早年也和何、李七子诸人相倡和，从文学上来说，可以算是新派人物，是站在反对宋文的一边的。后来出入于释老，最后仍归于心性之学，所以他所讲的虽仍是理学，但是是从传统的旧派中解放出来的新理学，和朱学完全处在对立的地位。再从王门大

弟子王慎中、唐顺之来看，王慎中初年也是高谈秦汉，谓
"东京以下无可取"的人物，后来他悟了欧、曾作文之法，
才专意师仿曾南丰。唐顺之初也颇不以王为然，后来才
变而从王。王、唐的文学，开始时是和七子一样的反宋，
后来又复归于宋，其结果当然也就和一般的"宋文"不同。
这正和王阳明开始是反对宋学，后来又复归于宋学，因而
是另开一派"理学"是一样的情形。这都可以认为是在七
子风气下反对宋学、宋文的新学术。

　　前后七子何、李诸人，主张文必西汉、诗必盛唐，反对
派骂他们是剽袭，是伪体，公安派诋之为赝古；后世学人
多附和其说。但是反对派同样的是摹拟，只不过是摹拟
欧、曾罢了。下逮清代桐城派，都是如此。摹拟汉唐是伪
体，是赝古，难道摹拟宋代的欧、曾，就不是伪体，不是赝
古么？都只是门户之见，以五十步笑百步，不值一笑之
论。自明以来，学文章的，不学秦汉六朝，便是学唐宋；学
诗的，不学宋诗，便学唐诗，学六朝诗；学书法的，不学唐、
学宋，便学六朝，或者是学隶书、篆书，以至于学钟鼎，学
甲骨。讲学术的，不是汉学，便是宋学。几乎一切都是摹
拟、复古，而缺乏明以前的那种创造精神，而使中国文化
没有进步，或者是进步很少。近几十年来，在西洋科学的
影响下，中国学术界不论是经史学，或文哲学，都被披上
了一件科学的外衣，究其实际，可惜仍然不能脱离清代考
据学的窠臼，是亟当予以大力扭转的。

这篇不成熟的稿子，断断续续写了几年，很不连贯，后两部分因为写得仓卒，自己也很不满意。希望读者多赐宝贵的意见，以便讨论修改，是作者十分盼望的。中间蒙默所写《论秦汉限田》一节，因与本文关联密切，故附录在内。

蒙文通识
一九五七.五.六

原载 1957 年《四川大学学报》(社会科学版)第 2 期

国史体系

　　现在一般人都很重视专家，但是在这次大战中美国人已经感到只是"专"尚不足应付一切，所以要在专家修养之外，施以特种训练。现在世界学术也走向"综合"，尤其很多学者在计划甚至已着手写空前未有的巨著。

　　近数十年来出版这类性质的著述，如《科学大纲》《世界史纲》《新史学》，以及《新史学与社会科学》等，尤其后二者，明白指出史学与其他科学的关联，乃是以一定的哲学为基础的。根据这个观点，我们可以说中国历史是整个而有系统的，她的政治、经济、文化……都是合拍的。

　　说到中国历史体系，首先要说到近数十年来论中国历史者，受"历史法则"影响甚巨。实在说来，"历史法则"仅是欧洲历史的法则，并不能适用于中国历史，况且这法则仅为欧洲一部分历史家所承认。关于这问题，我曾写过几篇文章，即：（一）《儒家政治思想之发展》，（二）《秦之社会》，（三）《〈周官〉〈左传〉中所见之商业》，（四）《汉代之经济政策》。这几篇文章都是针对着这说法的。

欧洲历史发展和中国是不同的，最早是原始社会、奴隶社会；跟着是封建社会，这时封建贵族专政；等到中产阶级抬头，他们拥戴君主，打倒原来贵族阶级，即近代民族王国；此时民治思想逐渐成熟，资产阶级渐渐得势，二者结合，又造成了资本主义社会；最后无产阶级又壮大起来，建立空前未有的社会主义国家。这种历史法则，他们是以经济发展为基本因素的。至于政治、社会、文化等，均适应经济的发展而发展。这说法既然尚有一部分欧洲史家所不赞同，自然更不能拿来解释中国历史。

譬如中国封建社会的经济发展，却并非是像欧洲封建社会自足自给的经济，商业资本的发达，在他们（历史法则论者）认为是唯一腐蚀封建社会的力量。而封建社会的周代，却极为提倡工商业；但是到了君主专制的秦朝，商人阶级在法家执政下受到极大的打击，这现象正与欧洲君主专制下要靠工商业者的支持很不同。所以在春秋与战国间一百三十余年，无甚史料。即因贵族被打倒，平民阶级兴起，布衣之士可以为卿相，这便是一个大变动时期。

所以陶希圣说春秋末年民治思想已抬头，确具卓见。如《孟子》中："民为贵，社稷次之，君为轻。""天视自我民视，天听自我民听。"《吕氏春秋》及其他各书中，均有类似的记载。儒家政治思想中言民治者，已相当完备，如类似国民大会、直接选举等，均老早为古人所行过，尤其是考试制度，是不分贫富、不分阶级的，外国人说是超阶级的民主，并非过分。

汉武帝时候，更以政治力量，对工商业者加以打击，厉行节制资本。如将有关国计民生之盐铁，收为国有，甚至不许他们穿丝绸，乘车马；社会风气自然轻视工商业者，人人养成不积钱的习惯，至平均地权；政治则设置"刺史"之官，以防止土地贵族的兼并。至后汉光武帝，更下诏书八道解放奴隶，这一来无论是地主，还是资本家，都抬不起头来，奠定了社会的民主。现在美国是政治民主，苏联是经济民主，葛来斯说我们是社会民主，这是一点不错的。

马克斯说，中国历史至某一时期后，就与西洋历史分道扬镳了，这便意味着中国历史的西汉以后，便走入另一方面（道路），也就是说不能拿（西方）历史法则来解释。所以有人说汉以来二千年是过渡时期，是有相当正确性的。因为这其间社会经济都无甚变化，如生产工具中的农具，和一些手工业者的机械，都是无甚改变的。

在汉代，既非是公平的井田制，又不是《礼运》上理想中的世界大同社会，而是一种相当合乎人情的社会。贫富之间无甚悬殊，即是富有一定限度，贫也能保持一定水准。这便是"平等在两头，自由在中间"。

德史家兰普莱希谓研究历史应明白集团心理，即一时代之心理及其转变如何，以整个人类历史，分为心理自由时期和心理强制时期。这观点既不是唯心论，又不是唯物论,就是由一时代心理反映上去理解其社会发展的各方面,而不是说唯心论以心理为决定历史因素。

从这个观点来看中国历史发展,显然在春秋战国是心理自由时代,诸子并起,百家争鸣,思想派别之多,为中国历史上前所未有。至秦汉走入心理强制时期,百家绝踪,政治社会也趋于安定,人们对任何事物都失去了前人追根究底的态度,学术界都是祖述孔孟一家之言,把孔子当作教主。但是到了六朝,又是一个转变,即心理自由时代。老庄思想复活,佛教从此大盛,人们要从儒家思想束缚中解放出来,所以有人说:"大丈夫当删《诗》《书》、定礼乐,何必寄人篱下。""不应在六经里讨生活。"甚之者为阮籍,行为放荡,不顾礼教。及至隋唐,又是心理强制时代,一切复归安定,儒家经典又成为人们研究的对象,注疏大兴,对已经传入之佛教,则利用为帮助统治人民工具。及至五代之时,思想又之为自由,政治、文化都陷入混乱中。到了宋代,又入于思想强制时代,因为五代纷扰时间不久,而入于宋的统一,所以这时的心理强制是很勉强的,因而她的统一也是很脆弱的。但是,不能因此忘了宋代理学是有助于宋代统一的。经过元代混乱,到了明朝,又入于心理强制时代,祖述孔孟的朱子学,又大盛起来,但是明以后的清朝,从学术上看,可说是要求从宋明理学求解放。

汉唐两代的心理强制,都是向心力强,气魄雄伟,如汉代史学家马、班，虽然不能使人完全心服，但是作品气魄雄伟，确能代表这一时代精神。他们的缺点，是他们作品《史记》《汉书》，只能算作史料，因为只是抄袭而已。说太史公创纪传体吧，实际在此以前《世本》早已创出，《史记》多抄自《世本》，其余则根据《尚书》《礼记》《国语》《左传》和《吕氏春秋》等，所以里面错误矛盾百出。至于说文章好，这倒是西汉人的特长，若以叶水心的批评，就以为《史记》不如《汉书》，《汉书》不如《三国志》，《三国志》则又不如最晚出的《后汉书》，这是史学家的观点，自然与文学家观点不同。至于说他们气魄雄伟，如太史公说："究天人之际，通古今之变。"这是前人不多见的。至于班固《汉书》，刘知几评他《古今人表》不应将汉以前的人都列上去，其实这正是他气魄雄伟之处。又有人说《汉书》的文章太多，其实不知他所选的不仅是文章好，主要选的是以其能代表各个方面；如同吕祖谦的《宋文鉴》，实际并非一部宋代文选，而是一部好的文化史。再如许慎《说文》，开始第一字解释"一"字为："惟初太始，道立于一，造分天地，化成万物。"这便可以看出他的气魄了；至于内容，则政治、经济、天文、地理……无所不包，每一项都可说是专门学问。譬如地理，可与应劭《地理志》相比；他注释《三礼》，亦不愧于郑康成。

史学真正发达时期是在六朝。我所以要举出(汉代)这几位，不过说他们气魄雄伟，心胸阔大，确能代表时代作风，真可说是"囊括四海，气吞八荒"，这一时期没有像已往那样学术思想蓬勃发展，诸子并立，却只知尊崇师法，把孔子当作教主，当作神来崇拜，就如考试卷吧，也是本着老师所讲的，不创立新说，然而这时代的政治、社会确是井井有条，版图之大，向为后人所不能忘怀的。

到了魏晋南北朝，学术界风气是绝不墨守成法，不讲师法，著述也多"集解"性质的书，先搜求各家说法，最后拿出自己意见。如为《穀梁传》作注，一面还要攻击传里错误，这一点又成为后来墨守师法的唐人笑骂，评他们像蠹虫生在木头里，反过来咬木头。由此可见一时代人作风，往往为后人所笑骂，正如今天笑前人"守旧""落伍"……殊不知到后来心理强制时代，又要笑我们这时期人"嚣张""浮躁"，"异端邪说"盛行。

廖季平先生说唐人书是不易读的，因为唐人著作往往包罗万象，从唐人爱作类书，就可以知道，如《艺文类聚》《北堂书钞》及《册府元龟》等。汉人讲文章，唐人也讲文章，讲"四六对仗"。汉人书法，仿照钟鼎，虽参差不齐，然而确不失庄严宏伟精神。唐人字也是一样向内拱，力量却又向外扩张，象征她的国势隆盛和向心力强。然而晋字却不行，终带有偏安的样子，就是二王的字，也有点倾斜；宋、齐、梁、陈，则显著一蹶不振的样子。北朝字又好像不能直立起来的样子。唐以后的字，是向外开展。清代的字，是没有独特的作风，画也是一样，文章只知仿唐宋八大家，所以有人骂"桐城谬种"，是不算过分的。

至于清代学术呢，只是反对宋明理学，说是汉学，其实只是考证而已。史学像赵翼《廿二史札记》、钱大昕《廿二史考异》，都不能算作史学著作。史学不是史学，经学不成经学，诸子不是诸子；一部《十三经注疏》，就是将经、史、文选混在一起，真是不伦不类饾饤之学。

考证只可以说是治学方法之一种，譬如治史要能考证，但是考证并不能算作史学著作，就如孙诒让《墨子间诂》，虽然方法甚精密，然而仍不能算作墨学。其他如二王、戴、段做学问，都很合乎治学方法，这是清代唯一可取的地方。

现在正是心理自由时代，即思想解放时代，对任何学说，不能随便轻视，应当自己加以细心研究，才能批评。以后又要进入思想强制时代，这时代将是继承宋人治学精神，清人治学方法。

附记：本文为听讲时记录，整理后，值蒙先生离潼（三台），未及就正。校刊编者来索此稿，先为发表，然已不及征求蒙先生同意，所有本稿讹误及有失讲者原来精神之处，当由记者负责。

原载 1944 年 12 月《国立东北大学校刊》第六期，署名蒙文通讲、黎明记。

我国学术之进展

　　研究学术史者，以为某一时代有文学、经学、史学、宗教、艺术等，他时代亦如之，排比尤无二致，殊有大谬不然者。盖各种学术因时代之不同，盛衰亦有异，试略为论之。

　　西周学术最发达而又最早者厥惟《诗》。当时国风遍及各国，其盛也可知。既而代之而兴者史学是也。考我国纪年之史较之《诗》实为晚出。古有左史记言、右史记事、言为《尚书》、事为《春秋》之说，诚不足信。编年之史，肇于西周。《墨子·明鬼篇》中所列史事在西周者均引《诗》《书》，其后段则引周、齐、燕、宋之《春秋》，又称百国《春秋》，考之《史记·世家》，各国有编年之史，当均起于共和前后数十年之中，即各国之《春秋》是也。故西周末年诸国始有年岁可纪。《春秋》既起之后，又复同时发达者，是即吾人所知之《国语》是也。各国《国语》亦始于共和前后，孟子曰："《诗》亡然后《春秋》作。"于此验之。王充《论衡》谓："《左氏》传经，辞语尚略，故复选录《国语》之辞以实。"知在汉初犹为《国语》，后人以其材料依《春秋》之年次编而入《左传》。其有一事而涉及他国者，每可审其从何国之《春秋》（即《国语》）而来。故《左传》可以拆散而回复为《国语》，再将各国材料分别排列，则又可回复各国《国语》前之专书。今查《国语》之《齐语》，只存桓公之记载，其后事即付阙如。吴越之时期亦短，其他时期均无记载。《国语》中各国记载之时间，每不甚长。盖各国各有小部专书，《国语》则合各书而取其一部，《左传》又选录《国语》而成。汲冢书中有《师春篇》，即《左传》全部卜筮之事，可知《师春篇》者可拆散而成《左传》之材料，则《师春篇》即《国语》《左传》之原料耳。又《左传》中记灾异各事，文亦与他处异，可知亦古时之一专书，经拆散入《国语》，再被采入《左传》者也。

《国语》继《诗》之《国风》而起，《国策》又代《国语》而兴。《国策》以韩、赵、魏三家分晋事起始，且记之甚详，但战国初之百余年竟无记载，他策亦无之。盖分晋之事，古亦有一专书记之，《左氏》不及取，刘向时乃拆散而分入韩、赵、魏各策也。今如辑出，亦可以复为一书。分晋之后，历史乃忽然中断，此亦应为《国语》之一部也。《越绝书》亦系古书，亦《国语》之一部，上与《国语》时代相接，据此古书而改订之，则成于东汉之初，有谓系子贡所作，可知《国风》时期之下为《国语》时期，即史学发达之时期也。

斯时之史学所包括甚广，哲学思想等亦皆入之。其后史学即衰，继之者虽有《国策》，但《国策》对于历史方面，范围不能如《左传》之宽，只讲战国时代当时之权变。吾人亦可疑其时史学仍旧发达，不过刘向偏重于权变，故收之而成《国策》，其他材料均未采用，即未留下。惟前此之时太史公作《本纪》《世家》，远在刘向未编《国策》之前，其对于各国之记载，竟未有出乎刘向《国策》之范围。故敢断言，战国时之历史只限于权变之《国策》，则其时历史之不发达及其范围之狭小可知矣。史公尝以《秦纪》为据，其《六国表》云："不载日月，其文略不具，然战国之权变，亦有可颇采者。"是事实之记载不详，而止于秦史之权变耳！是又战国时代史学范围狭小之一证，不足以继《春秋》。故可谓继《国语》而发达者，非《国策》而诸子是也。盖各时代学术之发达非必一致而平均发展也。

周秦时代其文化之主干有三，儒、道、法是也。初为诸子发达各家独立而成对抗形势。至秦末之时而盛者有杂家，至汉武之时为止。诸子虽各家分头发展，实由上述三种主干文化之相激相荡，出入某二派者尤多。因其所取成分有多寡，遂演变而成百家。秦末思想有统一之需要，分途发展之势渐衰，即于是时《吕览》出焉。以前各方学术自然互异，于古史所载，尤大相出入。吕氏之书，凑合各家而去其矛盾，同为一事各家有异者，吕氏之书则并举之。《史记》及《韩诗外传》《尚书大传》《淮南子》均然。

史公作史之时，杂家早已流行。《史记》将各家材料加以总合，而旧来之古史系统遂不复可考。班固评史公，谓其先黄老而后六经，斯为定论。盖其时杂家既盛，道家为杂家之唯一骨干。道家为体，阴阳、儒、墨、名、法为用，是杂家之出将前有之学术结为一体，而以道总之。继《吕览》而有《淮南子》，皆是此种精神。史公当此时代，其见解安得独异？司马谈《论六家指要》即此思想，故史公之哲学、史学皆为杂家。史公以前之陆贾虽颂说《诗》《书》，亦以道家为本，故《新语》有《无为》一篇；贾谊名为儒家，亦属法家精神，主于申、商，其人生观见于《鹏鸟赋》，则全为道家。是各家思想之结合而成杂家，综各方学术而为一体，以道家为中心，上承诸子，自战国嬴秦迄于汉武，大要如此，一杂家极盛时代也。

汉武之时，统于儒家之一尊，此亦有其渊源。战国之时，思想纷歧，西北为法家、兵家、纵横家，均偏于现实；南方为道家，偏于神秘。前者属于肉的，后者属于灵的。天然处于二者之间而足以资调和者，惟儒而已。汉初学术由百家分途发展，继而会合为一。汉沿秦制，重陆贾之无为主张，与民休息，此项政治已为法道二家调和之表现。

详分汉初政治学术，则每种事件，每种制度，何者属于法家，何者属于道家，均可得之。当时之情形既然如此，故汉武顺其势而孔子之六经出焉。以前百家与六经并进之势不可得而见，此汉武以后儒学所由独盛也。

道家根本主张清静无为以为治，而儒家政治主宽惠。久之，社会之腐败不能革除，曹操出乃以猛济宽，而风气又一变。汉儒之学，本无甚价值，其造诣远逊于周秦之儒学，较之宋儒犹且不及，遵所闻，行所知，思想极不高明，其为汉武所推崇，乃因上述之外来原因，法道融合之结果，非其本身有何力量也。

　　周秦之儒家对于政治之理论绝高，汉儒则不然，只于事实化，只重行检，经明行修便为及格，甚有误解周秦之儒学者。习之既久，至汉末于此有形式而无精神之儒学，不能不有一种解放之要求，欲推翻武帝以来所养成之政治风俗。解放最早者当然为思想，而反对儒家传统之最早者即为法家。荀悦、崔实、王符、仲长统之流均趋向于法家，曹操亦喜申韩之学，此一途也。又汉末之学者转而开两晋之清谈、嵇阮之风流。出观其政，则刑赏紊乱；入接其人，清谈干云，此又一途也。凡此各种风气，皆是儒学传统之反动。儒学既倒，取而代之者为法家、道家。法家略早，在汉末政治紊乱、社会民生凋弊之时，崔实、王符已议论激越也。

　　魏晋一段，思想方面，法道二家代儒而兴。道家虽盛，而学者成书殆少。法家申商者流，其书转多，而为政者亦趋向之。故六朝魏晋间，一儒家崩溃而思想最解放之时期也，其成书属于法家者甚多。试观《玉函山房》《汉学堂》两丛书，及《全三国魏晋六朝文》可以知之。当时出入于儒法而颇有成功之书，有荀悦《申鉴》、王符《潜夫论》、崔实《政论》、仲长统《昌言》、刘劭《法论》、刘廙《政论》、阮武《正论》、桓范《世要论》、陈融《陈子要言》、姚信《姚子新书》。刘劭、姚信，又法家而兼名家者也。刘廙则主张先刑而后礼，陆逊则反对之。至于是时道家之书，则反趋于神仙宗教。然纯正老庄，当时儒家势力亦不为小。其他学术则有《墨子》之注解，兵家书籍之注解，阴阳家之管辂、医学家华佗等。当学术发达一致反儒之时，无一尊思想即无中心思想，是思想之大解放也。于是各种思想蔚然而起，其足以代表当时者，张思光"大丈夫当删《诗》《书》，定《礼》《乐》，安能苟且寄人篱下"一语，最能尽之。其时自亦有经学，《宋书》云："江左儒门，参差互出。"其讲经学者竞以集解为事，皆不愿专奉一人，专尊一家以自束缚。盖自桓灵起，学术及百工技艺一经鸿都提倡，无不风动一时，故建安以下百工技艺颇为发达，文学亦盛，诗赋书画之类无不有之。

由此观之，是时之学术界虽无造诣精微者可纪，然而其不安常故，人人欲求新出路则至为明了。经学方面自郑康成网罗众典糅合今古文之后，已开集解之风，影响至大，淮汉以北一人而已。其学不拘守汉之今古文，而以己意去取古人之说，其矛盾不合者，则以己意解之。郑学一出，风行一时，人多弃旧而取之。及至汉末孙吴之世，已将郑学立于学官，且早已有人研究郑学矣，但同时又为攻击之目标。当时刘表在荆州，殆即为反郑之中心。其态度一如郑氏，综合各家，不定一尊，而自成一家之学，态度同于郑氏，而其结论则恰相反。继刘表而反郑氏者为王肃，亦如郑氏之会合各家，惟郑之所取王则反之，王之反郑有如故意者然。且不用汉人之说法，然其开集解之风则一。王氏之书今犹可考，同时有李撰者，《三国志》谓王氏好贾（逵）马（融）而不好郑玄，李撰所好亦为贾马而异于郑玄。李初不见王肃书，而意归多同。王、李同出作《五经章句后定》之宋忠，如是则系统已成于忠，而荆州则因反郑之中心，刘表所聚之学者不少，遂成为南朝学术之策源地。然而当时之经学终于参差互出。汉末百家朋兴，孔学不能独异，各家亦不能排除孔学。其时经学虽有继述者，而贡献甚少，实不可不谓为经学衰落之期也。

当时之史学可称鼎盛，盖我国史学除《国语》时代及后之宋代而外，无出其右。其盛也亦自汉末而起，如从正史之纪传、编年察之，自非所宜，因纪传、编年二者各时皆有。此时之所谓史学应从二体以外杂史之类察之。史学自两汉以来，均为经之附庸。《春秋》之后始附有史公之书。汉末之史甚多，以地名、人名、姓氏等类为单位之书，如《九州春秋》《汉末英雄记》之类不可胜举。至于《三国志注》所引之书亦足见之。其下者，杂史之类取诸小说体例自然不佳，而作品之多冠绝前后，此风自灵献已然，故《隋书·经籍志》谓其"率尔而作，非史策之正，灵献之世，天下大乱，史官失其常守，博达之世，愍其废绝，各记所闻，体例不经，又有迂怪妄诞，真虚没测"。别一史出，故自汉末以至魏晋宋，书籍之数大增。宋文帝立学亦不以儒学为范围，史学、文学、玄学等均立有学官而使之独立。《汉书·艺文志》《七略》无史，至魏《中经簿》分甲、乙、丙、丁四部，是经、史、子、集四部之权舆，史部于是出现。斯时史学已盛，能独立自为一部也。（待续）

原载 1934 年 2 月 10 日《北京大学四川同乡会会刊》创刊号

晚周仙道分三派考

神仙之事，已见于晚周。《庄子·天地篇》言："夫圣人鹑居而鷇食，鸟行而无彰。天下有道，则与物皆昌。天下无道，则修德就间。千岁厌世，去而上仙，乘彼白云，至于帝乡。"则于古有神仙之道也。《在宥篇》称广成子曰："至道之精，窈窈冥冥；至道之极，昏昏默默。无视无听，抱神以静，形将自正。必静必清，无劳女形，无摇女精，乃可以长生。目无所见，耳无所闻，心无所知，女神将守形，形乃长生。慎女内，闭女外，多知为败。我为女遂于大明之上矣，至彼至阳之原也，为女入于窈冥之门矣，至彼至阴之原也。天地有官，阴阳有藏，慎守女身，物将自壮。我守其一，以处其和，故我修身千二百岁矣，吾形未常衰。"是于古有神仙之人也。屈原《天问》亦言："黑水玄趾，三危安在？延年不死，寿何所止？"此亦神仙之说，屈原疑而问之。《史记·封禅书》言："宋毋忌、正伯侨、充尚、羡门子高，最后皆燕人，为方仙道，形解销化，依于鬼

神之事。"晚世为其道者盖多。由《抱朴》言之,知神仙之
事,约有四家。其《内篇·微旨》称:"知玄素之术者,则曰
唯房中之术可以度世。明吐纳之道者,则曰唯行气可以
延年。知屈伸之诀者,则曰唯导引可以难老矣。知草木
之方者,则曰唯药饵可以无穷。"是四家各持一见,尊己而
薄人,于术固不同也。《淮南子·齐俗》言:"今夫王乔、赤
诵子,吹呕呼吸,吐故纳新,遗形去智,抱素反真,以游玄
眇,上通云天。今欲学其道,不得其养气处神,而放其一
吐一吸,时诎时伸,其不能乘云升假(遐)亦明矣。"则王
乔、赤诵为吐纳导引。许慎《间诂》谓:"王乔,蜀人;……
赤诵,上谷人也。入山导引,轻举假上也。"知赤诵为导
引,为燕人。《抱朴·释滞》又言:"行气或可以治百
病……或可以延年命,其大要胎息而已。"宜为王乔之术
也。葛书每言玄素,则称彭祖。而秦汉之方士,每言入海
求奇药,见安期生,食枣大如瓜。谷永言:"世有仙人,服
食不终之药,遥兴轻举,登遐倒景,览观县圃,浮游蓬莱,
耕耘五德,朝种暮获,与山石无极,黄冶变化,坚冰淖溺,
化色五仓之术。"(《汉书·郊祀志》)此正斥秦皇、汉武而
言。自葛书言之,安期为药饵,亦自可见。是兹四人者,
得仙之道固殊,即分属于葛书之四派,自甚明也。《庄
子·刻意篇》言:"吹呴呼吸,吐故纳新,熊经鸟申,为寿而
已矣。此导引之士,养形之人,彭祖寿考之所好也。"王子
渊《圣主得贤臣颂》言:"偃仰诎信若彭祖,煦嘘呼吸如乔、

松。"是以彭祖为导引，乔、松为行气。《淮南子·泰族》又言："王乔、赤松，去尘埃之间，离群慝之纷，吸阴阳之和，食天地之精，呼而出故，吸而入新。蹀虚轻举，乘云游雾，可谓养性矣。"又言："今夫道者，藏精于内，栖神于心，静漠恬淡，讼缪胸中，邪气无所留滞，四枝节族，毛蒸理泄，则机枢调利，百脉九窍，莫不顺比。"合庄书与《淮南》观之，皆只言行气，而不及其余，宜此一派，于古为最显。葛书《金丹篇》言："余周旋徐、豫、荆、襄、江、广数州之间，阅见流俗道士数百人矣，或有素闻其名，乃在云日之表者，然相率似如一。其所知见深浅有无，不足以相倾也。……所有方书，略为同文，无一人不有《道机经》，唯以此为至秘，乃云是尹喜所撰。余告之曰：此是魏世军督王图所撰耳，非古人也。图了不知大药，正欲以行气入室求仙，作此《道机》，谓道毕于此，此复是误人之甚者也。"此见行气一派，世所盛行，以为道尽于此。而葛氏渊源于左慈、郑隐，为丹鼎一派，各阿所学，故訾之特甚。实则神仙家言，皆撰自后世。葛氏所秘重若容成、彭祖之籍，岂有一为先秦之文哉？以庄书、《淮南》言之，吐纳导引，未必分途，以皆归于行气耳。葛氏离之为二，宜若不然。惟此派著于庄书，盛于晋代，源远而流亦最广，是古之仙道，大别为三，行气、药饵、宝精，三者而已也。

《释滞》又言："房中之法十余家……其大要在还精补脑之一事耳。……一涂之道士，或欲专守交接之术，以规神仙，而不作金丹之大药，此愚之甚矣。"是玄素一派，专事房中，而废其余，亦犹王图之比，而葛氏亦颇讥之。按之《汉志·方技略》，房中凡八家，百八十六卷，别于神仙家外。宜在汉世，其传各殊，其流亦广。八家中其六皆曰《阴道》，有容成、务成子、尧舜、汤盘庚《阴道》之属。书为依托，固自无疑。然《吕览》称："汤问伊尹曰：'欲取天下，若何？'伊尹曰：'凡事之本，必先治其身，啬其大宝，用其新，弃其陈，腠理遂通，精气日新，邪气尽去，反其天年，此之谓真人。'"是诚不必伊尹之言，倘即本此《阴道》之书，既著于《吕览》，谅玄素一派，早行于晚周，至汉而著录已多，则其传已盛。至若秦皇、汉武所为，皆主于求奇药。刘向得《淮南枕中鸿宝万毕》，遂言黄金可成。知所谓奇药者，已不仅草木之方，而为黄冶之事，为秦皇、汉武所笃信。是此三派鼎足于秦汉之际，原不相兼。求奇药者必于海上三山，此燕齐之术也。庄生所论为行气而祖王乔，王乔之事，亦见之屈原书。《远游》言："春秋忽其不淹兮，奚久留此故居。轩辕不可攀援兮，吾将从王乔而娱戏。餐六气而饮沆瀣兮，漱正阳而含朝霞。保神明之清澄兮，精气入而粗秽除。顺凯风以从游兮，至南巢而壹息。见王子而宿之兮，审壹气之和德。曰道可受兮不可传。其小无内兮，其大无垠。无滑而魂兮，彼将自然。壹气孔神兮，于中夜存。虚以待之兮，无为之先。庶类以成兮，此德之门。"又曰："内惟省以端操兮，求正气之所由。漠清静以恬愉兮，淡无为而自得。闻赤松之清尘兮，显承风乎遗则。贵真人之休德兮，美往世之登仙。与化去而不见兮，名声著而日延。"正为王乔、赤松之术。葛书每言"吴越间行气"事，是行气一派，属之吴越，而源于犍为武阳之王乔。庄书显以彭祖为行气，彭祖墓亦在武阳，盖明此正南方之仙道，与燕、齐有殊。而葛氏言玄素必曰彭祖者，讹也。《列仙传》言："黄山君修彭祖之术，百余岁有少容，彭祖去，乃追论其言为经。"是讹彭祖于玄素者，黄山君也。《后汉书·方技传》屡言容成御女术，是黄山君书未出之先，玄素一派祖容成，非彭祖也。《汉志》神仙家复有《芝菌》，有《黄冶》，此药饵也。明此数者，皆传自汉以上。萧史教秦女凤鸣之事，岂谓萧史亦玄素之俦，而别为秦中之仙道乎？葛氏又言："虽云行气，而行气有数法焉。虽曰房中，而房中之术，近有百余事焉。虽言服药，而服药之方，略有千条焉。"知三者为大别，其小异不可具论。葛氏为药饵一宗，而又甚诋徒知草木之方者。复谓："世间道士，知金丹之事者，万无一也。"(《勤求》)盖惟以左、郑为宗，是亦滞固所习之一弊也。《淮南·览冥》言："羿请不死之药于西王母，姮娥窃之以奔月。"注云："羿未及服，姮娥盗食之得仙，奔入月中为月精。"必古之言药饵者，专以药物，不事其余，故姮娥有得仙之说。葛氏虽主服食，然并行气、宝精而一之，则又未必安期之旧也。

《抱朴子·释滞》言："五千文虽出老子，然皆泛论较略耳,其中了不肯首尾全举。但暗诵此经,而不得要道,真为徒劳耳。至于文子、庄子、关令、尹喜之徒,其属文华,虽祖述黄老,宪章玄虚,但演其大旨,永无至言。或复齐死生,谓无异以存活为徭役,以殂殁为休息,其去神仙,已千亿里矣。"此见道家之说,于神仙之事,原相违隔,故葛书诋之。至庄子讥斥长生,曾不一事。葛书所指,即庄子《至乐》诸篇义,其言曰:"人之生也,与忧俱生,寿者惽惽,久忧不死,何之苦也。"庄子妻死,惠子吊之,庄子曰:"察其始而本无生,非徒无生也,而本无形。非徒无形也,而本无气。杂乎芒芴之间,变而有气,气变而有形,形变而有生,今又变而之死。是相与为春秋冬夏四时行也。人且偃然寝于巨室,而我嗷嗷然随而哭之。"其称支离叔、滑介叔与乎髑髅之言,意皆类此。《刻意篇》言:"圣人之生也天行,其死也物化。"又曰:"其生若浮,其死若休。"《天地篇》亦言:"万物一府,死生同状。"贾谊《鹏鸟》之赋,乃深得庄子之意者也。贾言:"天地为炉兮,造化为工;阴阳为炭兮,万物为铜。合散消息兮,安有常则;千变万化兮,未始有极。忽然为人兮,何足控抟;化为异物兮,又何足患。"此申死生为一之旨,其于神仙家言,相去诚千亿里矣。二者固各有辨也。《淮南·齐俗》之文,显为取之庄书《刻意》,而益以"遗形去智,抱素反真"二言,则以道家之义,附于神仙之事,而二者乃相淆也。宜汉以来之说,而非赤松、王乔之说也。《抱朴·勤求》言:"老子以长生久视为业，而庄周贵于摇尾涂中，不为被网之鼋、被绣之牛，饿而求粟于河侯，以此知其不能齐死生也。"葛氏既斥齐死生之说，而又讥其未能齐死生，是道家与神仙，几同冰炭，于此益明。葛虽斥庄而宗老，然稽之《淮南·道应》言："精神通于死生者，则物孰能惑之。"故《老子》曰："夫唯无以生为者，是贤于贵生焉。"则五千言未必以生为贵，其言"死而不亡者寿"，此正大戴释黄帝三百岁之义，老书之言，宜以此为宗。知贵生者，倘瞻何、杨朱之徒有其事，而老子之与神仙，究为异辙，殆犹之漆园之故也。

《淮南》持义，莫高于《精神篇》，其言曰："夫造化者之攉援物也，譬犹陶人之埏埴也。其取之地而以为盆盎也，与其未离于地也无以异。其已成器而破碎漫澜，而复归其故也，与其为盆盎亦无异矣。……故曰其生也天行，其死也物化。"此以生无所得、死无所丧释《庄子·刻意篇》之旨也。以生死为一化，万物为一方，则《庄子·齐物》齐生死之旨也。其曰："是故真人之所游，若吹呴呼吸，吐故纳新，熊经鸟申，凫浴猿躩，鸱视虎顾，是养形之人也，不以滑心。"此正《刻意》之旨，卑视养形之事也。其曰："化者，复归于无形也；不化者，与天地俱生也。夫木之死也，青青去之也。夫使木生者岂木也，犹充形者之非形也。故生生者，未尝死也，其所生则死矣。化物者，未尝化也；其所化则化矣。""故形有摩而神未尝化者，以不化应化，千变万抮而未始有极。"则生死者不过犹寒暑之往来，四时之代谢，其所化者未尝能不化，而化物生生者固未尝化，此则贾生《鵩鸟赋》之所未至。以生固未可贵，而生生者则不待贵，亦无所致其力也。贾生言："释智遗形兮，超然自丧。寥廓忽荒兮，与道翱翔。乘流则逝兮，得坻则止。纵躯委命兮，不私与己。其生若浮兮，其死若休，淡乎若深渊之静，泛乎若不系之舟。不以生故自宝兮，养空而浮；达人无累兮，知命不忧。"是贾生仅以不宝生而委命为功，固未尝知淮南生生者未尝死之义也。《庄子·刻意》曰："其生若浮，其死若休。不思虑，不豫谋。"贾生之言本于是，亦止于是而已也。至《淮南》为义之说，则于旨尤高。其言曰："晏子与崔杼盟，临死而不易其义。殖华将战而死，莒君厚赂而止之，不改其行。故晏子可迫以仁而不可劫以兵，殖华可止以义而不可县以利。君子义死而不可以富贵留也，义为而不可以死亡恐也。"此则义过于贾生，尤非《鵩赋》之所能究也。盖生既不足贵，而生生者又无所致其功。庄书言："圣人之生也天行，其死也物化。……去智与故，循天之理。"惟循天之理，故义生则生，义死则死，死生不足念，所贵者义耳。故曰："不观大义者，不知生之不足贪也，不闻大言者，不知天下之不足利也。"此《淮南》之高致，诚非卑卑事神仙之说者所及知。《抱朴子·勤求》言："俗人见庄周有大梦之谕，因复竞共张齐死生之论，盖诡道强达，阳作违抑之言……不崇真信，背典诰而治子书，若不吐反理之巧辩者，则谓之朴野，非老庄之学。"是在晋世清谈名理之流，犹颇有不以神仙为道家之事，此稚川所由发愤并庄书而讦之也。明道家之与神仙，二者诚区以别也。皇甫士安云："世人见其书云：'谷神不死，是谓玄牝。'故好事者遂假托老子，以谈神仙。老子虽存道德、尚清虚，然博古今，垂文《述而》之篇，及《礼传》所载孔子慕焉是也。而今之学者，乃欲弃礼学，绝仁义，云独任清虚，可以致治，其违老子亲行之言。"是皇甫之所论，正稚川之所诋，他山攻玉，相对益彰。《弘明集》有刘勰《灭惑论》，则析之尤悉，言："道家立法，厥品有三：上标老子，次述神仙，下袭张陵。太上为宗，寻柱史嘉遁，实为大贤，著书论道，贵在无为，理归静一，化本虚柔。……斯乃导俗之良书，非出世之妙经也。若乃神仙小道，名为五通，福极生天，体尽飞腾，神通而未免有漏，寿远而不能无终，功非饵药，德沿业修。于是愚狡方士，伪托遂滋，张陵米贼，述记升天，葛玄野竖，著传仙公。愚斯惑矣，智可罔与！……至于消灾淫术，厌胜奸方，理秽辞辱，非可笔传。"斯则非特上中二品，道家与仙术乖途，即在下乘，张陵与葛玄亦异，斯则道家之与仙术，较然殊途。而左、葛一派，杂于符咒，与道陵为近，又与乔、松异辙也。刘歆、桓谭、王充、曹植、嵇康、向秀，所论益繁，互为出入。两汉、魏、晋以来，龂龂以争者，固不暇枚数也。

原载 1948 年 6 月《图书集刊》第八期

周代学术发展论略

  在讨论我国学术发展问题时，不少学者常用仓颉为黄帝史、夏有太史令终古、殷有内史向挚，《周礼·春官》有太史、小史、内史、外史、御史等等，来说明我国史学起源之早。而究其实，这些官职虽名为"史"，而其职务只不过是后世秘书、书记、司书之类①，故所掌握者多是典、志、图、法之属，还不是后世的历史编纂。学者们又常用《汉书·艺文志》所说："古之王者，世有史官，君举必书……左史记言，右史记事，事为《春秋》，言为《尚书》，帝王靡不同之"，来说明我国历史著作起源之早。而究其实，《尚书》本非历史著作，《春秋》则起自东周。因此，我认为用这些材料来论述我国史学的起源，也是理据不足的。

  从太史公编写《史记》时所用有关上古时代的资料来看，只有《诗经》《尚书》《谱牒》等几种写作于东周以上；其

----

  ① 《周官·宰夫》言："史，掌官书以赞治。"

余如《世本》《帝系姓》《五帝德》等都是较晚时期的作品。在《诗》《书》等早期作品中，《诗经》虽包含了一些历史内容，有的篇章甚至还可称之为史诗，可当作史料使用，事实上也是重要的史料；但就作品本身而论，毕竟还是文学作品，不是历史著作。《尚书》是古代的官府档案，虽接近于历史著作，而就其作品的体裁考察，仍有些是有韵的便于传诵的作品，和《诗经》性质相类。如《墨子·非命下》引《泰誓》曰："天有显德，其行甚章，为鉴不远，在彼殷王。谓人有命，谓敬不可行，谓祭无益，谓暴无伤，上帝不常，九有以亡，上帝不顺，祝降其丧。"《孟子·滕文公》引《泰誓》曰："我武维扬，侵于之疆，则取于残，杀伐用张，于汤有光。"《左传》哀公六年载孔子引《夏书》曰："唯彼陶唐，帅彼天常，有此冀方，今失其行，乱其纪纲，乃灭而亡。"都是些文句比较整齐的韵文，和《诗经》的《雅》《颂》并没有什么两样。而且，《墨子·明鬼下》所引大雅"文王在上，于昭于天"云云，就是《诗经·大雅》的《文王之什》，但他却称之为《周书·大雅》，说明当时的《诗经》和《尚书》常被当作一书。所以《墨子·非命中》又出现了"夏商之《诗》《书》曰：……"的征引法，更说明两书并没有严格的区分。因此，我认为早期的《尚书》，仍然只是文学作品，而不是历史著作。太史公所用的早期作品中，只有《谱牒》可以说是具备了历史著作的性质，但"《谱牒》独记世谧,其辞略,欲一观诸要,难"①。形式还很简单,内容也极粗略,这只能算是史学萌芽时期的作品。孟子说:"《诗》亡然后《春秋》作。"②只有这个接替《诗》《书》而起的《春秋》出现之后,我国才算有了正式的历史著作,而前此则是文学作品独盛的时代。

但是,《春秋》之作为历史著作来说,却并不始于孔子。《汉书·艺文志》说《春秋》起源于三古虽然有问题,但它以记事之史皆可名《春秋》,则是正确的(但它以记言、记事来分判《尚书》《春秋》则又是不足为据的)。于省吾先生考证我国古代一年只分春、秋二时,因而古人也称年为春秋;引申出来,记年之史也就名为《春秋》③。我们认为,这个说法是有理据的。同时,我们认为,"春秋"之名最初虽是用于纪年之史,但在先秦时代,"春秋"之名绝不限于纪年之史,而为一般史著的通称。但它虽为一般史著的通称,而在不同的时期又有其不同的具体内容。这些具体内容的变化,正反映了先秦学术发展的不同阶段。

春秋时代,除了孔子所作《春秋》而外,从各书中可考见者还有周之《春秋》、燕之《春秋》、宋之《春秋》、齐之《春

---

① 《史记·十二诸侯年表序》。
② 《孟子·离娄》。
③ 《岁时起源初考》,载《历史研究》1961 年第 4 期。

秋》。韩宣子适鲁，"观书于太史氏，见《易·象》与《鲁春秋》"①。《国语·晋语》载晋司马侯对晋悼公说："羊舌肸习于《春秋》。"这可能就是《汲冢琐语》中的《晋春秋》②。《国语·楚语》载楚申叔时对楚庄王说："教之以《春秋》。"这当是楚之《春秋》。《韩非子·备内》有《桃左春秋》，《隋书·李德林传》和《史通·六家篇》都载墨子说："吾见百国《春秋》。"都说明"春秋"之名确为当时各国史著的一般名称，各国各有自己的《春秋》。在这些《春秋》中，晋、鲁、楚各国的《春秋》，其写作时代却很清楚地在孔子之前。

先秦各国史著不仅称为"春秋"，而且还称为"国语"（或"语"）。李斯说："古者天下散乱，莫能相一，是以诸侯并作《语》，皆道古以害今。"③诸侯所作的《语》，当然就是《国语》，"道古"的《语》，当然就是史著，就是国史。正说明《国语》是当时各国史著的通称，并不专指左丘明所纂集者。《汲冢书》中有"《国语》三篇，言楚、晋事"④，也正是左氏之外的《国语》。也正说明《国语》是各国史著的通称。先秦各国史著既可通称《春秋》，又可通称《国语》，所以太史公既说"左丘明……成《左氏春秋》"⑤，又说"左丘

---

① 《左传》昭公二年。
② 《史通·杂说上》。
③ 《史记·李斯列传》。
④ 《晋书·束皙传》。
⑤ 《史记·十二诸侯年表序》。

失明，厥有《国语》"①，又说"予观《春秋国语》"②。名目虽有不同，其实都只一书。如果细读太史公原话，当更清楚。他说：

> 鲁君子左丘明，惧弟子人人异端，各安其意、失其真，故因孔子史记具论其《语》，成《左氏春秋》。

既是"具论其《语》"，无疑当是《国语》。既是"具论其《语》"而"成《左氏春秋》"，正好说明《左氏春秋》就是《国语》，《国语》就是《左氏春秋》。王隐《晋书·束皙传》载："汲冢古书有《春秋》，似《左传》。"③是汲冢出土典籍，实有名为《春秋》者；而唐修《晋书·束皙传》所载汲冢书目竟无名《春秋》者，而有《璅语》十一篇。据刘知几说，《璅语》有《晋春秋》篇④；他同时又使用《璅语春秋》一名。⑤"璅"有连缀义、汇集义，《璅语》的意思，当也就是《语》的汇集，和《国语》的意思相同。所汇集之《语》既是《春秋》，也正说明《国语》就是《春秋》。《韩非子·奸劫弑臣》载：

---

① 《史记·太史公自序》。

② 《史记·五帝本纪》。

③ 《春秋左传集解·后序》正义引。

④ 《史通·杂说上》。

⑤ 《史通·惑经》。

《春秋》记之曰："楚王子围将聘于郑，未出境，闻王病而反，因入问病，以其冠缨绞王而杀之，遂自立也。""齐崔杼，其妻美而庄公通之，数如崔氏之室。及公往，崔子之徒贾举率崔子之徒而攻公，公入室，请与之分国，崔子不许，公请自刃于庙，崔子又不听，公乃走，逾于北墙，贾举射公，中其股，公坠，崔子之徒以戈斫公而死之，而立其弟景公。"

这两段文章的体例，和《墨子·明鬼下》所载周、燕、宋、齐等国的《春秋》是一致的，其为《春秋》是无可怀疑的。这两个故事与《左传》襄公二十五年所载齐崔杼事、昭公元年所载楚王子围事相合，而文字上则有详略不同。这种情况，正和现行《国语》和《左传》的某些记载相似，事同而文异。当正是《韩非子》取之于《国语》（今本《国语》不全，已佚此文），而它却称之为《春秋》，也正说明《国语》就是《春秋》。

用《韩非子》《墨子》所引《春秋》之文及《国语》来和孔子所修《春秋》比较，可以清楚看出，两者的体例是不相同的，虽然同是编年史，而一个是详叙式的，一个是纲目式的。但是，两者在形式上虽有区别，而在内容上则又是密切联系的。犹如司马光《资治通鉴》与朱熹《通鉴纲目》，两者是互为表里、相得益彰，甚至是不可分割的。只知孔经之为《春秋》，而不知《国语》之为《春秋》，便真是所谓

"知其一不知其二"了。

《礼记·坊记》还载有两段《春秋》引文：

> 《鲁春秋》记晋丧曰："杀其君之子奚齐及其君卓。"
>
> 《鲁春秋》犹去夫人之姓曰"吴"；其死，曰："孟子卒。"

这两段引文可能是《公羊传》庄公七年所说的"不修《春秋》"，其体例全与孔经相同，是纲目式的。《左传》宣公二年载董狐所书"赵盾弑其君"，也是纲目式的。这说明了，不仅《春秋》一书不始于孔子，甚至这种纲目式的《春秋》也并不始于孔子。

上面分析了《春秋》是先秦时代史著的一般名称，又认为《左氏春秋》就是《国语》或《春秋国语》。但现行《左传》《国语》确为二书，对这个问题不能不略作交待。同时，为了便利下面对《国语》一书进行分析，先在这里谈谈这个问题，也是有必要的。自刘逢禄以来，很多学者认为，左丘明所作实只《国语》，而不是今《左传》；在西汉以前，只有《左氏春秋》之名，而无《春秋左氏传》之名。我们认为，这一看法是正确的。这说明《左氏春秋》只和《虞氏春秋》《吕氏春秋》相似，而和《春秋公羊传》《春秋穀梁传》不同；是和孔子《春秋》没有关系的独立作品。今《左传》

是汉人取《国语》改编而成。这一改编问题，早在东汉时代就已被王充揭露出来，他在《论衡·案书》中说：

> 左氏传经，辞语尚略，故复选录《国语》之辞以实。

作为改编骨骼的有"传经辞语"的左氏原著，应当就是《汉书·艺文志》《春秋》类所载的《左氏微》二篇。《左氏春秋》（《国语》）和《左氏微》的关系，犹如《汉书·艺文志》所载儒家类的《虞氏春秋》与《春秋》类的《虞氏微》一样，本是各自独立的。

由于《左传》是取《国语》改编而成，所以《左传》的文辞较《国语》整洁优美，文风上也较统一。因此，两书只是在文字上的差异较多，而所记史事则基本相同。但两书既有分合，故在材料上也偶有详略不同，而有可以互相补充者。如从晋桓侯到晋襄公间的三军将佐姓名，《左传》所载非常完整，只僖公三十一年蒐于清原作五军一事是例外，而《晋语》恰好保存了这一项记录，但又不记其余各次。应当说，现存《国语》主要是保存《左传》之未取部分，《国语》之所以能在被改编之后以"纂同异"[1]为《外传》的名义和《左传》并传，也不是偶然的。

---

① 《汉书·司马迁传赞》。

在明确了《左传》是取《国语》改编而成的情况后，则《国语》之原为国别编年史，当也就更清楚了。如《国语》本不编年，是无法改编成为编年体的《左传》的。后世学者只见残剩之今《国语》，甚至不顾今《国语》中很多纪年的文字，而认为《国语》源出《尚书》，是不编年的"记言"的作品，显然是不足凭信的了。

同时，在明确《左传》是取《国语》改编而成后，在分析《国语》一书时就有可能而且应当把《左传》合在一起来考察了。我们认为，《国语》（现今《左传》）并不是一部体系完整的作品，不是成于一时一地，而是汇集了当时各国的《春秋》《语》而成。所以书中各《语》在文章风格上不一致，起讫时间也各不同。再就其内容考察，则更复杂。《齐语》仅记桓公时事，桓公以后的齐事则是附见于他国事中；再后的齐事，则是以晏婴为中心的记载。《郑语》也但记桓公、庄公时事，桓、庄以后的郑事，也是附见于他国事中，再后则是以子产为中心的记载。《晋语》记事较详而稍长，而其后期记载也显然是以叔向为中心。《越语下》显然以范蠡为中心，与上篇大异。这些情况表明，各《语》之内也不是有系统的记载，也只是一些断续记录的汇集。当是有取于晏子、子产、叔向、范蠡等人之书。又《左传》所载各项卜筮的预言，都非常准确，世人已多疑其不实;《汲冢书》有"《师春》一篇,书《左传》诸卜筮"①。则《左传》中之卜筮,当又是取之《师春》。余如《左传》所载梓慎、裨灶的话,当也是取于《梓慎》《裨灶》之书(也可能是汉人编《左传》时所收入)。这样看来,《国语》一书简直就像后代的丛书了。

在上面,我们不仅论证了先秦时代《春秋》是史著的一般名称,《国语》也是《春秋》,而且也指出了当时各国都有自己的《春秋》。这显示了我国史学在这时有了普遍的发展;较之只有简略的《谱牒》的时代是大大前进了一步。但是,这一发展是从什么时候开始的呢? 这是我们准备探讨的问题。

我们知道,孔子所作的《春秋》是起于鲁隐公元年,是周平王四十九年,相当于公元前七二二年。其余各国的《春秋》,当也大致起于同时。孟子说:"王者之迹熄而《诗》亡,《诗》亡然后《春秋》作。"②他在这里给我们揭示了《春秋》创始的相对时代。《墨子·明鬼下》为了阐明"鬼神之有"的理论,曾征引了不少史料来作证明,在这些史料的征引中也从侧面证实了孟子的揭示是正确的。《墨子·明鬼下》在引证"周宣王杀其臣杜伯"一事时说:"著在周之《春秋》。"在引证"燕简公杀其臣庄子仪"一事时

① 《晋书·束皙传》。
② 《孟子·离娄》。

说:"著在燕之《春秋》。"在引证"宋文君鲍之时,有臣曰祐观辜"一事时说:"著在宋之《春秋》。"在引证"齐庄君之臣有谓王里国、中里徼者"一事时说:"著在齐之《春秋》。"①周宣王在西周末叶,当公元前八二七—前七八二年之间,早于孔子《春秋》约一百年,其余燕简公在周敬王时,宋文公当周匡王、定王之际,齐庄公当周宣王、平王之间,都在周宣王之后,所引这几国的《春秋》都在周宣王之后。而它在证明夏、商"鬼神之有"和文王死后为鬼神时,却引证的是《夏书·禹誓》《商书》和《周书·大雅》。《墨子》的这些引证,给我们暗示了这样一个事实:宣王以前的历史故事散存于《诗》《书》(实际也是《诗》,说见前)之中,而宣王以后的历史故事却记载于各国《春秋》之中。这正说明了《春秋》的记载是衔接着《诗》的。这不正符合孟子所提"《诗》亡然后《春秋》作",以《春秋》继《诗经》的说法吗?

我们再从《诗经》和各国《春秋》的写作年代来考察。

据《毛诗》所载《诗序》和郑玄《诗谱》来看,《商颂》终于宋戴公,在周宣王、平王时;《王风》终于庄王;《齐风》终于襄公,当周桓王、庄王时;《唐风》终于晋献公,《郑风》终于文公,《鲁颂》终于僖公,《卫风》终于文公,《秦风》终于康公,都在周惠王、襄王之间(前六七六—前六一九年);

---

① 篇中又引证了郑穆公见有"神入门而左",当是根据郑之《春秋》,而篇中不载,可能有佚文。

《曹风》终于共公,在周顷王、襄王之际;《陈风》最晚,终于灵公,在周定王时①。可见《诗》的一般终点都在公元前七、八世纪之际,也正是孔子《春秋》开始的时间。

《国语》中各《语》的最早年代,除《吴语》《越语》因吴、越本较落后而时间较晚外,其余各《语》也多开始于公元前七、八世纪。《郑语》起自桓公,当周幽王时;《晋语》起自武公,当周桓王、僖王之际;《齐语》起自桓公,核以《左传》,也是这样,当是始于桓公,当周僖王、襄王之间;《左传》所载楚事,始于楚武王,详而且多,《楚语》当是始于武王,在周平王、桓王间。只《周语》较早,始于穆王,在宣王前百多年②。因周是全国政治、文化中心,起源较早,是不足为奇的。可见各国《春秋》(《语》)开始之时,正是《诗经》各国《国风》结束之时。孟子说的“《诗》亡然后《春秋》作”,正是说明《国风》变而为《国语》。这一变动,是由文学的时代转而入于史学的时代。

太史公说:孔子“西观周室,论史记旧闻,兴于鲁而作《春秋》”③。孔子既曾到周都去搜集过纂写《春秋》的史料,必然有所收获,得百二十国宝书的说法④虽然不可为据,但他在修《春秋》时除了《鲁春秋》外还尽可能参考了

---

① 桧、魏灭国较早,故不计《桧风》《魏风》。
② 因西周年代说法不一,不便提具体年数。
③ 《史记·十二诸侯年表序》。
④ 《春秋公羊传注疏》隐公元年疏引闵因《叙》。

其他国家的《春秋》，当是无可怀疑的。但是，他所写的《春秋》也只能开始于鲁隐公元年（前七二二年），也只在公元前七、八世纪之际，绝不是偶然的。应当正是由于各国史学在这时期才有了较普遍的发展，才开始积累了较广泛的、较系统的可以依据的史料。《史通·惑经篇》说："汲冢出记，皆与鲁史符同。至如周之东迁，其说稍备，隐、桓以上，难得而详。"正有力的说明了这种情况。

我国史学在公元前七、八世纪时有较普遍的发展一事，从《史记》所载各国国君在位年数的材料也可得到说明。

《史记》在周、秦本纪和诸侯世家中都载有部分国君在位年数，但各国开始记有年数的时间都不早。《汉书·律历志》说："《春秋》《殷历》皆以殷、鲁自周昭王以下无年数。"作为当时政治、文化中心的周王室在西周中叶时都还没有国君年数的记载，其他各国就更不用提了。由于西周中叶缺乏国君年数记载，以致西周历年的问题成为我国历史上直到现在还没有解决的问题。西周天王开始记年数的是周厉王，他在位三十七年，相当于公元前八七八—前八四二年。其他各国开始有国君在位年数，也大致与此同时或稍晚。

《秦本纪》载国君年数起于秦侯："秦侯立十年卒。"相当于公元前八五七—前八四八年。

《鲁世家》自伯禽以下皆有年数,唯伯禽无年数。

《齐世家》记国君年数起于献公:"九年,献公卒。"相当于公元前八五九—前八五一年。

《燕世家》记国君年数起于釐侯:"三十六年,釐侯卒。"相当于公元前八二六—前七九一年。

《蔡世家》记国君年数始于夷侯:"二十八年,夷侯卒。"相当于公元前八三七—前八一〇年。

《陈世家》记国君年数始于幽公:"二十三年,幽公卒。"相当于公元前八五三—前八三一年。

《杞世家》言:"谋娶公当周厉王时,谋娶公生武公。"武公以下都记有年数,但有脱误。

《卫世家》记君年数始于顷侯:"顷侯立十二年,卒。"相当于公元前八六六—前八五五年。

《宋世家》记国君年数始于釐公:"二十八年,釐公卒。"相当于公元前八五八—前八三一年。

《晋世家》记国君年数始于靖侯:"十八年,靖侯卒。"相当于公元前八五八—前八四一年。

《楚世家》记国君年数始于熊勇:"熊勇十年卒。"相当于公元前八四七—前八三八年。

《郑世家》自前八〇六年桓公始封以下,皆有年数。

《吴世家》载国君年数自寿梦始,寿梦二年,晋使申公巫臣使吴,吴始通于中国。寿梦在位当公元前五八五—前五六一年。

《越世家》除勾践外其余皆无年数。

上述材料中，鲁国特早，吴、越特晚；这当是由于鲁国最为先进而吴、越特为落后之故。其余各国都大致始于周厉王时。记载国君年数，可能是建筑在编年记录的基础上。当然，最初的编年记录可能是很粗略的。但在没有开始国君记年之前，便谈不上编年记录了。太史公作《史记·十二诸侯年表》之所以始于周厉王出奔、共和行政的（前八四一年），当正是由于这一客观条件所决定的。

解决《春秋》起始的时代问题后，现在探讨《春秋》的内容问题。从现有材料来看，似乎各国编年史——《春秋》一开始就不仅记载本国史事。《史记》中各世家是根据各国《国语》《春秋》写的，自各国开始记载国君在位年数到鲁隐公元年《春秋》开始之间的一百多年间，周天王的几件大事：如厉王奔彘、宣王即位、犬戎杀幽王、平王东迁等等，几乎是各国所共通的。齐、燕、鲁、蔡、宋、晋、楚等国还记有秦始列为诸侯，齐、鲁、楚三国又记有晋弑昭侯、孝侯，楚国还记有郑桓始封事。进入春秋时代，各国所记他国事就愈多了。不仅从孔经可考《鲁春秋》是如此，《左传》襄公二十年说：卫"孙林父、宁殖出其君"，是"名藏在诸侯之策"，说明各国《春秋》也莫不记载他国大事。所记本国之事，到这时也愈益详密，有所谓"君举必书"的说法。同时,记事的条例也随着兴起,便是所谓"书法"①,晋太史董狐书"赵盾弑其君",齐太史书"崔杼弑其君",这是尽人皆知的坚持"书法"的典型名史,也说明各国都有其一定的书法条例。《史通·惑经篇》说:《汲冢书》"获君曰止,诛臣曰刺,杀大夫曰杀",也是一种书法条例。至于孔子修《春秋》,也有他的一套书法条例,所谓"笔则笔,削则削,子夏之徒不能赞一辞"②,这是理所当然的,不足奇怪的。《春秋》的书法条例对我国后世的史学发生了极大的影响。

到了春秋晚期,继各国国史发展之后,大夫家史又发展起来。《史通·史官建置篇》说:"赵鞅,晋之一大夫尔,犹有直臣书过,操简笔于门下。田文,齐之一公子尔,每坐对宾客,侍史记于屏风。"③家史之兴,应当是和"礼乐征伐自大夫出"④的政治形势的发展密切相关的。国家政治活动中心既由国君转移到大夫手中,记载国家活动的国史也就很自然地演变为记载大夫活动的家史了。自大夫

---

① 《左传》庄公二十三年载曹刿言:"君举必书,书而不法,后嗣何观。"

② 《史记·孔子世家》。

③ 赵鞅事见《韩诗外传》七、《新序·杂事一》,浦释以为在《说苑》,误。田文事见《史记·孟尝君列传》。

④ 《论语·季氏》载孔子曰:"天下有道,则礼乐征伐自天子出。天下无道,则礼乐征伐自诸侯出。自诸侯出,盖十世希不失矣;自大夫出,五世希不失矣。"

家史兴起，诸侯国史也就逐渐衰替了。前面曾经谈到，左丘明所汇集的《国语》所记春秋后期的历史情况，齐是以晏婴作为中心，郑是以子产作为中心，而晋是以叔向作为中心，都是详于大夫活动而疏于国家活动了。这一情况正是家史兴而国史衰的客观反映。当是左丘明在纂集《国语》的时候，由于后期各国国史的缺略，于是采集了晏婴、子产、叔向等大夫家史来作补充。

世传《晏子春秋》，应当就是晏婴家史的遗存者。但世人常以此书是后人所伪，不是晏婴所作；这都是由于不知其为晏婴家史之故。既是家史，当然也就不会、也不能是由晏婴亲自撰写了。至于世谓《汉书·艺文志》仅著录为《晏子》，其体制与《春秋》不类，而谓其为六朝人所纂，这更是不足信据的。《晏子春秋》之名早已见于《史记·管晏列传》；而且作为《汉书·艺文志》底本的刘歆《七略》，也是名之为《晏子春秋》①。《汉书·艺文志》之作《晏子》，只说明《晏子春秋》一书又可称为（或简称）《晏子》，而不能说明《晏子春秋》之为伪纂。至于体制不与《春秋》相类，是只知孔子《春秋》之为《春秋》，而不知《春秋》之为先秦史著通称，不知《国语》即是《春秋》。不仅不知《墨子》所引用的周、燕、宋、齐各国《春秋》，甚至忘记《吕氏春秋》之也以《春秋》为名。《吕氏春秋》又何曾与孔子《春

---

① 《史记·管晏列传》正义引。

秋》相类？吕氏之书人尽知其不伪，晏子之书又何得独膺伪名。

但是，《晏子春秋》和《吕氏春秋》又是不能等量齐观的两部作品。就内容上看，《吕氏春秋》是一部理论性作品，其目的是为了阐述一定的思想理论；而《晏子春秋》则主要是记录晏子的行事与议论的作品。从表现形式上看，《吕氏春秋》以论说文体为主，而且在组织结构上具有一定的逻辑系统；而《晏子春秋》则完全是零散的故事记叙。《晏子春秋》是家史，还可算历史著作；而《吕氏春秋》则完全离开历史著作的范围而为理论性的作品了。现可考见的以《春秋》为名的作品，还有《李氏春秋》和《虞氏春秋》。《李氏春秋》仅见于《汉书·艺文志》，但称"《李氏春秋》二篇"，他无可考。《虞氏春秋》除见于《汉书·艺文志》外，还两见于《史记》①。《虞卿列传》说：虞卿"上采春秋，下观近世，曰《节义》《称号》《揣摩》《政谋》，凡八篇，以刺讥国家得失。世传之曰《虞氏春秋》"。但此书早已亡佚，无法窥其大要。然就《史记》上述记载看来，它当是接近于《吕氏春秋》而远于《晏子春秋》的。

诸侯国史称《春秋》，大夫家史也称《春秋》，诸侯国史称《国语》，则大夫家史自可称为《家语》。《孔子家语》便是一例。《孔子家语》不仅著录于《汉书·艺文志》，而且

---

① 《十二诸侯年表序》及《虞卿列传》。

还见称于《严氏春秋》^①，说明确为先秦旧籍。虽曾经过王肃窜改，但其羼入部分也只不过是有助于其攻击郑玄的某些资料而已，蛛丝马迹也还略可探寻；其基本形态，则当犹是先秦旧貌^②。就《孔子家语》一书来看，就其内容分析，显然是介于《晏子春秋》与《吕氏春秋》之间的作品；换句话说，也就是介于家史与诸子之间的作品。其中如《七十二弟子解》《本姓解》《相鲁》《始诛》之类的篇目，显然是家史；而《王言解》《大婚解》《儒行解》《五仪解》之类的篇目，又显然是诸子。秦始焚书，有"《诗》《书》《百家语》"^③，这里的"百家语"是指的诸子；太史公"整齐百家杂语"^④，这里的"百家语"也显然指的诸子。诸子之书而称为"家语"，当正说明诸子是自家史发展而来。《国语》是《春秋》，《家语》当然也是《春秋》，《晏子春秋》《吕氏春秋》《虞氏春秋》也就正是这样的《春秋》。《孔子家语》当也可称为《孔子春秋》，而《晏子春秋》当也可称为《晏子家语》。且《晏子》又称为《晏子春秋》，则《孟子》《荀子》又何不可称为《孟子家语》《荀子家语》，或《孟子春秋》《荀子春秋》？但是，诸子之书虽自家史发展而来，也和家史同样称为《家语》或《春秋》，而其内容、性质却已大不相同了。

---

① 《春秋左传集解·后序》正义引。
② 可参丁晏《尚书余论》。
③ 《史记·秦始皇本纪》。
④ 《史记·太史公自序》。

现在可以清楚地看到，自公元前八世纪《春秋》（或《语》）出现以来，直到战国时代，《春秋》（或《语》）之名虽然未变，而其实质内容则早已发生了变化，而且还不断地发生变化，不止一次地发生变化。

在春秋前期，无论从内容或形式看，《春秋》都是历史著作，是诸侯国史。它的出现，使历史故事脱离了散存于诗歌（《诗经》《尚书》）的阶段。同时，它虽也记载了不少政治家、思想家的议论，但这些议论是伴随着记载国家历史而附带记录的。到了春秋晚期，《春秋》由诸侯国史发展成为大夫家史，便以大夫个人作为记载中心，反映个人思想的议论在作品中的比重大大提加。但它同时还记载了很多个人历史，其表现形式仍然是记述文，还保留着历史著作的性质。到了战国时期，《春秋》由大夫家史发展成为诸子，便是专以理论阐述为中心的作品了。虽然它也引用了一些历史故事，但其目的只是为了阐明其思想理论，以致常常用自己的思想、观点来把历史故事加以改造，而使它离开历史的真实愈远。这样的作品中的历史记载，其史料价值也就大大降低了。诸子既由家史发展而来，诸子之学大盛，史学当然就渐衰替了。

明确战国时是诸子学盛而史学衰替的时代，则对战国时代史著缺乏、史料不足、记载矛盾等等现象，便也容易理解了。

但是，说战国之时诸子学盛，是人人都能同意的；而说战国时史学衰替，便不是一般都能理解的了。大家常认为战国时史料缺、矛盾多的原因是由于秦"烧天下《诗》《书》，诸侯史记尤甚"①。我们承认，秦火是一个原因；但是，并不是全部原因，也不是主要原因。只要把春秋、战国两个时期的史著进行一下比较，问题就容易清楚了。记载春秋史事的《国语》②，岂不同是"诸侯史记"，难道秦烧诸侯史记时，只烧战国时诸侯史记而不烧春秋时诸侯史记？同时，六经、诸子也同样是在秦火之列，但到西汉时代仍然保存不少③，尤以战国时作品为多；而记战国时史事者却只有《战国策》，且为西汉时所纂集，而各章类皆不著年月；《世本》《竹书纪年》两书虽都写作于战国后期④，而就现存佚文来看，所记战国事也至简略（如所载有较详备的战国史事，想来也不会遗佚了）。这些情况都绝不是偶然的。或者又疑刘向纂集《战国策》时是否有所刊削。考《战国策·叙录》称：

　　　臣向言：所校中《战国策》书，中书余卷错乱相杂

---

①　《史记·六国年表序》。

②　指左丘明原纂《国语》，非今残存者。

③　从《汉书·艺文志》可以考见。

④　《汉书·艺文志》载："《世本》十五篇。"班固自注："记黄帝以来讫春秋时诸侯大夫。"已佚，清人有多种辑本。今有《世本八种》行世。《竹书纪年》于晋咸宁五年出自汲县魏王冢，而作于战国后期。见《晋书·束皙传》。

莒，又有国别者八篇，少不足。臣向因国别者略以时次之，分别不以序者以相补，除重复，得三十三篇。……中书本号或曰《国策》，或曰《国事》，或曰《短长》，或曰《事语》，或曰《长书》，或曰《修书》，臣向以为战国游士辅所用之国为之策谋，宜为《战国策》。

同时，《史记》中所载战国事，也没有越出《战国策》范围的，说明太史公写《史记》时所见战国材料也就止这些。而且《战国策》一书的重复、矛盾之处仍然不少。即以《赵策》第二章为例，所记智伯与韩、魏围晋阳事，就与第一章所载略有不同，第一章记为郗疵的事，第二章说是智过；而所载智伯索地事，又与《魏策》所载不同，《赵策》记为魏宣子、赵葭的事，《魏策》记为魏桓子、任章。如此之类，不一而足，都说明刘向在纂集该书时，在剔除重复上也还不细致，更说不上刊削修改了。当是战国所作就是如此。

就《战国策》一书的内容来看，所记绝大部分是当时策士的谋议，而很少历史过程的叙述，显然应当属于诸子的范畴。其与诸子书——特别是《韩非子》《吕氏春秋》等很多篇章相同，是一点也不奇怪的。同时，该书在记载三家分晋之后，几乎百年无所记载，只《魏策》载有魏文侯、武侯事数则，又不是谋议性质，与全书其他部分不同。这很可能是和《汉书·艺文志》儒家中《魏文侯》一书的某些篇章相同。该书所记苏秦、张仪的谋议，也很可能是和

《汉书·艺文志》纵横家中《苏子》《张子》两书的某些篇章相同。《魏文侯》《苏子》《张子》等书本来就是诸子。从刘向《叙录》所记采集原书名称来看，也当属于诸子。晁公武《郡斋读书志》把《战国策》列入子部纵横家，不是没有根据的。作为现存唯一战国史料汇编的《战国策》，其性质竟是诸子，正是由于当时诸子盛而史学衰的客观条件所决定的。《史记·六国年表序》说：

> 秦……烧天下《诗》《书》，诸侯史记尤甚。……独有《秦记》，又不载月日，其文略不具；然战国之权变，亦有可颇采者。

《秦记》是未遭秦火的作品，但除了"战国之权变"而外，也只是些"不载月日，文略不具"的东西。这不也正说明当时的学术发展是诸子盛而史学衰替么！由《国语》变而为《家语》，这一变动是由史学时代转而入于哲学时代。

原载 1962 年 10 月《学术月刊》第 10 期

周秦学术流派试探

晚周的百家争鸣，是中国古代学术史上最光辉灿烂的一页。但是晚周诸子学术的派别系统是一个极不易分疏条理的问题。从《荀子·非十二子》《庄子·天下篇》《淮南子·要略》、司马谈《论六家要指》，到《汉书·艺文志》，都各有其见解，而终于莫衷一是。从清代晚期以来，研究周秦诸子成为一时风尚，从事这一问题探讨的文章很多，依然是没有解决。谁要想把这个问题由一己之见来解决，那是一种不现实的想法；但却又是从事周秦诸子研究的人不能逃避的责任。这个问题应该再次提到日程上来，各个人把自己的看法坦率地提出来，通过讨论来逐步解决。对古代的百家争鸣的问题，在今天再来一次百家争鸣，应当是很有益的。

过去数十年中对这一问题的讨论，在今天看来也还是有成绩的。就是依据司马谈六家分法来看问题的人要多一些，这就是成绩。这比六朝、唐、宋死守刘、班九流分法是进了一步。我基本上同意司马谈的主张,现在愿在这一基础上进一步提出我粗浅的看法。

周秦诸子都是思想家,首先应该从分析思想内容着手,这是不成问题的。但一个人的思想不是简单的,而是多方面的,常使人捉摸不定,困难就在于此。即如陈仲子,应该属于道家(见后),却有人把他认为墨家。宋钘、尹文是墨家,却又有人认他是道家。田骈、慎到是道家,却又有人认他们是法家。每个人都提出了他自己的论据,确定这样或那样的分别流派,也还是可以的。我从前为研究古代历史做过一项工作,把周秦诸子论述古史的材料收集起来,和我们传统的历史相对照,看出一个大区别,就是儒家所称为圣人贤人的尧、舜、禹、汤、伊尹、周公,在诸子中看来都是些奸雄。而被斥为暴君的桀、纣、幽、厉,倒也还不太坏。这一工作本是从一些不同于儒家传统的零星材料开始,后来收集多了,把这些材料贯穿起来看,反觉得这一"异端"的说法倒还像真历史,而儒家传统的说法反而不像真历史。因之深信康有为一派"托古改制"之说。同时也感觉到我收集的材料似乎是《韩非》和《竹书纪年》成了中心。因之认为三晋和齐鲁是不同的。后来又研究《楚辞》,因其中也有一些古史材料,不能无文化的不同。所以儒墨尽管不同,但对历史人物的看法却完全相同。他们都大讲仁义也相同。从这里可以看出仁义问题是三方很明显的界限。东方人都主仁义,北方人就反对仁义,说仁义"迂阔而远于事情"。迂是大的意思,认为仁义是大而无当的。南方人也反对仁义,把仁义看得很渺小,不如道德的崇高。南人北人反对仁义虽同,而其所以反对仁义就完全不同了。我基于这一认识,对周秦诸子流派提出一些粗浅的看法。这些看法未必妥当。但从历史传说所反映的文化差异来探讨诸子流派,还不失是一个有益的辅助方法。

我非常同意法家是三晋人、道家是楚国人、儒家是齐鲁人的看法,我愿进一步提出一些我对整个周秦学术流派的看法。

一 法家与兵、农、纵横各家的关系

《汉书·艺文志》把法家、兵家、农家、纵横家分为四家。但我们是否可以这样看,兵、农、纵横三者只是法家施政的工具。法家讲求富强、厉耕战,耕是为了富,战是为了强,纵横也就是法家的外交术。"李悝著《法经》,商君受之以相秦"(《晋书·刑法志》),《班志》法家有他们二人的著作。"李悝尽地力之教"(《孟荀列传》),当然他又是农家。《班志》农家有《神农》二十篇,刘向《别录》言:"疑李悝、商君所说。"则李悝、商君也可说是农家。《汉书·刑法志》以"孙武、孙膑、吴起、商鞅,皆禽敌立胜。"荀卿也说:"卫鞅,世之所谓善用兵者也。"《班志》兵权谋家有《公孙鞅》二十七篇，又有《李子》十篇，清人沈钦韩证为李悝。当然他们又都可说是兵家。贾谊在《过秦论》中说："商君内立法度（法家）、务耕织（农家）、修守战之备（兵家），外连衡而斗诸侯（纵横家）。"显然是把四家合在一身。法家本有它完整的理论，其余三家只是技术问题，是不能与儒、墨、道、法相提并论的。《战国策·齐策》载苏秦举了一个卫鞅为秦说魏惠王而秦王垂拱受西河之外的故事，商鞅是纵横家，是苏秦所佩服的，贾谊的话的确有据。孟子说："善战者服上刑，连诸侯者次之，辟草莱、任土地者次之。"这也正是针对兵、农、纵横而说，是孟子反对法家的显著表现。农稼是儒家所主张的，但法家"任土地"的办法，儒家就要反对了。法家是三晋的学派，《史记·张仪列传》太史公说："三晋多权变之士，夫言纵横强秦者大抵三晋之人也。"把纵横家作为法家的外交术，大体还是不错的。

还有可以补充说明的，吴起是众所周知的兵家，蔡泽说："吴起为悼王立法，卑减大臣之威重，损不急之官，塞私门之请。"《史记》也说："吴起相楚，明法审令，损不急之官，废公族之疏远者。"这都是法家的政策。范雎当然是纵横家，蔡泽说："昭王得范雎，废穰侯，逐华阳，强公室，杜私门。"显然范雎又应是法家。《班志》兵形势有《尉缭》二十五篇，刘向《别录》说："缭为商君学。"都可证兵、农、纵横应属法家。如果这个看法还不大错，我们研究周秦学术流派就简化得多了。

二　墨家和阴阳、名家的关系

《庄子》说："其在于《诗》《书》《礼》《乐》者，邹鲁之士缙绅先生多能明之。"这说明六经是邹鲁之学。先秦学者儒家而外，惟墨子称引《诗》《书》，可见儒、墨同是根据东方史料（晚期的杂家如《吕览》也引用），不仅于同主仁义而已。庄子说："削曾、史之行，钳杨、墨之口，攘弃仁义，而天下之德始玄同。"可说明杨、墨也同主仁义，和儒家都很接近。我在这里想先提出对墨学的看法来商量。墨学既称为当时的显学，庄子提出过南方之墨者邓陵子之属，《吕氏春秋》提出过东方之墨者谢子、秦之墨者唐姑梁，可见墨学流行很广，韩非子说的三墨，可能就是由这三个地区后来发展成的三个流派。《淮南子》说："哀公好儒而削，代君为墨而残。"《吕氏春秋》又说："司马喜难墨者师于中山王前以非攻。"可见墨学后来流行之盛，真有杨朱、墨翟之言盈天下的形势。又还可考见者尚不止此三派。墨家言"天志"，言"明鬼"，阴阳家舍人事而任天、鬼；儒者重礼，墨家非礼乐而尚节俭，《史记》说邹衍"然要其归必止乎仁义节俭"。邹衍为齐人，阴阳家是齐学，主张仁义，也应是东方派，但它显然于墨学为近。墨家有随巢子、胡非子、田俅，他们所著书的佚文，清人都有辑本。马国翰说:"随巢书多言灾祥祸福。"孙诒让也说:"田俅盛陈符瑞。"这两家的佚文和汉代的纬书是很符同的,纬书是阴阳家的学术,这就可说明阴阳家是墨学的流派了。

《艺文志》名家有《尹文子》《公孙龙子》《惠子》《邓析》。尹文、邓析二家书,真为先秦之书与否,今不敢定。《公孙龙子》这部书,和《庄子·天下篇》所引惠施的学说,应该是二家的真面目。《庄子·秋水》载公孙龙问于魏牟曰:"龙少学先王之道,长而明仁义之行,合同异,离坚白,然不然,可不可,困百家之知,穷众口之辩。"可能公孙龙子还是属于东方一派。《吕氏春秋·应言》载:"公孙龙说燕昭王以偃兵。"同书《审应》又载:"赵惠文王谓公孙龙曰:'寡人事偃兵十余年矣,而不成,兵可偃乎?'龙对曰:'偃兵之意,兼爱天下之心也。'"偃兵、兼爱正是墨家之学。可见公孙龙"明仁义之行",其所明者实墨家之所谓仁义。《天下篇》说:"墨子泛爱兼利而非斗。"又说惠施"泛爱万物,天地一体"。泛爱就是兼爱。韩非书说:"张仪欲以秦、韩与魏之势伐齐、荆,而惠施欲以齐、荆偃兵。"又可见惠施和公孙龙同是墨家的别派。《吕氏春秋·爱类》载匡章谓惠子曰:"公之学去尊,今又王齐。"《荀子·非十二子》说:墨翟、宋钘"大俭约而僈差等"。去尊也可解释为僈差等。惠施显然也是墨学一派了。至于尹文、宋钘,从《荀子》《庄子》《孟子》等书来看,都应该属于墨家。这样,就不能不令人要认为名家和阴阳家同是墨学的流派。《庄子·骈拇》说："累瓦结绳，窜句游心于坚白同异之间，而敝跬誉无用之言，非乎，而杨、墨是也。"坚白同异正是名家，但庄子只认为它为杨、墨，知杨、墨外本无独立的名家。

三　三墨

《韩非子·显学》说："自墨子之死也，有相里氏之墨，有相夫氏之墨（孙诒让校作"伯夫氏"），有邓陵氏之墨，故墨离为三。"故友唐佩风先生根据《墨子·耕柱》说："譬若筑墙然，能筑者筑，能实壤者实壤，能欣者欣，然后墙成也。为义犹是也，能谈辩者谈辩，能说书者说书，能从事者从事，然后义事成也。"唐先生以此三者来解释三墨，这予我以很大的启发。《吕氏春秋·去宥》载："东方之墨者谢子（《说苑·杂言》作"祁射子"）将西见秦惠王，惠王问秦之墨者唐姑果（《淮南子·修务》作"唐姑梁"），对曰：'谢子，东方之辩士也，其为人甚险，将奋于说以取少主。'"这说明谢子为东方之墨，为"奋于说"，就是说书。唐姑果为秦之墨，重实行，就是从事。《天下篇》的"南方之墨者苦获、已齿、邓陵子之属，俱诵《墨经》而倍谲不同"，就是谈辩。墨学流行远了，就分为三大派。

三墨之学，从《墨子》七十一篇来看，也很清楚：《经》上下、《经说》上下、《大取》《小取》诸篇，这是邓陵子之属所诵的《墨经》，这是大家同意的。自《备城门》以下二十篇，这是从事之墨的著作。其间有很多都是秦制，应该是秦之墨。如《备城门》："守法，五十步丈夫十人，丁女二十人，老小十人。""广五百步之队，丈夫千人，丁女子二千人，老小千人，而足以应之。"《号令篇》："诸男女有守于城上者，什六弩四兵，丁女子、老少人一矛。……女子到大军，令行者男子行左，女子行右，无并行。"女子服兵役，在中国古代是很奇特的事，惟《商君书·兵守篇》说："三军：壮男为一军，壮女为一军，男女之老弱者为一军，此之谓三军。"可见秦人女子是服兵役的。秦制以战获首级者，计而授爵，秦妇人有爵，正因女子当兵的缘故。这正是秦的"男女无别"。这就证明《备城门》以下诸篇是秦之墨者的书了。《迎敌祠篇》："城上五步有伍长，十步有什长。"《备城门篇》："城上十人一什长，百步一亭，亭一尉。"《号令篇》："三老守闾"，"令、丞、尉夺爵各二级"，"归敌者父母妻子同产皆车裂"，"以城为外谋者三族"，"以令为除死罪二人，城旦四人"，这些都是秦法。又有关内侯、五大夫、公乘、太守、谒者、中涓，都是秦之官爵，都见于这二十篇书中，正足说明这二十篇是秦之墨的书。清人认为篇中有秦官的是商鞅辈的书，而墨家取之。但这些篇中明有墨翟、禽滑釐的问答，又怎么讲呢？孙诒让以为秦官有袭于旧者，但这有许多是秦所独有之官，又如何说呢？《备城门》以下各篇，应该解释为秦之墨者所传的书，这些问题都可迎刃而解了。

　　秦墨之学既明，《经》和《经说》《大、小取》诸篇为南方之墨，自无待论。而《尚贤》《尚同》十大义各篇，自应为东方之墨可无疑义。是今《墨子》书中三墨之学皆备。称《诗》《书》，道仁义，正是东方之墨表见的标志。而《墨子》书中间一部分和后一部分是不大能看出这些标志的。韩非所说墨离为三，邓陵为南方之墨，《庄子》有明文；而相里、伯夫二家，究竟谁是东方之墨、或秦之墨，没有可供考论的材料。但也可不须有别的材料作帮助，可以推而知之。墨家之所以为显学，正在于尚贤、尚同等十大义，庄子不能不提到这一作为根本的东方墨学，则庄子所举的相里勤应当就是东方之墨。至于秦墨部分本无精深理论，所以《天下篇》未予重视；也有可能秦墨起于庄子之后，故可说伯夫氏之墨就是秦之墨。这三派以外，从代国和中山来看，北方也有墨学。墨学又分出一个枝流阴阳家，后来也相当盛行。名家是"骈于辩者"，各家之学都可有这一工具，然而"名家"最著名的惠施、公孙龙总应算是属于墨派的名家。总此看来，墨家真可说是晚周的显学。至于后来墨学哪些部分最成熟而起过重大作用，哪些部分终归自然消亡，这些问题以后另文讨论。

四　道家有北南二派

道家之学盛于楚，这是近世很多学者所同意的。三晋无道家言，楚无法家言，的确也是事实。这应当说是各地方文化各自的历史条件不同。从赵威后问齐使和李疵与赵武灵王论中山可伐否二事看（载《齐策》及《韩非子·外储说左上》），都表现出三晋与东方、南方的观点完全不同。这是一种普遍认识，还不仅是少数几部书、几个人的问题。屈原的道家思想何尝不浓厚？地方色彩可说是先秦诸子思想的重要标志。墨家分为三派是这样，道家分为南北也是这样。从《汉书·艺文志》看，道家有楚国的人，又有齐国的人，岂不是有南方的道家，又还有北方的道家吗？我想正是如此。前面说过老、庄都菲薄仁义，但杨朱、墨翟都崇尚仁义，杨朱的思想大体说来是道家，列子也是如此。我们在这里应该分别北方的道家和南方的道家，除了对仁义的态度不同之外，还有些什么差异，是可以多注意的。

《孟子》说："杨子为我，拔一毛而利天下不为也。"《吕览·不二》说："阳生贵己。"《淮南·氾论》："全性保真，不以物累形，杨子之所立也，而孟子非之。"于此可见杨朱学术大概。《吕览·执一》载楚王问为国于詹子，詹子对曰："何闻为身，不闻为国。"《庄子·让王》称詹子答中山公子牟曰："重生则轻利。"曰："不能自胜而强不从者,此之谓重伤,重伤之人,无寿类也。"《吕览·贵生》称子华子曰:"全生为上,亏生次之,死次之,迫生为下。所谓全生,六欲皆得其宜也;所谓亏生,六欲分得其宜也;所谓迫生,六欲莫得其宜也,服是也,辱是也,辱莫大于不义,不义迫生也,迫生不若死。"可知詹何、魏牟、子华子皆与杨朱为我、贵己之说相符合。《吕览》之《重己》《贵生》《尽数》《适音》等篇,所论皆詹何、子华子一派之说,显然是杨朱之学。孟子称"杨朱、墨翟之言盈天下",把这许多学说和杨朱合在一起来看,自然可见其言盈天下了。《重己》说:"世之人主贵人,无贤不肖,莫不欲长生久视,而日逆其生,欲之何益?"《尽数》又说:"故精神安乎形,而年寿得长焉。"与田骈说的"彭祖以寿,三代以昌",都离不开长生养年之道。这就是杨朱的全性保真。这都是北方的道家。反过来看庄子,《庄子》各篇互相矛盾的很多,可从《天下篇》说的"庄子"来分别哪些篇才是真正庄子的学说。《天下篇》称庄子的学说是"上与造物者游,而下与外生死、无终始者为友",故又曰:"死与、生与,天地并与,神明往与!"可见"千岁厌世,去而上仙,乘彼白云,至于帝乡",这些说法是和庄子无关的。而《刻意》《缮性》《至乐》诸篇讥鄙长生卫生之说,才是庄子的学说。今存《庄子》书中,时而菲薄仁义,鄙视养生,讥讽仲尼,排斥杨、墨,这可说是庄子的书。其他与这些论点相反的,可说不是庄子的书。是后人把许多道家之言都集合在一起，称为《庄子》，实际是一部杂凑的丛书。最奇怪是《说剑》一篇，把一个剑客名叫庄子的人的著书也收在漆园的书中。先秦时如卞庄子这些同名庄子的还多，能认为都是庄周吗？所以《庄子》书必须分篇研究，而以《天下篇》所说"庄子"作为分别的标准。《老子》也说："无以生为者，是贤于贵生。"老子和庄子都反对贵生，这又和北方道家不同。

五　杨朱学的两派

北方一派道家，和南方一派道家，是大有区别的。尤其是接予、田骈这批齐人的道家，和庄子相远而显然是杨朱一派，这是后来的黄老盛行于汉初的学术。庄子和汉初黄老学无关系，本不应该同称道家，这是后人搞混了的。我想在别一论稿来谈我的看法。在这里只想提出杨朱学派一个问题。《管子·立政·九败》说："寝兵之说胜，则险阻不守；兼爱之说胜，则士卒不战；全生之说胜，则廉耻不立；私议自贵之说胜，则上令不行。"寝兵、兼爱是墨家言，全生、自贵是杨朱言。这显然是并攻杨、墨，斥之为四败。《管子·立政九败解》说得更深刻详尽一些。它指斥"人君唯好全生，则群臣皆全其生，而生又养生，养何也，曰滋味也，声色也，然后为养生。然则纵欲妄行，男女无别，反于禽兽，然则礼义廉耻不立，人君无以自守也。"依此而言，知它嚣、魏牟一派，正是杨朱之学。《荀子·非十二子》说："纵情性，安恣睢，禽兽行，不足以合文通治，是它嚣、魏牟也。"管、荀两书文意完全相合。《吕览·适音》说："人之情欲寿而恶夭，欲安而恶危，欲荣而恶辱，欲逸而恶劳，四欲得，四恶除，则心适矣。四欲之得也，在于胜理，胜理以治身则生全，生全则寿长。""四欲得"就不免近于"纵情性，安恣睢"了。詹何之告公子牟说："不能自胜而强不从者，此之谓重伤，重伤之人无寿类矣。"这是说既不能以理自胜，就不要勉强。这显然就是"纵情性"了。可见詹何、魏牟是属于杨朱学的全生一派。

管书《九败解》指斥"自贵"说："私议自贵，则民静退隐伏，窟穴就山，非世间，上轻爵禄而贱有司，然则令不行、禁不止。"荀卿《非十二子》说："忍情性，綦谿利跂，苟以分异人为高，不足以合大众、明大分，是陈仲、史鳅也。"从陈仲可考见的行事来看，《齐策》载赵威后问齐使说："於陵仲子尚存乎？是其为人也，上不臣于王，下不治其家，中不索交于诸侯，此率民而出于无用者，何为至今不杀乎？"《韩非子·外储说左上》载："齐有居士田仲者，宋人屈榖见之，曰：'先生之义，不恃人而食，然亦无益人之国，亦坚瓠之类也。'"这即是"隐伏窟穴，轻世间"的行为。《孟子》说："仲子齐之世家也，以兄之禄为不义之禄而不食也，避兄离母，处于於陵。""身织屦，妻辟纑。""三日不食，耳无闻，目无见也，井上有李，蜎蜎将往食之，三咽然后耳有闻、目有见。"这正是"隐伏窟穴，轻世间"，"忍情性，苟以分异人为高。"可见陈仲是属于杨朱学的自贵一派。陈仲的行事很近于墨家的"以自苦为极"，但以"出于无用"言之，显然近于杨而远于墨了。《吕览·审为》载子华子见昭釐侯曰："今使天下书铭于君之前，曰：'左手攫之则右手废，右手攫之则左手废，然而攫之必有天下，君将攫之乎？自是观之，两臂重于天下也，身又重于两臂。'"这也是自贵一派的学者。可见仲子和子华子都是义不义之辨很严，子华子和陈仲子同属一派，是大体适合的。《庄子·盗跖》一篇大都是纵情性之说，《让王》一篇大都是忍情性之说，可能是杨朱学派中两支不同的学说，而后世把它一并收入《庄子》书中了。可见《管子》书中的全生、自贵，就是荀子说的纵情性和忍情性，这是杨朱学分出的二派。

在这里还附带提出一个问题，就是道家和神仙家的关系。在《汉书·艺文志》，神仙、房中都属于方技，是和道家不相干的。道教史上占有重要地位的葛洪，在所著《抱朴子》一书中，就是尽量诋毁庄子，又认为诵《道德经》也是徒劳。说文子、庄子、关尹是"永无至言"。尤其力排齐生死之说，谓"其去神仙已千亿里也"（《释滞篇》），即据仙道之论。《微旨篇》又说："知玄素之术者，则曰唯房中可以度世。明吐纳之道者，则曰唯行气可以延年。知屈伸之诀者，则曰唯导引可以难老。知草木之方者，则曰唯药饵可以无穷."把仙道分为四派。从《庄子·刻意》说：
"吹呴呼吸,吐故纳新,熊经鸟伸,为寿而已矣。"知行气、
导引原是一派。在《淮南子·齐俗》中也可看出这一点。
屈原《远游》所谈也是此派。就可知行气导引一派是行于
南方的。《抱朴子》也说行气是行于吴越荆楚的。秦皇、
汉武求奇药,便都是燕齐海上之方士,安期生食枣大如
瓜,这是药饵一派,是行于东方的。《淮南子》也称"羿请
不死之药于西王母,姮娥窃之以奔月"。先秦时本只草木
之药,到汉才有金石之药。至于秦女凤鸣和萧史的故事,
《吕览》所载汤与伊尹问对之说,和《班志》的《汤、盘庚阴
道》,这是行于秦的房中一派。晚周神仙之术也分三派,
行于三个地区,秦汉方士和庄子是本不相干的。神仙和
道家合流是后来的事。

六　篇后语

　　仁义和非仁义是晚周学术流派的一大分界线,也许
是可以这样说的。关于仁义的思想学说,在我国历史上
可能来源很早。《庄子·骈拇》说："自虞氏招仁义以挠天
下也,天下莫不奔命于仁义。"《在宥》又说："昔者黄帝始
以仁义撄人之心。"把仁义说成是我们这个民族早期就有
了的思想,而不是儒、墨、杨朱一批思想家在晚周才提出
来的。他们同说仁义而各人所说又不尽相同,正说明仁

义是一种古老的学说，在百家争鸣中才会有各种不同的解释。庄子的说法有他的道理。这里所说的虞氏，庄子的意思可能是指黄帝而不是舜。《淮南子·齐俗》注引邹子说："虞土、夏木、殷金、周火。"《史记·封禅书》说："黄帝得土德，夏得木德，殷得金德，周得火德。"用庄子和邹子互证，可知晚周确有以黄帝为虞的这一说法。孟子以舜为东夷之人，黄帝在穷桑登帝位，虞应该是在东方。可能仁义的思想，最早即是东方的产物。它对晚周的东方学者是有深刻影响的。三晋和楚反对仁义，是各有其不同的历史条件。儒、墨在韩非时代最为显学，到汉初，"曹参荐盖公言黄老"，我的意见是黄老思想是以杨朱，尤其是田骈、慎到一派为中心，杂家就是黄老学，和庄周是不相干的。"贾生、晁错明申商"，叶水心说贾、晁其实是以《管子》一书为主。《管子》书也是杂家，正是田骈、慎到、接予之说占重要地位。老、庄、申、韩同传的道理，应于此求之，至"公孙弘以儒显"。可说先秦诸子百家争鸣，到秦汉时代，依然是杨、墨、儒的仁义学说最后取得社会的信从。黄老和儒家后来独盛，而百家反衰，这是一个奇特现象，我想在以后再详为探讨。

原载 1961 年 7 月 24 日《光明日报》

杨朱学派考

　　孟子称："杨朱、墨翟之言盈天下，天下之言，不归杨则归墨。"而杨氏之言不多见，后之流变亦不可考，不如墨氏之显，则安见其言之盈天下？然以"为我"之旨言之，则后来之传，亦有可寻。《吕氏春秋·执一》称："楚王问为国于詹子，詹子对曰：'何闻为身，不闻为国。'"《庄子·让王》称瞻子之答中山公子牟曰："重生则轻利。"曰："不能自胜而强不从者，此之谓重伤，重伤之人，无寿类也。"此瞻子应即詹何。孟子谓"杨子为我，拔一毛而利天下不为也。"《吕氏·不二览》言："杨生贵己。"《淮南·氾论》言："全性保真，不以物累形，杨子之所立也，而孟子非之。"是詹何为杨朱之徒，于"尊生"之义为近也。子华子殆亦"贵己"之徒，《吕氏春秋·仲春纪·贵生》称："子华子曰：'全生为上，亏生次之，死次之，迫生为下。'故所谓尊生者，全生之谓；所谓全生者，六欲皆得其宜也；所谓亏生者，六欲分得其宜也。亏生则于其尊之者薄矣，其亏弥甚者也，其尊弥薄。所谓死者，无有所以知复其未生也。所谓迫生者，六欲莫得其宜也，皆获其所甚恶者，服是也，辱是也。辱莫大于不义，故不义，迫生也，而迫生非独不义也，故曰迫生不若死。"所谓全生之义，殆与杨氏之说不殊。《吕氏·季春纪·尽数》言："天生阴阳寒暑燥湿，四时之化，万物之变，莫不为利，莫不为害。圣人察阴阳之宜、辨万物之利以便生，故精神安乎形，而年寿得长焉。长也者，非短而续之也，毕其数也，毕数之务，在于去害。"知由尊生全性之说，进而为毕其数、终其寿、全其天，亦与长生之说为邻也。《吕氏·孟春纪·重己》说："世之人主贵人，无贤不肖，莫不欲长生久视，而日逆其生，欲之何益。凡生之长也，顺之也，使生不顺者，欲也，故圣人必先适欲……所以养性也。"殆长生久视世徒有其说，而欲之者非其道，故吕氏讥之。至《仲夏纪·适音》之说而义益高，其论曰："乐之务在于和心，和心在于行适。夫乐有适，心亦有适，人之情欲寿而恶夭，欲安而恶危，欲荣而恶辱，欲逸而恶劳。四欲得，四恶除，则心适矣。四欲之得也，在于胜理，胜理以治生则生全，生全则寿长矣。"是则生全寿长之方，归于理胜，与子华子"辱莫大于不义，不义迫生也，迫生不若死"之说，若为表里，而义终于孟子所谓"舍生而取义"，则又安取乎长生久视不死之事哉！则詹何、杨朱、子华、吕氏之流，持论若一贯，其渊源宜有自也。《吕览·审为》子华子见昭釐侯曰："今使天下书铭于君之前，书之曰：左手攫之则右手废，右手攫之则左手废，然而攫之必有天下，君将攫之乎？……自是观之，两臂重于天下也，身又重于两臂。韩之轻于天下远，今之所争者，其轻于韩又远，君固愁身伤生以忧之，臧不得也。"此子华显为杨朱之义。《吕览·诬徒》又称子华子曰："王者乐其所以王，亡者亦乐其所以亡，故烹兽不足尽兽，嗜其脯则几矣！然则王者有嗜乎理义也，亡者亦有嗜乎暴慢也。所嗜不同，故其福祸亦不同。"知子华子贵生而亦贵义，故有不义不若死之论。《庄子·胠箧篇》言："削曾、史之行，钳杨、墨之口，攘弃仁义，而天下之德始玄同矣。"是曾、史、杨、墨并为仁义，知杨朱亦为仁义，与子华子同。孟子斥杨、墨为"邪说诬民，充塞仁义"，正以杨、墨与孔、孟同言仁义而乱其实，恶紫夺朱，故深绝之耳。凡孟子与告子之辩，皆以其言仁义似是而非，非以其不言仁义也。《秋水篇》言公孙龙问于魏牟曰："龙少学先王之道，长而明仁义之行，合同异，离坚白，然不然，可不可，困百家之知，穷众口之辩。"是公孙龙亦仁义之徒，杨朱不足为异也。《骈拇》言："骈于辩者，累瓦结绳，窜句游心于坚白同异之间，而敝跬誉无用之言，非乎，而杨、墨是也。"墨子为仁义、为辩者，杨朱亦为仁义、为辩者。盖仁义为三古以来之教，杨、墨、孟、荀、公孙龙、告子之徒皆归本于仁义，而义各不同，孟子必辞而辟之，盖以其近似之足以乱真也。《庄书》言："有虞氏招仁义以挠天下也，天下莫不奔命于仁义。"

又曰："昔者黄帝始以仁义撄人之心。"故曰仁义者，三古之教也。子华子之重生而贵义，实为杨朱之徒，而非庄、老屏弃仁义之徒也。杨言尊生、言仁义，庄皆反之，此其不同者之彰然者钦！则《吕览·适音》各篇，固本之子华、杨朱者也。凡《本生》《重己》《贵生》诸篇，殆皆取之杨朱、子华之说也。孟子言杨朱、墨翟之言盈天下，又曰今天下不之杨则之墨，杨氏之言后乃少所概见，得詹何、子华之说而附益之，而后此宗之学若可寻也。

《管子书·立政·九败》言："寝兵之说胜，则险阻不守；兼爱之说胜，则士卒不战；全生之说胜，则廉耻不立；私议自贵之说胜，则上令不行。""寝兵""兼爱"为墨家言，"全生""自贵"为杨子言。管书盖并攻杨、墨，此九败之四也。而管书《立政九败解》重释"全生"之弊言："人君唯无好全生，则群臣皆全其生，而生又养生。养何也，曰滋味也，声色也，然后为养生。然则从欲妄行，男女无别，反于禽兽，然则礼义廉耻不立，人君无以自守也。"依此以言，知它嚣、魏牟亦杨朱一系之学也。荀卿书《非十二子》言："纵情性，安恣睢，禽兽行，不足以合文通治，是它嚣、魏牟也。"荀氏所论，正有合于管书"全生"之说。《赵策》言公子牟语应侯曰："夫贵不与富期而富至，富不与粱肉期而粱肉至，粱肉不与骄奢期而骄奢至，骄奢不与死亡期而死亡至，前世坐此者多矣。"是亦不以富贵累生，不拔一毛以利天下之说，谓魏牟为"反于禽兽"，特以"不足合文通治"

言之，谓之"安恣睢，禽兽行"，过也。《盗跖》一篇之意，或庶同于此，而礼义廉耻不得立也，则杨朱、魏牟末流之弊也。然死名死利，其失惟均，《盗跖》固以死名为讥，亦何尝以死利东陵为是，盖魏牟一派流弊或至于是，犹孟子无父无君之责，而杨朱、公子牟未必然也。《庄子·让王》称："公子牟谓瞻子曰：'身在江海之上，心居魏阙之下，奈何？'瞻子曰：'重生，重生则利轻。'公子牟曰：'虽知之，未能自胜也。'瞻子曰：'……不能自胜而强不从者，此之谓重伤。重伤之人，无寿类矣。'魏牟，万乘之公子也。其隐崖穴也，难为于布衣之士，虽未至乎道，可谓有其意也。"是魏牟固"刻意尚行，离世异俗"之士。瞻子重伤之说，或近于"纵情性，安恣睢"。前论詹何、子华为杨朱之学，岂魏牟又詹何之徒欤！《九败解》重释"自贵"之弊言："私议自贵，则民退静，隐伏窟穴，就山，非世间，上轻爵禄而贱有司，然则令不行、禁不止。"则知陈仲、史鳅亦为杨朱自贵之学者也。《齐策》言：赵威后问齐使曰："於陵子仲尚存乎？是其为人也，上不臣于王，下不治其家，中不索交于诸侯，此率民而出于无用者，何为至今不杀乎？"《韩非·外储说左》言："齐有居士田仲者，宋人屈穀见之曰：穀谷闻先生之义，不恃人而食……'今田仲不恃人而食，亦无益人之国，亦坚瓠之类也。"此伏窟穴、轻世间之事也。孟子言："仲子，齐之世家也，以兄之禄为不义之禄而不食也，以兄之室为不义之室而不居也，避兄离母，处于於陵，身织屦，妻辟纑，三日不食，耳无闻，目无见也。"知陈仲亦持仁义之说，处于於陵，三日不食，正所谓"忍情性"。《荀子·非十二子》言："忍情性，綦谿利跂，苟以分异人为高，不足以合大众、明大分，是陈仲、史鳅也。"殆二子亦杨朱之学者也。卿书《不苟篇》言："盗名不如盗货，田仲、史鳅不如盗也。"然则《盗跖》一篇所诮，岂詹何、魏牟之徒讥陈仲辈死名之所为乎？《让王》一篇，纯为"不拔一毛而利天下"之义，以全生为主，真所谓无益于人之国。殿之以瞀光庐水、夷齐首阳之事，则迫生不若死之说，苟又陈仲子之徒有憾于重伤之论而为之说乎！陈仲之"忍情性"，有似墨家之"自苦为极"，然以"出于无用"言之，则诚远于墨氏。《韩诗外传》有史鱼尸谏蘧伯玉事，"无益人国"之议，亦未必然。孟子曰："仲子，不义与之齐国而弗受，人皆信之。"知仲子义不义之辨严，不必即"设为不仕"之说也。坚瓠之譬，要亦过实。《说苑·政理》："杨朱见梁王，言治天下如运诸掌。"然则"无君"之訾，亦为毁词。是杨朱一家显有"纵情性""忍情性"之二派，犹之儒分为八，墨离为三，杨与儒、墨相攻，墨、杨末流分派，亦自相攻。曰"分异为高"，曰"反于禽兽"，皆推极其弊之论，不必即为事实。是知庄、老南方之道家，菲薄仁义如粪土。北方之学固有邻于道家者，惟其不黜仁义，与庄、老殊致，则不得谓为道家。凡接予、田骈之伦，胥以道家目之，谓与庄、老同术者，后师之误也。

《庄子》一书，牴牾最多。校书者不能辨而误入之庄书者每有之。《让王》诸篇，倘为杨朱一派之书，为编者误入，若是之比，宁止一二。《天下篇》以庄子为"上与造物者游，而下与外生死无终始者为友"，故又曰"死与？生与？天地并与？神明往与？"是《庄子》一书，以外生死为主，《刻意》《缮性》《至乐》诸篇乃其义。然则以全形保生为义者，非庄子之说也，证以《天下篇》而可决也。试详言之。《庄子·盗跖篇》以夷、齐、鲍焦、申徒狄、介之推皆"离（罹）名轻死，不念本养寿"者也，而言："人之情，目欲视色，耳欲听声，口欲察味，志气欲盈。人上寿百岁，中寿八十，下寿六十，除病瘦（瘐）死丧忧患，其中开口而笑者，一月之中，不过四五日而已也。……不能说其志意，养其寿命者，皆非通道者也。"此真"纵情性、安恣睢、禽兽行"者之言。次以子张、满苟得之问答，无足、知和之问答，义亦同是。满苟得之言曰："小人殉财，君子殉名，其所以变其情、易其性则异矣，乃至于弃其所为而殉其所不为，则一也。"此亦纵情性之说，而子张訾之，曰："子不为行，即将疏戚无伦，贵贱无义，长幼无序，五纪六位将何以为别乎？"又曰："盍不为行？"正以其禽兽行也。无足之言曰："夫见下贵者，所以长生安体乐意之道也。……且夫声色、滋味、权势之于人，心不待学而乐之，体不待象而安之。夫欲恶避就，固不待师，此人之性也。天下虽非我，孰能辞之。……必持其名，苦体绝甘，约养以持生，则亦

久病长阨而不死者也。"此纵情性、安恣睢之言也，而一皆
归于长生养寿，故曰此杨朱之徒而主于纵情性者之说也。
《让王篇》言："子州支父曰：'我适有幽忧之病，方且治之，
未暇治天下也。'夫天下至重也，而不以害其生，又况他物
乎？……子州支伯曰：'予适有幽忧之病，方且治之，未暇
治天下也。'故天下大器也，而不以易生。……夫太王亶
父，可谓能尊生矣。能尊生者，虽富贵不以养其身，虽贫
贱不以利累形。……若王子搜者，可谓不以国伤生
矣。……若颜阖者，真恶富贵也。故曰：'道之真，以治
身，其余绪以为国家，其土苴以治天下。'由此观之，帝王
之功，圣人之余事也，非所以完身养生也。"此皆以忍情
性、损嗜欲为主，而一皆归乎养生完身，则亦杨朱之徒也。
《让王》又言："北人无择曰：'……又欲以其辱行漫我……
吾羞见之。'因自投清泠之渊。……卞随曰：'……吾生乎
乱世，而无道之人再来漫我以其辱行，吾不忍数闻也。'乃
自投椆水而死。……瞀光曰：'……非其义者，不受其禄，
无道之世，不践其土，况尊我乎？吾不忍久见也。'乃负石
而自沉于庐水。……伯夷、叔齐曰：'……今天下暗，周德
衰……不如避之，以絜吾行。'二子北至于首阳之山，遂饿
而死焉。"此固迫生不如死之说，而以"忍情性，綦谿利跂"
者也。盗跖之徒，绝弃仁义，诋谋仲尼，而《让王篇》中卞
随之流，不废仁义，亦许孔子，此为二者之大别。《盗跖》
比夷、齐、鲍焦、介之推于"磔犬流豕，操瓢而乞"。兹数子

者,正《让王》之所美,是杨朱末流相攻之事亦剧,而子华之徒,要合于陈仲,亦于杨朱为近,《让王》之所陈义,竟高于《盗跖》也。以庄书言之,《骈拇》《马蹄》《胠箧》《在宥》诸篇,于魏牟一派为合,"无为君子,无为小人",殉财殉名之说,先后一贯,非其证欤?而《天地》《天道》《天运》诸篇,于陈仲一派为近。彼或嘲笑仲尼,此则誉之,亦于是显分,而皆不离卫生养生之说。至《刻意》《缮性》《至乐》诸篇,又鄙乎长生之为,而意又不同。以《天下篇》言之,此正庄周之言,而异乎杨朱者也。若《达生》《山木》诸篇,皆以生为贵,不訾孔子,而实于孔为远。视《天道》诸篇,虽訾孔而实于孔为近者又殊。《天道》诸篇皆陈仁义之本,故于旨为尤高。而《达生》诸篇,则置仁义于不论也,则《庄子》一编,固道家者流一大丛书,各家异义,皆略可于其间推而知也。至田骈、慎到之流,亦源于杨朱之说,一变而为黄老之术。崔东壁谓黄老即杨朱一派,义近之也,俟于后篇论之。盖田骈之流,亦詹何、魏牟全生养年之道,而亦杨朱之徒也。此固北方之学也。田骈、接予之属皆齐人,说与老、庄大同,故《汉志》并系之道家,而道家要以北人为多。苟以仁义之说衡之,北方之道家,杨朱之徒,不废仁义,斯为正宗,而庄周南方之学,翻为支派也。

　　田骈、接予皆齐人,《汉志》列之道家,此固北方之道家。《齐策》言:齐人见田骈曰:"闻先生高义,设为不宦而愿为役。"此亦於陵仲子之比也。《吕览·执一》言田骈以道术说齐王曰："博言之，岂独齐国之政哉，变化应求而皆有章，因性任物而莫不宜当，彭祖以寿，三代以昌，五帝以昭，神农以鸿。"是田骈亦詹何、魏牟全生养年之道也。斯亦杨朱之徒，此固北方之学也。而"因性任物""变化应求"之论为尤高。此正所谓"因循"之义也。司马谈《论六家要旨》以为道家"以虚无为本，以因循为用"。又曰："虚者，道之常也；因者，君之纲也。"盖虚无者，庄周一流之所同；而因循者，田骈一流之所独异也。其曰"有法无法，因时为业；有度无度，因物与合"，正荀卿所讥："尚法而无法，下修而好作，上则取听于上，下则取从于俗，终日言成文典，及纠察之，则偶然无所归宿，不可以经国定分。……是慎到、田骈也。"其曰："神大用则竭，形大劳则敝，形神骚动，欲与天地长久，非所闻也。"又曰："凡人所生者神也，所托者形也，形神离则死。神者，生之本也，形者，生之具也，不先定其神，而曰我有以治天下，何由哉？"斯皆全生尊生之旨也。田、慎因循之说，有法无法之义，始可以流而为申、韩之言术。然则法家源于道德之说，谓田、慎因循，非谓庄、老之虚无也。荀卿以慎子"有见于后无见于先"，此因循之义也。又谓慎子"蔽于法而不知贤"，此正法之源于田、慎也。《吕氏春秋·序意》称文信侯曰："爰有大圜在上，大矩在下……古之清世，是法天地。凡十二纪者，所以纪治乱存亡也，所以知寿夭吉凶也。上揆之天，下验之地，中审之人，若此则是非可不可无所遁矣。……三者咸当，无为而行。行也者，行其理也，行数循其理，平其私。夫私视使目盲，私听使耳聋，私虑使心狂。三者皆私设精，则智无由公。"斯亦田骈之道，若庄周者，则又"恶乎可、恶乎不可"，而舍是非也。知吕氏以下所谓"言黄老意"者，皆指田子之术，而非谓庄生之义也。《天下篇》之訾彭蒙、田、慎，得司马、吕氏之言而旨益显，以不离因循者为主。其曰："公而不党，易而无私，决然无主，趣物而不两，不顾于虑，不谋于知，于物无择，与之俱往。"此正任物因性之说，平其私，私设则智无由公之说也。故主乎"弃知去己，而缘不得已，泠汰于物，以为道理。""不师智虑，不知前后，魏然而已矣。推而后行，曳而后往，若飘风之还，若羽之旋。""夫无知之物，无建己之患，无用知之累，动静不离于理。"此皆因物循理之说也。"推拍輐断，与物宛转。"是皆因循之义。北方之学，盖以此为中心，于论为最高。乃《天下篇》斥之曰："彭蒙、田骈、慎到不知道。"此正徒知虚无之徒，未解因循之旨。若关尹、老聃、庄周之风，于此区以别也。司马谈言道家"使人精神专一，动合无形，赡足万物。其为术也，因阴阳之大顺，采儒墨之善，撮名法之要，与时迁移，应物变化，立俗施事，无所不宜。指约而易操，事少而功多"。此皆田骈、慎到之术，而非庄周之旨。李耳作书，并申子言术而亦取之，奚止田骈。则晚周以来，黄老大盛，杂家者起，汇九流而一之，正田骈、慎到之学，乃足以当之。庄周缪幽之谈,未得与于是也。

余前撰《儒家哲学思想之发展》,以《管子书·心术》
《内业》,义合于慎到,实管书之有取于慎子。由今视之,
益为信然。《心术》言:"恬愉无为,去智与故,其应也非所
设也,其动也非所取也。过在自用,罪在变化。是故有道
之君,其处也若无知,其应物也若偶之,静因之道也。"其
解曰:"因也者,舍己而以物为法者也,感而后应,非所设
也,缘理而动,非所取也,过在自用,罪在变化,自用则不
虚,不虚则忤于物矣。变化则为生,为生则乱矣。……君
子之处也若无知,言至虚也,其应物也若偶之,言时适
也。"此正慎到之"弃知去己而缘不得已,泠汰于物以为道
理","无建己之患,无用知之累,动静不离于理",此诚所
谓"块不失道,魏然而已"者也。又曰:"圣人之道,若存若
亡……与时变而不化,应物而不移,日用之而不化。"此正
所谓"因时为业,因物与合"者也。《六帖》十一、《御览》七
百六十八引《慎子》:"行海者坐而至越,有舟也;行陆者立
而至秦,有车也。秦、越远途也,安坐而至者,械也。"此文
适在《吕览·贵因篇》,知吕氏《贵因》之文,即本之慎到。
其曰:"三代所宝莫如因,因则无敌。禹通三江五湖,决伊
阙,沟回陆注之东海,因水之力也。舜一徙成邑,再徙成
都,三徙成国,而尧授之禅位,因人之心也。汤、武以千乘
制夏、商,因民之欲也。如秦者立而至,有车也;适越者坐
而至,有舟也。秦、越远途也,静立安坐而至者,因其械

也。武王使人候殷，反报岐周曰：'殷其乱矣。'……故选车三百乘，虎贲三千人，朝要甲子之期，而纣为禽，则武王固知其无与为敌也。因其所用，何敌之有矣？""夫审天者，察列星而知四时，因也。推历者，视月行而知晦朔，因也。禹之裸国，裸入衣出，因也。墨子见荆王，锦衣吹笙，因也。孔子道弥子瑕见釐夫人，因也。汤、武遭乱世，临苦民，扬其义，成其功，因也。故因则功，专则拙，因者无敌。"此《贵因》之义。然管书所存因循之说则精，而《吕览》所征《贵因》之文稍浅薄无深致也。《贵因》之次篇为《察今》，其言"夫不敢议法者众庶也，以死守法者有司也，因时变法者贤主也"，《艺文类聚》五十四引《慎子》，全符此文，则《察今》一篇亦取之《慎子》。知荀卿法后王之义，亦有取于《慎子》也。《贵因》之前为《顺说》《不广》，二篇并皆论因，似亦慎子一派之说。《韩非·难势》一篇，举慎子之言"尧为匹夫不能治三人，而桀为天子能乱天下"。非子举其说，从而伸之，则贵势者，慎到之义也。《吕氏书·慎势》一篇，即征慎子"一兔走，百人逐之。积兔满市，行者不顾"。其曰："汤武之贤，而犹知乎势，又况不及汤武者乎？"与韩非所举之说，旨义相符。《慎势》一篇之本于慎到又审矣。《慎势篇》之前为《知度》，《知度》之论曰："故有道之主，因而不为，责而不诏，去想去意，静虚以待。"又曰："君服性命之情，去爱恶之心，用虚无为本，以听有用之言，谓之朝。……上服性命之情，则理义之士至矣,法则之用植矣,枉辟邪挠之人退矣,贪得伪诈之曹远矣。故治天下之要……存乎治道,治道之要,存乎知性命。"其前复有《任数》一篇,言:"至智弃智,至仁忘仁……静以待时,时至而应,心暇者胜。凡应之理,清净公素而正始卒,焉此治纪,无唱有和,无先有随。古之王者,其所为少,其所因多。因者,君术也。为者,臣道也。为则扰矣,因则静矣。因冬为寒,因夏为暑,君奚事哉?""无先有随",正《荀子·正论》所谓"慎子有见于后,无见于先",亦正《天下篇》所谓"推而后行,曳而后往","而缘不得已"。《群书治要》引《慎子》有《因循篇》,曰:"天道因则大,化则细。因也者,因人之情也。"是因循固慎子思想之核心。然则《审分览》诸篇,皆依慎子之义,合因循、虚无为一说,固精于《贵因篇》也。静因之旨,诚田骈、慎到言学之根荄,于义为最精者也。

管书言:"因也者,舍己而以物为法者也。感而后应,非所设也,缘理而动,非所取也。过在自用,自用则不虚,不虚则忤于物矣。"此释"去智与故",而"静因之道"也。余前以为此与明道之言若合符,斯其精义之不刊者。明道曰:"自私则不能以有为为应迹,用智则不能以明觉为自然。……圣人之喜,以物之当喜,圣人之怒,以物之当怒,是圣人之喜怒不系于心而系于物也,是则圣人岂不应于物哉?"《庄子·庚桑楚》言:"出怒不怒,则怒出于不怒矣。出为无为,则为出于无为矣。欲静则平气,欲神则顺心。有为也，欲当则缘于不得已，不得已之类，圣人之道。"此之为义，而符于宋人之所论。"缘于不得已"者，庄子所谓田、慎之学也。前论管书取之慎子之言倘不谬，则田、慎静因之义，岂不高于庄、荀辈若天之与渊耶？《天下篇》颇訾田、慎，然就学术之流别寻之，二子之道，于此乃以益明。其曰"谟髁无任"，此设不宦之行也。是陈仲之事也，又何用于尚贤？"纵脱无行"，此纵欲妄行，纵情性之说也。是魏牟之事也，又何取于大圣？"于物无择，与之俱往"，此"其应物也若偶之？"所谓"齐万物以为首"，此田子贵均、贵齐之说也。由慎到之学观之，则安有所谓"礼义廉耻不立"？乃正其所以立礼义廉耻者也。犹詹何之"闻治身不闻治国"，治身乃正所以治国也。又乌有所谓"设为不宦"，不拔一毛以利天下也。殆极其弊之可至言之耳。《淮南·氾论》言："墨子之所立而杨子非之，杨子之所立而孟子非之。"墨子摩顶放踵以利天下，而杨子不拔一毛，其相非固事之诚然。以《白心》论之，其言曰："天不为一物枉其时，明君圣人亦不为一人枉其法。天行其所行而万物被其利，圣人亦行其所行而百姓被其利。……是以圣人之治也，静身以待之，物至而名自治之。正名自治之，奇身名废，名正法备，则圣人无事。不可常居也，不可废舍也，随变断事也，知时以为度。"盖圣人行其行而百姓被其利，静身以待，物至自治，安用拔一毛以利之？拔毛以利，适为不利也。《心术篇》之言曰：

"圣人若天然,无私覆也;若地然,无私载也。私者,乱天下者也。凡物载名而来,圣人因而裁之,而天下治,实不伤不乱于天下,而天下治。"此殆以天下之自治自利,拔毛以利之,适以乱之。不乱天下,天下原自治也。又曰:"无为之道,因也。因也者,无益无损也。"拔毛利之,则益之也,适乱之也。杨子之说,得《心术》《白心》之言而义益彰。杨子言不可见,慎到、田骈之徒,引而伸之,推致于极精。不然,则杨子又安能言"治天下如运诸掌乎"?物至自治,圣人无事,此之谓运诸掌也,正《白心》所谓"善举事者,国人莫知其解者也"。《白心》言:"孰能法无法乎?始无始乎?终无终乎?弱无弱乎?"此正所谓"上法而无法",不为物先,不为物后,柔弱胜刚强也。又曰:"上之随天,下之随人,人不倡不和,天不始不随。"此亦"上则取听于上,下则取从于俗"之义也。故曰《白心》《心术》者,慎到之书,而足以发杨朱之蕴也。《荀子·儒效》言:"慎、墨不得逞其谈。"以慎、墨并举,知慎子之学于当时之重。尚法而不尚贤之旨,盛倡于慎到,而不复废仁义,则其上承杨朱而下开申、韩。今《管子》一书,正符慎到此旨。言管书多取之慎氏不其然耶?知儒家之取法家者,取诸慎氏之流,而非申、韩之流。法殷、法夏者,法慎、法墨也。儒家心性之论,亦以兼取道家而益精。以《心术》《内业》言,则又显取之慎子耳。

田骈、接予并为道家,而皆齐人。《庄子·则阳》称:

"季真之莫为,接予之或使。"而庄书并讥之。"莫为"者,谓"莫之为而为"。"或使"者,谓"若或使之然"。庄子主"天机""自然"之说,故于二家皆薄之。而《白心》一篇,阐或使之义为备,以为因循之本。其言谓:

天或维之,地或载之。天莫之维,则天以坠矣;地莫之载,则地以沉矣。夫天不坠、地不沉,夫或维而载之也。夫又况于人?人有治之辟之,若夫雷鼓之动也。夫不能自摇者,夫或摇之。夫或者何?若然者也。视之则不见,听之则不闻,洒乎天下满。……故口为声也,耳为听也,目有视也,手有指也,足有履也,事物有所比也,当生者生,当死者死。……故书其恶者,言其薄者,上圣之人,口无虚习也,手无虚指也,物至而命之耳。发于名声,凝于体色,此其可谕者也。不发于名声,不凝于体色,此其不可谕者也。及至于至者,教存可也,教亡可也。……无益言,无损言,近可以免。故曰知何知乎?谋何谋乎?……知苟适可为天下周,内固之一,可为长久,论而用之,可以为天下王。……能若夫风与波乎?唯其所欲适。故子而代其父曰义也,臣而代其君曰篡也。篡何能歌,武王是也。故曰孰能去辩与巧,而还与众人同道。故曰思索精者明益衰,德行修者王道狭。

就此言之，宇宙万象，皆若或使。口为声，耳为听，目有视，手有指，足有履，事物有所比，莫非自然而有不得已者存。则又安用损益？又安可损益？正所谓良知上加不得丝毫，复何事拔毛以利之？此无损无益义之至精者也。曰："知何知乎？谋何谋乎？"所谓"若无知之物，无用智之累"者也。曰："孰能去辩与巧，而还与众人同道。"则"无用圣贤"也。"至于至者，教存可也，教亡可也。"所谓"教则不至"也。"能若夫风与波乎？唯其所欲适。"所谓"若瓢风之还，若羽之旋"者也。曰："天之道虚其无形。虚则不屈，无形则无所低仵，无所低仵故遍流万物而不变。"所谓"道则无遗"，"于物无择，与之俱往"者也。曰："私者，乱天下者也。"此"公而不党，易而无私"之说也。其言："万物归之，美恶乃自见。"即《吕氏》所谓"是非可不可无所遁"，史谈所谓"贤不肖自分，黑白乃形"者也。曰"舍是与非，苟可以免"，则过也。凡荀、庄所论田、慎之说，皆于此数篇中得其义。若田骈因性之义，接予或使之义，亦于此阐发益明，而为慎子言势之根据。于是北方道家之言，于兹得其统宗。《白心》曰："既知行情，乃知养生。"又曰："内固之一，可为长久。"则终不离乎尊生、贵己之旨。《内业》一篇，多与《心术》下合，其卒尤专意于全生之旨。其曰："平正擅胸，论治在心，此以长寿。"又曰："食莫若无饱，思莫若勿致。"又曰："饱则疾动，饥则广思。"斯皆其养生之经也。养生曰所以致长寿也。循环相通，则并属之杨朱之徒可也。乃庄子既毁田骈、慎到不知道,又诽杨朱而薄接予,是乌可不分别论之？自杨朱、墨翟相继而起,孟子辞而辟之,以杨、墨之皆本于仁义以为说,接于杨者皆谓之归杨,近于墨者皆谓之归墨,遂若其言盈天下也。墨之学至于宋钘、尹文,杨之学至于田骈、慎到,而义益精,倘又所谓冰寒于水而青出于蓝者耶！

今《慎子》仅五篇,而又不完,殆由明人掇辑而成,皆不能出《群书治要》。《治要》凡七篇,此唐初所传本也。义高文核,与晚周所征论者相发,决为慎氏之书。今所谓慎懋赏本者,掇辑稍富,而杂取《墨》《孟》《韩》《庄》《吕览》《国策》《礼记》《国语》诸家之文,徒增篇幅,于义无当,则诚伪作也。今以《治要》文论之,其《威德》曰："天有明,不忧人之暗也;地有财,不忧人之贫也;圣人有德,不忧人之危也。天虽不忧人之暗也,辟户牖必取己明焉,则天无事矣;地虽不忧人之贫也,伐木刈草必取己富焉,则地无事;圣人虽不忧人之危也,百姓准上而比于其下,必取己安焉,则圣人无事矣。圣人在上,能无害人,不能使人无害己也,则百姓除其害矣。圣人之有天下也,受之也,非取之也。百姓之于圣人也,养之也,非使圣人养己也。则圣人无事矣。"此《白心》"天行其行而万物被其利,圣人行其行而百姓被其利"之说也,此《心术》"不乱于天下而天下治"之说也。天下自治,非使圣人养己,则又安用圣人之利天下哉？其《因循篇》曰："天道因则大,化则细。因也者，因人之情也。人莫不自为也，化而使之为我，则莫可得而用矣。是故先王见不受禄者不臣，禄不厚者不与入难。人不得其所以自为也，则上不取用焉。故用人之自为，不用人之为我，则莫不可得而用矣。此之谓因。"因循者，实道家之大用。《心术》言："人之可杀，以其恶死也；其可不利，以其好利也。"义与此同。《尹文子·圣人篇》引田子曰："人皆自为，而不能为人。故人君之使人，使其自为用，而不使为我用。稷（原讹作魏）下先生曰：'善哉！田子之言。古者君之使臣，求不私爱于己，求显忠于己。而居官者必能，临阵者必勇。禄赏之所劝，名法之所齐，不出于己心，不利于己身。语曰：禄薄者不可与经乱，赏轻者不可与入难。此处上者所宜慎者也。'"此征田子言，宜即田骈，与慎到之因循之论最合。而云"稷下先生"者，未知的指何人。刘向《别录》言："尹文与宋钘俱游稷下。"宋《中兴书目》言："尹文，齐人，刘向以其学本于黄老，居稷下。"《汉志》言："《宋子》，十八篇，其言黄老意。""《田子》，二十五篇。名骈，齐人，游稷下。"《孟荀列传》言："慎到，赵人；田骈、接子，齐人；环渊，楚人。皆学黄老道德之术。"又言："自邹衍与齐之稷下先生如淳于髡、慎到、环渊、接子、田骈、邹奭之徒，各著书言治乱事。"《盐铁论·论儒》言：及湣王，"诸儒谏不从，各分散：慎到、接子亡去，田骈如薛，而孙卿适楚"。此见黄老之言起于稷下。田骈、慎到出于杨朱，宋钘、尹文本之墨翟，皆聚于稷下，而黄老之论于是始倡。《史记·申不害传》言:"申子之学,本于黄老,而主刑名。"《治要》引《申子·大体》言:"凡因之道,身与公无事,无事而天下自极也。"此贵因之说与田、慎同。《汉志》于《慎子》云:"名到,先申、韩,申、韩称之。"知申子固在慎子之先,而《申子》之书显出慎子之后,其"学本黄老",殆亦源于稷下也。《荀子》言:"申子蔽于势而不知知。"由《韩非·难势》言之,"势"盖慎子之言,而申子述之也。《申子·大体》一篇言因,义同《吕览·任数》之说,要亦申子袭之慎子。《史记》又言韩非"喜刑名法术之学,而归本于黄老",是非亦黄老之徒。又知稷下之黄老派,实包括法家。自《汉志》本之刘向,定为九流,以慎到入法家,而与商、韩义殊。入田骈于道家,又与庄周相异。且入《尹文》于名家,入宋钘于小说,于黄老之学,若存若亡。杨朱之传,湮灭无说。是知六家九流之言,翻为削足适履。辨章学术,夫岂易言哉!尹文所称稷下先生,虽未能定为何谁,固亦黄老形名之言,足与田、慎之言为表里也。

《慎子·民杂篇》言:"民杂处而各有所能,所能者不同,此民之情也。大君者,太上也,兼畜下者也。下之所能不同,而皆上之用也。是以大君因民之能为资,尽苞而畜之,无能去取焉。是故不设一方以求于人,故所求者无不足也,大君不择其下故足也。不择其下,则易为下矣。易为下则下莫不容,莫不容故多下,多下之谓太上。"此彭蒙、田骈、慎到"齐万物以为首"之意也。庄子称其说谓："天能覆之而不能载之，地能载之而不能覆之，大道能包之而不能辩之。知万物皆有所可，有所不可。故曰选则不遍，教则不至。"此盖《齐物》立论之体，而《民杂》所言，乃《齐物》为论之用也。墨翟有言："可使治国者使治国，可使长官者使长官，可使治邑者使治邑。"此所谓"贤不肖自分，黑白乃形，在所欲用之耳，何事不成"。《尹文·大道》之言曰："圆者之转，非能转而转，不得不转也。方者之止，非能止而止，不得不止也。因圆者之自转使不得止，因方者之自止使不得转，何苦物之失分？故因贤者之有用，使不得不用；因愚者之无用，使不得用。用与不用，皆非我也，因彼可用与不可用而自得其用也。自得其用，奚患物之乱也。"曰"选则不遍"，则贤智不必分。《心术》之言曰："慕选者，所以等事也。极变者，所以应物也。慕选则不乱，极变则不烦，执一之君子。"《心术》之说，与《大道》最合，是慎到、尹文义有进于田骈、彭蒙者也。田骈言"教则不至"，而慎到言："至之至者，教存可也，教亡可也。"斯亦慎进于田之义也。斯皆"法无法"之论也。《大道篇》又曰："为善使人不能得从，为巧使人不能得为，此独善、独巧者也，未尽巧善之理。为善与众行之，为巧与众能之，此善之善者、巧之巧者也。故所贵圣人之治，不贵其独治，贵其能与众共治也。所贵工倕之巧，不贵其独巧，贵其与众共巧也。今世之人，行欲独贤，事欲独能，辩欲出群,勇欲绝众。独行之贤,不足以成化;独能之事,不足以周务;出群之辩,不可为户说;绝众之勇,不可与征阵。凡此四者,乱之所由生,是以圣人任道以通其嵲,立法以理其差,使贤愚不相弃,能鄙不相遗。能鄙不相遗,则能鄙齐功。贤愚不相弃,则贤愚等虑。此至治之术也。"《管子·乘马》言"知者知(之),愚者不知,不可以教民。巧者能之,拙者不能,不可以教民",义亦同此。此《白心》所谓"孰能去辩与巧,而还与众人同道",此固荀氏所訾"大俭约而僈差等"者也。《群书治要》引《慎子·知忠篇》云:"故廊庙之材,盖非一木之枝也;粹白之裘,非一狐之皮也;治乱安危存亡荣辱之施,非一人之力也。"《吕览·用众》言:"天下无粹白之狐,而有粹白之裘,取之众白也。夫取于众,此三皇五帝之所以大立功名也。凡君之所立,出乎众也。立已定而舍其众,是得其末而失其本。得其末而失其本,不闻安居。故以众勇,无畏乎孟贲矣;以众力,无畏乎乌获矣;以众视,无畏乎离娄矣;以众知,无畏乎尧舜矣。夫以众者,此人君之大宝也。田骈谓齐王曰:'孟贲庶乎患术(衢也),而边境弗患。楚、魏之王,辞言不说,而境内已修备矣,兵士已修用矣,得之众也。'"《慎子》佚文谓:"云能而害无能,则乱也。"(《非十二子篇》杨倞注引)此正田骈贵齐之义,而《吕》之所取则精,足以补田、慎之佚说也。《天下篇》言:"田骈学于彭蒙,得不教焉。彭蒙之师曰:古之道人,至于莫之是、莫之非而已矣。"则"无用圣贤"也。是亦见"舍是与非"为先师之论，得诸彭蒙之师。"是非可不可无所遁"为后师之义，益精更进之说也。《荀子·非十二子篇》言："上功用、大俭约而漫差等，曾不足以容辨异、县君臣，是墨翟、宋钘也。"岂田骈贵齐之论为自墨家来乎？由"教则不至"，至"教存可也，教亡可也"；由"选则不遍"，至"慕选而不乱"；由"莫之是、莫之非"，至"贤不肖自分，黑白乃形"，而齐物论亦不立。则齐物论者，于黄老为蘧庐，于庄周为宗祐，此又二者之大异也。

由《马记》《刘略》言之，尹文、宋钘、田骈、慎到、接予、环渊，皆本于黄老，游稷下。知以诸儒之盛，聚于稷下，而黄老之说以兴。实后来所称黄老之学，始于稷下。凡称黄老，皆出汉人书，晚周无言黄老者。盖黄帝、老子之书皆晚出，以稷下此诸家者，皆合黄老意，遂以黄老后来之名，被之前人。非此诸家之学出于黄老也。《老子》成书年代，盖有可考者。以《庄子》论之，《庄子》书之引《老子》者凡十有七事，其言胥不见于《道德经》；而庄书之同于《道德经》者十有五事；不言为《老子》语者十有三；谓为老子言者才二事，一为《寓言篇》，一为《天下篇》。《天下篇》之作最后，《寓言》及他十三事，读《庄子》之文，皆足见为作《道德经》者取之庄书，非庄书之征及《道德经》也。是知古有老聃其人者，《庄子》屡称之，其言胥无关于《道德经》，而《道德经》则非老聃之作，其成书宜在《庄子》之后，故每取庄文以入其书也。衰周之世，作书托之尸佼者有之，托之管仲者有之，而其人则不可知耳。《老子》一书，当亦为隐德君子之所作。吾意书之作者，司马迁实宜知之。以司马谈学《易》于杨何，讲《道论》于黄子，故六经授受之源，惟《易》家师承之序，于《仲尼弟子列传》详之，孔子世系于《世家》详之，至《老子》授受之序，《乐毅传》详之，老子世系亦于本传详之，是安得谓《道德经》之作者马迁未之知乎？周秦人无有言李耳者，惟司马迁称其名，以其家学衡之，则迁宜知书之作由李耳而托曰老子耳。迁知书之由耳作，遂以为耳即老聃，此诚迁之好奇，复又以为即老莱子，即太史儋，言益繁而益诡。校其年不合，则曰"盖百六十余岁，或言二百余岁"。老莱、史儋，各有其人，各有其书，乃混而一之，可乎？老聃之死，秦佚吊之，明见《庄子》，而迁又曰"莫知其终"，何也？皆不免故作玄妙以为奇诡。自《刘略》《班志》皆以《老子》书为李耳作，下至《隋志》亦然，要为得之。迁书《老子传》言："老子之子名宗，为魏将，封于段干。"汪容甫以为即《魏世家》安釐王四年之魏将段干崇，则魏安釐时，李耳倘犹皤然一老，则其人已当庄周之后，韩非之前，殆与荀子同时。余前论李耳作《道德经》在《庄子》后，兹再就《韩非书》言之。《韩非·六反》称："老聃有言：'知足不辱，知止不殆。'夫以殆辱之故，而不求于足之外者，老聃也。今以为足民而可以治，是以民为皆如老聃也。"《难三》言："夫知奸亦有大罗，不失其一而已矣。不修其理，而以己之胸察，为之弓矢，则子产诬矣。老子曰：'以智治国，国之贼也。'其子产之谓矣。"《难三》又言："明君见小奸于微，故民无大谋；行小诛于细，故民无大乱。此谓'图难于其所易也，为大者于其所细也'。"此二言亦《道德经》之文也。《韩非·内储说下》云："权势不可以借人……其说在老聃之言失鱼也。"其释则曰："势重者，人主之渊也。臣者，势重之鱼也。鱼失于渊，而不可复得也。赏罚者，利器也，君操之以制臣，臣得之以拥主。故曰：'国之利器，不可以示人。'"此皆《道德经》之文，韩子征之，已以为老聃之说，则《道德》之作，固在韩非之前。即无《解老》《喻老》二篇，亦足明非子已见《老子》之书，非子且以为老聃书也。《史记·乐毅列传》言："乐臣公学黄帝、老子，其本师号曰河上丈人，不知其所出。河上丈人教安期生，安期生教毛翕公，毛翕公教乐瑕公，乐瑕公教乐臣公，乐臣公教盖公。"以六经传授世数比之，是河上丈人已宜直接李耳、魏安釐王之世。《道论》于史迁为家学，其言固有所本也。葛玄辈古道家，或言老子生于李树下，或言指李树为姓，当是李耳生于李下，《秦策二》有地曰李帛之下，李树下当即此李帛下之讹。鲍注以为即河内李城。河内，六国时魏地，当是李耳生于李下，为魏人。李耳之书，应本为《道德经》，故曰："著书上下篇，言道德之意。"《荀子·解蔽》称："《道经》曰：'人心之危，道心之微。'"凡周秦学术，发展已盛，文歧义广,皆作经以总之,故李氏亦为此经。由《荀子》言之,知《道经》作者已非一也。《汉书·艺文志》所载有《老子邻氏经传》四篇,《老子傅氏经说》三十七篇,《老子徐氏经说》六篇,是其称经,原自西汉,不必如阚泽所言汉景改子为经也。若黄帝之书,亦有可言。《汉志》道家有《黄帝四经》四篇,《黄帝铭》六篇,《黄帝君臣》十篇,自注云:"起六国时,与《老子》相似也。"又《杂黄帝》五十八篇,自注云:"六国时贤者所作。"此四书皆在田骈、鹖冠之后,则自注云"六国时,与《老子》似"者,统《四经》《六铭》言之也。《隋书·经籍志》云:"《黄帝》四篇,《老子》二篇,最得深旨。"是黄帝之书多家,而言黄老者谓此《四经》,盖为最精者也。群书征黄帝之言者,莫先于《吕览》,其《审应》《去私》《圜道》《遇合》《审时》《叙意》六篇,各有一事,则黄帝之书仅出于《吕览》之先,尚在《老子》成书后也。杨朱之学,逮乎田、慎,义益邃而用益宏。黄老即由此出,且以邻于法。庄学之派,未足拟其深广也。以静因之说论之,启汉代之治者固别有在。若《庄子》者,则启魏晋之乱者也。斯其明效,区以别也。田、慎以清虚无为、名正法备为黄老之正宗。老、庄贵虚无,申、韩任法术,皆得黄老之一偏而废其全,诚所谓道术为天下裂。田、慎、杨朱皆本之仁义,申、韩、老、庄皆菲薄仁义。极端之论张,黄老裂而为道法,而全体大用不得备。秦以惨刻亡,晋以放荡乱。自马迁以老、庄、申、韩同传,而略田、慎、宋、尹,知偏激之辞，独为世贵久矣。其曰"法令滋彰，盗贼多有"，"绝仁弃义，民复孝慈"，则仅以虚无为说，是其去田、慎远矣。老、庄以菲薄仁义极端之言，遂独为道家宗。自晋以下，庄书显而田、慎之书皆佚，言道德者徒曰老、庄。老书犹颇羼北方之论，存其大较。庄书则以庶孽而当冢嗣，则又后师不察之罪也。然庄氏之书，浊世之士读之，亦有足以自好者，又未可以遂废之也。

《尔雅疏》引《尸子·广泽》言："列子贵虚。"《吕览·不二》言："关尹贵清，列子贵虚。"司马谈言："虚者道之常。"黄老一派以虚为贵，当取之列子之言也。《班志》序道家言："及放者为之，曰独任清虚，可以为治。"清虚者，关尹、列子之言也。《庄子·列御寇》言："伯昏瞀人曰：巧者劳而智者忧，无能者无所求，饱食而遨游，泛若不系之舟，虚而遨游者也。"此言虚之义也。《庄子·达生》："子列子问关尹曰：'至人潜行不窒，蹈火不热，行乎万物之上而不栗，请问何以至于此？'关尹曰：'是纯气之守也，非智巧果敢之列。居，予语汝。凡有貌象声色者皆物也，物与物何以相远？夫奚足以至乎先？是色而已。则物之造乎不形，而止乎无所化。夫得是而穷之者，物焉得而止焉。彼将处乎不淫之度，而藏乎无端之纪，游乎万物之所终始，壹其性，养其气，合其德，以通乎物之所造。夫若是者，其天守全，其神无却，物奚自入焉？'"此为阐明超乎貌象色声之道，宜关尹在列子之前。吕、庄二书皆言"子列子"，盖列子于黄老一宗所系之重；清虚之说，实始于此。强为著书之言，实未可信。故《天下篇》叙关尹先老聃，殆列子之学有得诸关尹者，而列又突过于前贤也。《天下篇》关尹之言曰："在己无居，形物自著，其动若水，其静若镜，其应若响。芒乎若亡，寂乎若清，同焉者和，得焉者失。未尝先人，而常随人。"此关尹贵清贵静之说，"而常随人"，则又静因之道也，故曰"古之博大真人哉"。追溯道家之根荄，殆在是耶！《战国策》："史疾为韩使楚，楚王问曰：'客何所循（修）？'曰：'治列子圉寇之言。'曰：'何贵？'曰：'贵正。……'王曰：'楚国多盗，正可以圉盗乎？'曰：'可。'……有鹊止于屋上者，曰：'请问楚人谓此鸟何？'王曰：'谓之鹊。'曰：'谓之乌，可乎？'曰：'不可。'曰：'今王之国，有柱国、令尹、司马、典令，其任官置吏，必曰廉洁胜任。今盗贼公行而弗能禁，此鸟不为鸟而鹊不为鹊也。'"此正名责实之论。然则黄老之道，实以列子为前驱。此庄、吕之书称之为"子列子"乎？《庄子·列御寇》言："夫浆人特为食羹之货，多余之赢，其为利也薄，其为权也轻，而犹若是，而况万乘之主乎？身劳于国，而知尽于事，彼将任我以事，而效我以功。"此列子亦不以物累形之义也。其言"至人潜行不窒，蹈火不热"，"壹其性，养其气，合其德"而"全于天"，则全生之义也。列子先于杨朱，则杨氏之学，源于列御寇，而下开黄老。庄书言："骈于辩者，累瓦结绳，窜句游心于坚白同异之间，而敝跬誉无用之言，非乎？而杨墨是也。"墨有辩而杨亦有辩，殆本列子正名之义而来耶！魏牟、陈仲、詹何、子华、田骈、慎到，皆杨朱之流派，而列子者，倘又杨朱之远源也。

原载 1946 年 10 月《灵岩学报》创刊号，分题《杨朱考》《黄老考》。后稍有修改，合为本编，载 1948 年 6 月《图书集刊》第八期。

法家流变考

一 兵、农、纵横统为法家

《汉书·艺文志》析法家、农家、兵家、纵横家为四，然后三家者殆皆法家之工具也。何以言之?《晋书·刑法志》言:"律文起自李悝，撰次诸国法著《法经》……商君受之以相秦。"《汉书·艺文志》法家有《李子》三十二篇，注云:"名悝，相魏文侯，富国强兵。"又有《商君》二十九篇，注云:"名鞅，相秦孝公。"是悝与鞅固为法家也。《史记·孟荀列传》:"魏有李悝，尽地力之教。"《货殖列传》又称:"当魏文侯时，李克务尽地力。"同时同事，不当为二人。崔述以悝、克一声之转，则李克即李悝也。《汉志》农家《神农》二十篇，注云:"六国时诸子疾时怠于农业，道耕农事，托之神农。"师古引刘向《别录》云:"疑李悝、商君所说。"然则所谓"富国"、所谓"尽地力之教"者，殆即此耶!《商君列传》集解引《新序》:"商君极身无二虑，尽公不顾私,使民内急耕织之业以富国,外重战伐之赏以劝戎士。"
是宜其"道耕农事"也。则李悝、商鞅又农家流欤!《汉
书·刑法志》:"吴有孙武,齐有孙膑,魏有吴起,秦有商
鞅,皆禽敌立胜,垂著篇籍。"《荀子·议兵》亦言:"秦之卫
鞅,世之所谓善用兵者也。"《汉志·兵书略》,兵权谋家载
《公孙鞅》二十七篇,则商鞅又兵家也。兵权谋家有《李
子》十篇,沈钦韩以为即李悝书。《韩非子·内储说上》:
"李悝为魏文侯北地守,欲人之善射,乃下令曰:'人之有
狐疑之讼者,令之射的,中之者胜,不中者负。'而人皆疾
习射,日夜不休。及与秦战,大败之。"励射善战,宜为传
此十篇之书者。所谓"强兵",殆即此,则悝亦兵家也。
贾谊《过秦论》:"当是(孝公)时,商君佐之,内立法度,务
耕织,修守战之备,外连衡而斗诸侯,于是秦人拱手而取
西河之外。"立法度,所以为法也;务耕织,所以为农也;修
守战,所以为兵也。又外连衡而斗诸侯,则商君得非亦纵
横之流耶!盖法家莫不以富国强兵为事,故非徒"不别亲
疏,不殊贵贱,一断于法"而已也,又有其所以富强之工具
焉,则农、兵、纵横之术是也。农以致富,兵以致强,而纵
横则为外交术,皆法家之所宜有事者。《齐策》苏秦言:

> 昔者魏王拥土千里,带甲三十六万……从十二
> 诸侯朝天子,以西谋秦,秦王恐……卫鞅谋于秦王
> 曰:"夫魏氏其功大而令行于天下,有十二诸侯而朝

天子，其与必众，故以一秦而敌大魏，恐不如，王何不使臣见魏王，则臣请必北魏矣。"秦王许诺。卫鞅见魏王曰："……今大王之所从十二诸侯，非宋、卫也，则邹、鲁、陈、蔡，此固大王之所以鞭棰使也，不足以王天下。大王不若北取燕，东伐齐，则赵必从矣；西取秦，南伐楚，则韩必从矣。大王有伐齐、楚心而从天下之志，则王业见矣。大王不如先行王服，然后图齐、楚。"魏王说卫鞅之言也……于是齐、楚怒，诸侯奔齐。齐人伐魏，杀其太子，覆其十万之军。魏王大恐，跣行按兵于国，而东次于齐，然后天下乃舍之。当是时，秦王垂拱受西河之外而不以德魏王，故曰卫鞅之始与秦王计也，谋约不下席，言于尊俎之间，谋成于堂上，而魏将以禽于齐矣，冲橹未施而西河之外入于秦矣。

是商君诚为一纵横家，贾生《过秦论》所谓"外连衡而斗诸侯"，事固有证，则兵、农、纵横之悉属于法家审矣。

考之吴起之事，亦同商鞅。吴起在鲁，为鲁却齐；为魏守西河，而秦兵不敢东乡；相楚，则南平百越，北并陈、蔡，却三晋，西伐秦，诸侯患楚之强。《汉志》兵权谋家有《吴起》四十八篇。《孙吴列传》谓："吴起兵法世多有。"起为兵家，固无疑者。《韩非·外储说右上》："吴子为法者也。"而其治荆则胥符于法家。《吕氏春秋·贵卒篇》："吴

起谓荆王曰：'荆所有余者地也，所不足者民也，今君王以
所不足，益所有余，臣不得而为也。'于是令贵人实广虚之
地，皆甚苦之。"《韩非·和氏》："吴起教楚悼王以楚国之
俗曰：'大臣太重，封君太众，若此则上逼主而下虐民，此
贫国弱兵之道也。不如使封君之子孙，三世而收其爵禄，
裁减百吏之禄秩，损不急之枝官，以奉选练之士。'"《史
记》本传言："起相楚，明法审令，捐不急之官，废公族疏远
者，以抚养战斗之士，要在强兵。"蔡泽称："吴起为悼王立
法，卑减大臣之威重，罢无能，废无用，损不急之官，塞私
门之请，一楚国之俗。禁游客之民，精耕战之士，南收杨
越，北并陈、蔡，破横散从，使驰说之士，无所开其口。禁
朋党以厉百姓，兵震天下，威服诸侯。"(《蔡泽列传》)削世
族，立法令，励耕战，禁游说，斥朋党，杜私门，此皆法家之
所以为治，商君用以相秦者也，而起尽施于楚，则起岂兵
家而已哉？史迁谓："范雎、蔡泽，世所谓一切辩士，游说
诸侯。"(《范雎蔡泽列传》)再考其行事，固游说从横之士
也。而李斯《谏逐客书》言："昭王得范雎，废穰侯，逐华
阳，强公室，杜私门，蚕食诸侯，使秦成帝业。"则雎顾不得
为法家耶？《秦始皇本纪》载："大梁人尉缭来说秦王曰：
'以秦之强，诸侯譬如郡县之臣，但恐诸侯合从，翕而出不
意，此乃智伯、夫差、湣王之所以亡也。愿大王毋爱财，赂
其豪臣以乱其谋，不过三十万金，则诸侯可尽。'"划策散
从而帝秦，是亦连衡之士也。《汉志》兵形势家有《尉缭》

三十一篇，则缭固为兵家，故"秦王以为国尉"（《本纪》）。而杂家复出《尉缭》二十五篇，师古引刘向《别录》云："缭为商君学。"则缭亦法家也。观于商鞅、李悝、吴起、范雎、尉缭之事，则知法家者，非徒务法而已，又多挟兵、农、纵横三者以俱，而达其富强之旨焉。言法家者，固当统此三者以为说也。自刘向校书裂而为四，后世不察，别其农战富强之术、纵横外交之权而外之，于是法之为法，竟不复明，亦可惜也。校书固当依书之内容，分别部居，不相杂厕，析之为四，本无足议，至若辨章学术，则应就其统纪，而观其全，方足论定。司马谈论晚周学术，第言阴阳、儒、墨、名、法、道德六家，而不及兵、农、纵横，良有识也。或谓以兵、农隶法家，固与耕战之教相合，以纵横为法术，得不与禁游说之论相背乎？此说似是而实不然。盖其禁游说者，恶其乱己也，而又不得不资以为己用。观于商君之说魏惠王，范雎之说秦昭王，韩非书之《初见秦》《说难》，凡李斯、韩非之相击难，岂不谙纵横术者所能为乎？故纵横之与禁游说固不相背也。

二　法家学说、著述及法经

《韩非·定法》言："申不害言术而公孙鞅为法。术者，因任而授官，循名而责实，操杀生之柄，课群臣之能者也；此人主之所执也。法者，宪令著于官府，刑罚必于民心，赏存乎慎法，而罚加乎奸令者也；此臣之所师也。君无术则弊于上，臣无法则乱于下，此不可一无，皆帝王之具也。"又曰："申不害虽用术，而奸臣犹有所谲其辞，故托万乘之劲韩而不至于霸王者，虽用术于上，法不勤饰于官之患也。公孙鞅治秦，国富而兵强，而无术以知奸，则以其富强资人臣而已。故乘强秦之资而不至于帝王者，法虽勤饰于官，主无术于上之患也。"夫法刚而术柔，法显而术隐，法以齐百姓而术以驭群臣，此其大较也。而慎到又言势，《韩非·难势》征慎子曰："贤人而诎于不肖者，则权轻位卑也；不肖而能服于贤者，则权重位尊也。尧为匹夫，不能治三人，而桀为天子，能乱天下，吾以此知势位之足恃，而贤智之不足慕。夫弩弱而矢高者，激于风也；身不肖而令行者，得助于众也。尧教于隶属而民不听，至于南面而王天下，令则行，禁则止。由此观之，贤智未足以服众，而势位足以诎贤者也。"此所谓"蔽于法而不知贤"者也。法、术、势三者备而法家之义尽于是也。《荀子·解蔽》言："申子蔽于势而不知智。"知势者慎子之所立而申子承之，申子亦言势者也。《解蔽》又言："慎子蔽于法而不知贤。"合荀、韩二家之言究之，则法者商子之所立，而慎子承之，又益之以言势；势者慎子之所立，而申子承之，又益之以言术；韩非则直承申子而已。其书言术者大半，于法与势亦略言之。法者本于事理之当然，理当者未必即可行之而有裨，则形格势禁是也。此王莽、安石之所由败，法虽善而势未可也。法当而势便，行之复有不效者，臣下之奸也，则不可无术以驭之。三者诚缺一不可。韩非之言殆未能超于三家之外也。商、慎二子之书其言具在，乃申不害之书早佚，无以究其详，惟《群书治要》所引略具其概。其《大体》曰：

夫一妇擅夫，众妇皆乱；一臣擅君，群臣皆蔽；故妒妻不难破家也，而乱臣不难破国也。是以明君使其臣并进辐凑，莫得专君焉。今人君之所以高为城郭而谨门闾之闭者，为寇戎盗贼之至也，今夫弑君而取国者，非必逾城郭之险而犯门闾之闭也，蔽君之明，塞君之听，夺之政而专其令，有其民而取其国矣。

今使乌获、彭祖，负千钧之重，而怀琬琰之美，令孟贲、成荆带干将之剑卫之，行乎幽道，而盗犹偷之矣。今人君之力，非贤乎乌获、彭祖，而勇非贤乎孟贲、成荆也，其所守者，非特琬琰之美、千钧之重也，而欲勿失，其可得耶？

由《治要》所存《申子》佚文，足证韩非所论申子之术，专以制驭重臣，说最扼要。反观非子之书，首十数篇实专以制驭重臣为说；则申子之书虽亡，而韩非之书实专以术为说，韩虽言法、言势并著，而实以言术过半，则韩为祖述申子者也。《外储说左上》称："韩昭侯谓申子曰：'法度甚不易行也。'申子曰：'法者，见功而与贵，因能而授官。今君设法度而听左右之请，此所以难行也。'"韩非所汲汲以论者，即述申子此等语也。自春秋以逮于战国，法家之说独为世重，而法家所亟论者，抑贵族而尊君权，于是春秋以来之贵族废，布衣卿相，盛于一世，而君权极矣。夫由世族政治以入于君权扩张，此历史之一大进步，惟法家能认识之，此法家所以能独盛者也。乃儒者犹欲维护贵族势力，与时背驰，其不为世重，岂偶然哉？李斯称申子曰："有天下而不恣睢，命之曰以天下为桎梏。"（《李斯列传》）此扩张君权之论造于极端者也。韩非亦称申子曰："独视者谓明，独听者谓聪，能独断者故可以为天下王。"（《外储说右上》）此非孔孟儒家所能为之说也。"予无乐乎为君，惟其言而莫予违也。"而孔子非之（《论语·子路》），此儒道之所由废也。"贵戚之卿，反覆之而不听则易位。"而孟子持之（《孟子·万章》），此儒者之与时乖也。凡西人之所谓君主专制、君权神圣不负责任者，中国无此思想，谓无法律上之责任也，故中国文化不解专制之义，此意也。惟申不害庶乎知之，即商鞅、慎到、韩非皆未臻此。晋作刑鼎而孔子讥之，惟《商君书·定分》能明之，此亦历史之一大进步。惟法家主之，故法家之在战国，独能认识时代，而他家皆不然，以尊君为儒家罪者，诚浅薄之论也。韩非书引申子曰："上明见，人备之；其不明见，人惑之；其知见，人饰之；其不知见，人匿之；其无欲见，人伺之；其有欲见，人饵之。故曰吾无从知之，惟无为可以规之。"(《外储说右上》)然则申子之言无为者，亦备下之术也。故《治要》引《申子》言："鼓不与于五音，而为五音主；有道者不为五官之事，而为治主。君知其道也，臣知其事也。十言十当、百为百当者，人臣之事也，非君人之道也。"于是申子之言，遂合于黄老之义，非商君以来之所能及也。《吕氏春秋·任数》称申不害闻之曰："无唱有和，无先有随。古之王者，其所为少，其所因多。因者，君术也；为者，臣道也。为则扰矣，因则静矣。因冬为寒，因夏为暑，君奚事哉？故曰君道无知无为，而贤于有知有为，则得之矣。"此因循之用也。又曰："名自正也，事自定也……是以圣人贵名之正也。……以其名听之，以其名视之，以其名命之。镜设精，无为而美恶自备；衡设平，无为而轻重自得。凡因之道，身与公无事，无事而天下自极也。"(《治要》引)盖名正事定而天下自极，太史公乃曰："申子卑卑，施之于名实。"(《老庄申韩列传》)正名，孔子之所不废，史公未足以尽申子也。若商君、韩非之书备在，慎子亦存大概，皆不具论，此独述申子而已。

商君言法而申不害言术，然二家之书皆非自作，殆宗其学者之所述也。《商君书·定分》言："御史置一法官及吏，丞相置一法官。"考之《秦本纪》，"初置丞相"在武王二年，当商鞅死后且三十年也。《徕民篇》言"今三晋不胜秦，四世矣，自魏襄以来"云云，秦自孝公而惠文王、而武

王、而昭襄王，此四世也。《荀子·强国》言："故四世有
胜，非幸也，数也。"荀卿入秦在昭襄之世，其曰"四世有
胜"，以秦之强自孝公始。宜《商君书》之作在昭襄时。
《徕民》又称"周军之胜，华军之胜，长平之胜"。长平之战
在昭襄之四十七年，华军之战在三十四年，为败魏芒卯于
华阳，周军之战在十四年，败韩、魏于伊阙，三战皆白起
事。信《商君书》之作在昭襄之世。败赵长平，上距商鞅
佐秦且百年，故《商君书》者，祖述商君者之所作也。《史
记》以申不害相韩为韩昭侯，而《汉志》法家有《慎子》四十
二篇，注云："名到，先申、韩，申、韩称之。"而《楚策二》言
襄王为太子，质于齐，怀王薨，襄王问其傅慎子。怀王入
秦不反，其薨当秦昭襄王之十一年，而齐湣王之五年。
《盐铁论·论儒》言："湣王南举楚淮，北并巨宋，西摧三
晋，却强秦，矜功不休，慎到、接子亡去。"《史记》齐湣王二
十三年，败楚于重丘，南割楚之淮北。二十六年，攻秦至
函谷。三十八年，伐宋，宋王死于温。是慎子已当湣王之
末。《申子》书称慎子，宜在慎子之后，上距韩昭侯亦百
年，则其书亦祖述申不害学说者之所作也。商、申之成书
皆在其身后百年，是固周秦人书之恒事，皆其后学者随时
多所附入也。

《韩非子》并言法、术，其书亦未必尽为韩非所自作。
其《初见秦》同于《秦策一》张仪之说秦王，其《饬令篇》同
于《商君》之《饬令》（又作《靳令》）。而《奸劫弑臣》之"厉

怜王"以后,《韩诗外传》四、《楚策四》皆以为荀卿遗春申之言。知韩非书亦丛书也。《说林》上:"智伯索地于魏宣子,宣子弗予,任章谏云云,乃予之。"《十过》作"智伯令人请地于魏,魏宣子欲勿与,赵葭谏"云云,《十过》同于《赵策》,《说林》同于《魏策》,是自为牴牾。《韩非》一书引事若此,非止一二,其不为一人之作无疑矣。《二柄》《八奸》以下皆亟言人主之制重臣,此申子言术之义也;而《六反》《八经》以下又亟言所用非所养之失而义又殊;《扬榷》一篇文最异,与《主道》一篇同为道家言,法家之意不显。而《内储》之前《说林》之后凡六篇为说最异,与《韩非》全书之旨相乖。《用人篇》言:"故明主厉廉耻,招仁义。"此于非书尤为迥异,举凡非子极端之论,胥不见于此数篇之书。《大体篇》言:"守成理,因自然。"似慎子静因之义,荀卿所谓"慎子有见于后,无见于先"者也。《功名篇》言:"桀为天子,能制于天下,势重也;尧为匹夫,不能正三家,位卑也;有势之与无势也。"此《难势》一篇所谓慎子言势之说也。其《守道篇》言:"今天下无一伯夷,而奸人不绝世,故立法度量,度量信,则伯夷不失是,而盗跖不得非。"此又荀卿所谓"慎子蔽于法而不知贤"者也。则是数篇者乐道尧舜、不诽仁义,其迥异于《韩子》他篇之义,岂偶然耶! 若《解老》《喻老》二篇,义又各别,《喻老》多本韩非子之旨,与他篇之义相同;而《解老》一篇则无一涉于法家之义,无一取于韩非之言,实一纯乎道家释《老子》之书,而误联于《喻老》者也。故释"天下有道,却走马以粪,天下无道,戎马生于郊",二篇为释迥殊。故知韩非书亦为丛书,而不得为一人之言也。

韩非书最异者莫如《内外储说》六篇,此六篇明著为"经",各"经"之后则为"传",其称"一曰"者,则又异家之传,如《春秋》之有《公羊》《穀梁》,文句每大同小异,后师传闻而异辞也。六篇之经,皆文约义丰,法家大义略括于此,堪为总汇,其为非子作否未可知;而传则决非非子所作,殆有可言者:其每称"一曰"者,别一家之传也,传或有直取韩非之言者,此取韩子以为传也;有举事而异乎韩子之书者,此取异家书以为之传。则其为书殆又出乎非子之后。余于考杨朱事,论周秦各家之学其发达已臻成熟之后,恒摘要钩玄而为经,道家有《道德经》,墨家有《墨经》,皆是故也。法家亦有《法经》,则《内外储经》固足以当之也。《荀子·解蔽》引《道经》,文不见于《道德经》,知作《道经》者又非一家。《韩非子》有《八经篇》,倘亦经也,而义则疏。《管子·经言》亦八篇,文义未能奥密,不足为经,若《储说》六篇,洵足以当经而无憾也。桓谭《新论》言商君受李悝《法经》以相秦(《七国考》卷十二引)。《晋书》《唐律》皆言李悝集诸国刑典造《法经》六篇,而《通典》则谓之《网经》,《法经》《网经》皆六篇,《网经》亦得《法经》之名,而此《内外储经》六篇,其深远固非《网经》《贼法》《盗法》六篇之比,桓言《法经》,安知非此? 惟二者皆不得为悝作耳。各家之经具而各家之学亦巍然以盛,作经者固周秦学术发展史上之一大断限也。苟取商、韩各家之言分属各经当句之后以阐释之,则见法家之义毕具于是而无遗也。

三 儒法为周秦新旧思想之主干

儒家之传本于周,而法家之术大行于战国而极于秦,则儒法之争者为新旧两时代思想之争,将二家为一世新旧思想之主潮,而百家乃其余波也。知兵、农、纵横之俱为法,而后知《孟子》书中多斥法家之论,而法家之尽与东方之儒学相违也。孟子曰:"今之事君者曰:'我能为君辟土地,充府库。'今之所谓良臣,古之所谓民贼也,君不乡道,不志于仁,而求富之,是富桀也。'我能为君约与国,战必克。'今之所谓良臣,古之所谓民贼也,君不乡道,不志于仁,而求为之强战,是辅桀也。"(《告子》)"辟土地"对农而言,"约与国"对纵横而言,"战必克"对兵而言,此正对整个法家欲以耕、战、纵横之术而求富国强兵之治为说也。又曰:"城郭不完,兵甲不多,非国之灾也;田野不辟,货财不聚,非国之害也;上无礼,下无学,贼民兴,亡无日矣。"(《离娄》)亦斥耕战者也。又言:"善战者服上刑,连诸侯者次之,辟草莱、任土地者又次之。"(《离娄》)是并斥兵、农、纵横也。孔子言政,首足食,次足兵,宜辟田莱亦为儒者所重,则孟子不当非斥"辟草莱、任土地"者矣,而孟子犹力斥之者,以其合兵战、纵横而为法家之政故也。史迁言:"三晋多权变之士。"(《张仪列传》)《汉志》所载法术纵横之士,俱为北人,孟子处处对兵、农、纵横而言,盖即对北方之学言之也。司马谈谓:"法家不别亲疏,不殊贵贱,一断于法。"《新序》谓商君:"法令必行,内不阿权宠,外不偏疏远。"(《商君列传》集解引)桃应问孟子曰:"舜为天子,皋陶为士,瞽瞍杀人,则如之何?"(《尽心》)万章曰:"象至不仁,封之有庳,有庳之人奚罪焉,仁人固如是乎?在他人则诛之,在弟则封之。"(《万章》)是皆据法家之义以为问也。《韩非子·忠孝》引《记》曰:"舜见瞽瞍,其容造焉。孔子曰:当是时也,危哉!天下岌岌。有道者,父固不得而子,君固不得而臣也。"而咸丘蒙问孟子曰:"语云:盛德之士,君不得而臣,父不得而子。舜南面而立,尧率诸侯北面而朝之,瞽瞍亦北面而朝之,舜见瞽瞍,其容有蹙。孔子曰:于斯时也,天下殆哉!岌岌乎!"(《万章》)此正据法家之言为说,故又曰:"舜既为天子矣,敢问瞽瞍之非臣,如何?"此皆依法家正君臣上下之分问之也。商君言:"慧辩,乱之赞也。"(《说民》)而疾民之"好辩乐学"(《农战》)。《韩非·亡征》言:"群臣为学,门子好辩,可亡也。"是法家疾辩士。而公都子曰:"外人皆称夫子好辩。"(《滕文公》)商君禁游宦之民,法家疾游学之士,而彭更问曰:"后车数十乘,从者数百人,以传食于诸侯,不以泰乎!"(《滕文公》)此据法家之义难之也,故再曰:"士无事而食,不可也。"(同上)孟子曰:"伯夷,圣之清者也,有闻伯夷之风者,顽夫廉,懦夫有立志。"而《韩非·奸劫弑臣》则曰:"古有伯夷、叔齐者,武王让以天下而弗受,二人饿死首阳之陵。若此臣者,不畏重诛,不利重赏,不可以罚禁也,不可以赏使也,此之谓无益之民,吾所少而去之也。"《韩非·有度》以"伊尹为宰,百里奚为虏",谓"圣人离俗隐居而以非上不谓义。"陈代曰:"不见诸侯,宜若小然。《志》曰:枉尺而直寻,宜若可为也。"周霄问曰:"古之君子仕乎?"(《滕文公》)此皆据法家之义为言也。景春曰:"公孙衍、张仪,岂不诚大丈夫哉?"(《滕文公》)则更直颂纵横之士。此皆以东方儒者之学,与北方法家之学不能相容。儒为旧文化之阐明,法为新政治之前驱,于《孟子》一书,实已见新旧两文化之为冰炭。孟子之时正商鞅佐秦、法家之术已盛于一世,乃孟子徒明辟杨、墨而不及法家者,殆以杨、墨之言早已盈天下,而法家于是时徒见之行事,未有著书,故孟子亦直从行事辟之而已。至荀卿则法家、兵家、纵横一一斥名辟之。于老、庄亦然。则亦见诸家之书后起,荀卿得而辩之。各家之相互采获了解,荀时亦较孟时为进步,新旧思想相激相荡之故,于此亦足窥知其大概也。

秦用法家,其行事皆本法家之义。儒家从周,故儒皆推明周政之本。由周秦之政治不同,而知儒法者两种不同政治之说明也。仲尼祖述尧舜，宪章文武。孟子曰："莫如师文王，师文王，大国五年，小国七年，必为政于天下矣。"故又曰："遵先王之法而过者，未之有也。"（《离娄》）而商君则曰："前世不同教，何古之法？帝王不相复，何礼之循？"（《更法》）韩非亦言："愚学不知治乱之情，谍谈多颂先古之书，以乱当世之治。"（《奸劫弑臣》）儒者言法古，称先王，而法家图便事，称新圣，其立言之本固已大异矣。由周秦之政各殊，益知儒法之异正两时代之异也。孟子曰："昔者文王之治岐也，耕者九一，仕者世禄，关市讥而不征，泽梁无禁，罪人不孥。"（《梁惠王》）而商君之治秦也，班固言："秦用商君，坏井田，开阡陌，急耕战之赏……然王制遂灭，僭差无度。"（《食货志》）则非周人百亩而彻、九一之助，与孟子"王政必自经界始"，大异其趣矣。周公谓鲁公曰："君子不施其亲，不使大臣怨乎不以，故旧无大故则不弃也。"（《论语·微子》）孟子谓齐宣王曰："所谓故国者，非谓有乔木之谓也，有世臣之谓也。王无亲臣矣，昔者所进，今日不知其亡也。"（《梁惠王》）又曰："贵戚之卿，君有大过则谏，反复之而不听则易位。"（《万章》）而商君在秦，则日绳其贵公子，且令"有军功者，各以率受上爵，宗室非有军功论，不得为属籍"（《商君列传》）。《汉旧仪》言："秦始皇灭诸侯为郡县，不世官，守相令长以他姓相代，去世卿大夫。"尚首功而去世卿，与世禄易位之事，见周、秦、儒、法之又迥异矣。《商君·垦令》

云："重关市之赋，则农恶商，商有疑惰之情，则草必垦矣。"《外内》又言："能令商贾技巧之人无繁，则欲国之无富，不可得也。"是商君治秦以抑工商为政策也。列传言："大小僇力本业，耕织致粟帛多者复其身，事末利及怠而贫者，举以为收孥。"释者咸以耕织为本业，末利为工商，是秦制之抑工商，又为不可易之事实。而孟子称文王治岐，则言"关市讥而不征"；告齐宣王则曰："市廛而不征，法而不廛，使天下之商皆悦而愿藏于其市矣。关讥而不征，则天下之旅皆悦而愿出于其路矣。"（《公孙丑》）周、秦、儒、法岂不又大相违反乎！《淮南·氾论》："秦之时……入刍稿，头会箕敛，归于少府。"《汉书·百官公卿表》："少府，秦置，掌山海池泽之赋。"《盐铁论·非鞅》言："昔商君相秦也……外设百倍之利，收山泽之税，国富民强，器械完饰，蓄积有余，是以征地伐国，攘地斥境，不赋百姓而师以赡。"以秦之频于攻战，而师行之资尽出于山泽之税，其收入之巨可知矣。与东人"林麓山泽以时入而不禁"，周人"泽梁无禁"，固又大殊也。《商君列传》"令民为什伍，而相收司连坐"。班固言："秦用商鞅，连相坐之法，造参夷之诛。"罪及三族，与孟子所道"罪人不孥"相去远矣。文王先事穷民之无告者，而秦昭不发五苑之粟。凡孟子所言文王之治，无一不与秦殊。《周官·秋官》小司寇："以八辟丽邦法，附刑罚：一曰议亲之辟，二曰议故之辟，三曰议贤之辟，四曰议能之辟，五曰议功之辟，六曰议贵之辟,七曰议勤之辟,八曰议宾之辟。"此周人以贵贱亲疏之分而刑法固不平等。楚庄王曰:"子文无后,何以劝善。"晋祁奚曰:"社稷之固,将十世宥之,以劝能者。"(《左传》宣四年、哀二十一年)是晋、楚者犹周室之旧轨也。《新序》言:"商君法令必行,内不阿权宠,外不偏疏远。"《商君书·赏刑篇》言:"所谓壹刑者,刑无等级,自卿、相、将军以至大夫、庶人,有不从王令、犯国禁、乱上制者,罪死不赦。有功于前,有败于后,不为损刑。有善于前,有败于后,不为亏法。"直针对八议而言。此周秦之制又相异也。《左传》昭二十九年传云:晋铸刑鼎,著范宣子所为《刑书》,仲尼曰:"晋其亡乎,失其度矣。晋将守唐叔之所受法度以经纬其民,卿大夫以序守之,民是以能尊其贵,贵是以能守其业。……今弃是度也,而为刑鼎,民在鼎矣,何以尊贵?贵何业之守?"是周之刑法为秘密,掌于贵族之手。若《商君书·定分篇》所言,则"使天下之吏民无不知法者",更别置司吏民法律顾问之"法官",其与周制、儒说不啻河汉。凡此儒法之异说,何莫非周秦之异政,周秦以民族之不同,其文物教化自不能无别。儒承周制而法衍戎俗,儒为周之说明,而秦则法之实行者,前撰《秦之社会》,于秦治之为法家,其种族出乎戎狄,叙之详矣。进而论之,夫周之政治为封建政治、贵族政治,于贵贱之辨至严,儒者维护周之贵族,迹又至显。而法家则一反之,竭力以抑贵族,壹刑法而立法官,以剥夺贵族昔日之特权。至尚首功而去世卿，则贵族本身地位已生动摇矣。本传言，商君"令民有二男以上不分异者倍其赋"，则更欲根本禁绝家族制之发生也。他如抑工商，亦以工商之利归诸私门，而抑商贾则夺私门之富而归公室也。其禁私斗而励公战，亦以私斗为私门之强，公战则强在国，而欲易私门之强为公室之强耳。是法家无往而非打击贵族。故"商鞅相秦十年，宗室贵戚多怨望者"（本传）。楚之贵戚尽欲害吴起，卒之商君车裂，吴起肢解，亦其势所必至者欤。故儒法二思想实即周秦二时代、二民族不同文化之反映而已。故虽谓儒法之争为新旧之争、夷夏之争不为过也。自秦以兵强天下，法家之术遂亦弥漫六合，而贵族日益没落，布衣卿相大显于六国；君主、平民中间之贵族阶级既除，政权乃集于君主一人之身，故法家又有尊主卑臣之义，而为君主专制之说。及始皇帝一统宇内，尽用夷道，焚《诗》《书》，坑儒士，奠数千年君主专制之局，其影响于后世可谓巨乎！然贵贱之级虽泯，而贫富之级因之而起。秦尚首功，"令富贵之门必出于兵"（《赏刑》），"五甲首而隶五家"（《议兵》），更"除井田，民得卖买"（《食货志》），"尊奖兼并之人"（崔实《政论》），遂致"富者田连阡陌，贫者无立锥之地"（《食货志》），"上家累巨亿之资，斥地侔封君之土……故下户踦岖，无所跱足，及父子低首，奴事富人，躬率妻孥，为之服役"（《政论》），而贫富之级乃判然矣。自法家之兴，而我国史之政治社会，前后判若二人，故曰周秦之政既殊，而儒法之言亦因之以异。是法家者诚一新时代之文化，亦即源于异民族之文化也。

四 法家思想导源与秦民族

秦自岍渭之首，入居酆、镐周人之都，而曰"秦杂戎狄之俗，先暴戾，后仁义"，曰"诸夏宾之，比于戎狄"（《六国年表序》），则关中文化于秦人之来已一落千丈，予前论周秦民族，固知秦之为戎也。法家之学，莫先于商鞅。商鞅治秦，若由文而退之野，是岂知商君之为缘饰秦人戎狄之旧俗，而使渐进于中国之文耶？凡商君之法多袭秦旧，而非商君之自我作古。班固言："秦用商君，连相坐之法，造参夷之诛。"《鞅传》言："定变法令，令民为什伍，而相收司连坐。"此以连坐之法、三族之诛，为自商鞅始也。而《始皇本纪》言："献公十年，为户籍相伍。"《春秋繁露·王道》言："梁内役民无已，其民不能堪，使民比地为伍，一家亡，五家杀刑。"梁，嬴姓国，与秦同祖，则什伍连坐，已在商君之前为嬴姓国固有之法也。《秦本纪》：文公二十年，"初有三族之罪"。武公三年，"诛三父等，夷三族"。则三族为秦先有之罪，亦不自商鞅始也。《古史考》言："秦用商鞅计，制爵二十等，以战获首级者计而受爵。"而《左传》襄十一年传，秦有庶长鲍、庶长武帅师伐晋以救郑，战于栎。襄十二年，有庶长无地。《秦本纪》怀公四年，庶长鼌与大臣围怀公。出子二年，庶长改迎灵公之子献公于西河而立之。则秦之庶长自春秋时已有之，亦不自商鞅始。《左传》成十三年传复有"不更女父"，明秦之先有此爵级也。《韩非·定法》亦言："商君之法，斩一首者赐爵一级。"而《秦本纪》："献公二十一年，与晋战于石门，斩首六万级。"事在商君前，爵既秦所先有，上首功自亦秦所先有也。秦之文化为独立之文化，不同中夏，商君固自依其旧制而增饰之耳。商君言："始秦戎狄之教，父子无别，同室而居。今我更制其教，而为其男女之别。大筑冀阙，营如鲁卫矣。"（《鞅传》）是鞅之变秦非由文而退之野，实由野而进之文。《鞅传》言：鞅西入秦，见孝公，说公以帝道，其志不开悟矣；复说公以王道，而未入矣；复说公以霸道，公与语不自知膝之前于席也，语数日不厌。鞅曰："吾说君以帝王之道，比之三代，而君曰久远，吾不能待。……故吾以强国之术说君，君大说之耳。然亦难以比德于殷周矣。"此或为战国游士增饰之说，然鞅挟东方之术而欲售之秦，而秦悦其近己者，亦势固然也。凡浅化民族之能接受异国高深文明，必于其相同之条件下乃有可能；商君之于秦，亦正汉高语叔孙通，所谓"度吾所能行为之"者也。凡申、韩刻忍之论，胥导源于商君，商君者诚法家之祖矣。若管仲之于齐，非此比也。如曰："礼义廉耻，国之四维。"是岂商、韩所欲闻乎！故《管子》非法家之学也（《班志》列于道家）。是法家之说本之商鞅，而鞅袭之秦。故吾谓法家之说，诚源于西北民族之教者也。李斯言："昭王得范雎，强公室，杜私门，使秦成帝业。"范雎于秦，犹商君之意也。《韩非·外储说右下》言："秦大饥，应侯请曰：'五苑之草著蔬菜橡果枣栗足以活民，请发之。'昭襄王曰：'吾秦法：使民有功而受赏，有罪而受诛。今发五苑之蔬果者，使民有功与无功俱赏也。夫使民有功与无功俱赏者，此乱之道也。'"则范雎于秦，非雎之法而实秦之法也。李斯挟荀卿之术，其在秦之为，曾不异于商、范二子，是皆以秦法治秦者也，三子先后皆一辙也。《外储说右下》又言："秦昭王有病，百姓里买牛而家为王祷。……（王曰）：'夫非令而擅祷者，是爱寡人也；夫爱寡人，寡人亦且改法而心与之相循者，是法不立，法不立，乱亡之道也。不如人罚二甲，而复与为治。'"《吕览·任数》："韩昭釐侯视所以祠庙之牲，其豕小，昭釐侯令官更之。官以是豕来也，昭釐侯曰：'是非向者之豕邪！'官无以对。命吏罪之。从者曰：'君王何以知之？'君曰：'吾以其耳也。'"《韩非·二柄》言："昔者韩昭侯醉而寝，典冠者见君之寒也，故加衣于君之上。觉寝而说，问左右曰：'谁加衣者？'对曰：'典冠。'君因兼罪典衣，杀典冠。其罪典衣，以为失其事也；其罪典冠，以为越其职也。非不恶寒也，以为侵官之害甚于寒。"《韩策一》言："申子请仕其从兄官，昭侯不许也，申子有怨色。"知秦之自有其治，商君、范雎从乎秦者也；韩昭自有其治，申子实不逮昭侯。韩、魏皆戎狄之族，前于

《周秦民族史》详之也。赵威后之语齐使曰："於陵子仲尚存乎？是其为人也，上不臣于王，下不治其家，中不索交诸侯，此率民而出于无用者，何为至今不杀乎？"（《齐策四》）李疵语赵武灵王曰："夫好显岩穴之士而朝之，则战士怠于行陈。上尊学者，下士居朝，则农夫惰于田。战士怠于行陈者，则兵弱也；农夫惰于田者，则国贫也。兵弱于敌、国贫于内而不亡者，未之有也。"（《外储说左上》）此皆法家之思想也，其语岂东方齐鲁之人所能道哉？赵之先造父，所谓北唐之戎，与秦同祖，故秦赵尤相近。《匈奴列传》言："其送死：近幸臣妾从死者，以数十百人。"《大宛列传》言："匈奴破月氏王，以其头为饮器。"此皆不见于周代，非于时华夏之俗也。《秦本纪》言：武公卒，初以人从死，从死者六十六人，穆公卒，从死者七十七人。此戎狄之事见于中国也。《赵策一》言："三晋分智氏，赵襄子最怨智伯，而将其头以为饮器。"此戎狄之事而见于中国也。自秦赵入诸夏，而戎狄之风俗思想悉入诸夏，法家之说遍于战国，则中国几化于夷，秦人适用此新时代之思想，遂统一中国，倘亦势之必至者也。韩非言，商君教秦孝公"燔《诗》《书》而明法令"（《和氏》）。卒之极于李斯之坑焚，斯为逢君之欲，而鞅亦何独不然？《秦本纪》言戎人由余以《诗》、《书》、礼、乐、法度，"乃中国所以乱也"。此见戎夏文化之不相容者已旧矣，又奚待商、韩之徒而后贱仁义忠爱哉！法家之士多出于三晋，而其功显于秦，则法家固西北民族之精神，入中夏与三代文物相渐渍，遂独成一家之说，而与儒家之说相冲击，若冰炭之不可同器，一若道家之出于楚民族。则儒法之争谓之新旧之争，周秦之争亦即夷夏之争盖亦可也。

儒者之治，主于以不忍人之心行不忍人之政，君子莫大乎与人为善，祖尚禹稷己饥己溺之心，文王视民如伤之意。故主于"乐民之乐，忧民之忧"（《孟子·梁惠王》），而戒乎"好人之所恶，恶人之所好"（《大学》）。而法家之言则曰："严刑重罚者，民之所恶也，而国之所以治也。哀怜百姓、轻刑罚者，民之所喜，而国之所以危也。圣人为法国者，必逆于世。"（《奸劫弑臣》）申子曰："有天下而不恣睢，命之曰以天下为桎梏。"此岂饥溺不忍之意乎？《韩非·备内》曰："以妻之近与子之亲而犹不可信，则其余无可信者矣。"《六反》又曰："父母之于子也，产男则相贺，产女则杀之……虑其后便计之长利也。故父母于子犹用计算之心以相待也，而况无父子之泽乎？"则又何论于儒家"老吾老以及人之老，幼吾幼以及人之幼"？韩子曰："圣人之治国也，固有使人不得不爱我之道，而不恃人之以爱为我也。……故设利害之道以示天下而已矣。"（《奸劫弑臣》）则又何论于与人为善？由儒家之说则人与人以爱相亲，由法家之说则人与人以利相贼，其生心固已大异，无怪其言政之相胡越也。《魏策三》言："秦与戎狄同俗，有虎狼之心，贪戾好利而无信，不识礼义德行，苟有利焉，不顾亲戚兄弟，若禽兽耳。"法家之学源出戎狄，其言若此，正由于贪戾好利之民族。故由是而出之治术与之若合符，而于东方仁义之说，若水火之不相能也。

五　《管子》为法家与儒道两家之调和

叶水心《习学记言》谓："《管子》非一人之笔，亦非一时之书……而汉初学者，讲习尤著，贾谊、晁错以为经本，故司马迁谓'读管氏书，详哉其言之也'。"此诚达于学术流变者之言。张巨山说与水心相同。马迁言："贾生、晁错明申、商。"而贾、晁所明者，仅管氏而已，申、商极端之论，贾、晁实未述颂之。《管子》书，《汉志》列之道家，然书中颇申"尚法而不尚贤"之意，故后人又入之法家。由今论之，其书乃儒家而采法家之长者也，儒、法、道调和之作也。晁错《请募民徙塞下》言："臣闻古之制边县以备敌也，使五家为伍，伍有长；十长一里，里有假士；四里一连，连有假五百；十连一邑，邑有假候。……故卒伍成于内，则军政定于外，服习以成，勿令迁徙，幼则同游，长则共事，夜战声相知，则足以相救，昼战目相见，则足以相识，欢爱之心，足以相死。"（《汉书·晁错传》）此所谓古制，其编制之法，于昔无征，惟《管子书·小匡》与此同，云："制五家为轨，轨有长；十轨为里，里有司；四里为连，连有长；十连为乡，乡有良人。"以下所云，《小匡》亦有之而文小异。《齐语》亦备有之，文亦小异，则错之用《管子》明矣。贾谊称："礼义廉耻，是谓四维，四维不张，国乃灭亡。"又称："仓廪实而知礼节，衣食足而知荣辱。"(《汉书·贾谊传》《食货志》)皆在今《管子书·牧民篇》，则贾、晁实即祖述《管子》，无与申、商，于此有征也。《牧民篇》言："城郭沟渠不足以固守，兵甲强力不足以应敌，惟有道者能备患于未形也。"此与商、韩之专恃强兵者已殊。儒之治曰："民之所好好之，民之所恶恶之。"(《大学》)而法家反是，以为"圣人为法必逆于世"。《管子》则同于儒而异于法，其《牧民·四顺》曰：

> 政之所兴，在顺民心。政之所废，在逆民心。民恶忧劳，我佚乐之。民恶贫贱，我富贵之。民恶危坠，我安存之。民恶灭绝，我生育之。能佚乐之，则民为之忧劳。能富贵之，则民为之贫贱。能安存之，则民为之危坠。能生育之，则民为之灭绝。故刑罚不足以畏其意，杀戮不足以服其心。故刑罚繁而意不恐，则令不行矣；杀戮众而心不服，则上位危矣。故从其四欲则远者自亲，行其四恶则近者叛之，故知与之为取者，政之宝也。

此与申、韩之专恃威刑者又殊也。老子曰："民不畏死，奈何以死惧之。"又曰："将欲取之，必固与之。"《管子》

既与法家之说相远，而又与道家之义相通。《管子·国蓄篇》又曰："民予则喜，夺则怒，民情皆然。先王知其然，故见予之形，不见夺之理，故民爱可治于上也。"《五辅篇》曰："夫民必得其所欲，然后听上，听上然后政可善为也。"此皆反于法家而同于儒家之说也。《权修篇》曰："凡牧民者，使士无邪行、女无淫事。士无邪行，教也；女无淫事，训也。教训成俗而刑罚省数也。凡牧民者，欲民之正也，欲民之正，则微邪不可不禁也；微邪者，大邪之所生也。……欲民之有礼，则小礼不可不谨。……欲民之有义，则小义不可不行。……欲民之有廉，则小廉不可不修。……欲民之有耻，则小耻不可不饰。"《牧民篇》曰："礼义廉耻，国之四维，四维不张，国乃灭亡。礼不逾节，义不自进，廉不避恶，耻不从枉。"管书之重教化而不恃刑罚，皆大同于儒而反于法也。《小称篇》曰："天下无常乱，无常治。不善人在则乱，善人在则治。在于既善，所以感之也。"《权修篇》曰："明智礼足以教之，上身服以先之。"《君臣篇》曰："举德以就列，不类无德，举能以就官，不类无能。"《立政篇》曰："德义未明于朝者，则不可加于尊位。"《管子》书虽屡申尚法而不尚贤之旨，而此则与儒墨尚贤之说同也。法道两家皆不尚贤，此更见管子之同于东方而异于北方也。《齐语》言："为游士八十人，奉之以车马衣裘，多其资币，使周游于四方，以号召天下之贤士。"此亦与法家禁游士之说相反。《牧民篇》曰："顺民之经在明鬼神，祇山川，敬宗庙，恭祖旧。"《小匡篇》又曰：
"人与人相保，家与家相爱，祭祀相福，死丧相恤，祸福相
忧，居处相乐，行作相和，哭泣相哀。"此与商君之教，"秦
国之俗，寡义而趋利，苟有利焉，不顾亲戚兄弟，若禽兽
耳"，其俗之相悬若是。又《问篇》曰："毋遗老忘亲，则大
臣不怨。"此与孔子称"周公谓鲁公"之意同，又与《中庸》
"亲亲则诸父昆弟不怨，敬大臣则不眩"之意同，而与《韩
非·奸劫弑臣》一篇殊也。其"问宗子之牧昆弟者，以贫
从昆弟者几何家"，犹是儒家收族、敬宗、尊祖之意，故《牧
民篇》称"敬宗庙，恭祖旧"。而商君治秦，"民有二男以
上，不分异者倍其赋"，故秦人"家富子壮则出分，家贫子
壮则出赘"（《汉书·贾谊传》）。东方之教始终为一贯。
《管子》书虽取于法家，要本于儒，而与秦人之政、法家之
治为有辨也。昔太公治齐，劝以女工之业，通鱼盐之利，
而人物辐凑。《管子》承之，设轻重以富国，号为冠带衣履
天下，此管子之重工商业也。商、韩则皆摈抑工商业，此
又管子与法家相异而终不离东方固有之教也。于荀卿见
北方自有其特异之思想，虽习于儒而终莫能自归于法。
于管仲见东方自有其独殊之宗趣，即邻于法者亦未能太
远于儒。其书殆出于法家盛行之后，儒家者流取法家之
所长，而辅儒家之不足者之所为也。自儒之能取于法，而
法亦因之以合于儒，后之"贾生、晁错明申、商"者，亦诵习
管书而止。其始也，儒法相攻如寇仇，其卒也，儒法调和

如昆季，而学术以渐入于统一。余前论法家自托于从殷，犹墨家之自托于从夏，至儒家并言法夏、法殷，兼采法、墨之长，各家相争之迹熄，而恢宏卓绝之新儒学以形成，道术遂定于一尊也。

秦汉之间颇多伪书之作，《管子》《尸子》之类是也。《淮南·要略》述各家作书之由，而亟称《太公之谋》，要亦此时代之伪书。殆以秦人禁学之后，作者皆未敢以自鸣，而一一托之往哲，然大都以黄老为中心，而撷取百家之长，实终不外《吕览》《淮南》之旨，固此一时代学术之风气略如是耳。凡《吕览》《尸子》《管子》书皆盛道明堂事，而稍前之荀卿乃无之，荀卿之弟子鲍丘生及再传之申公已为明堂论之宗师，《管》《尸》诸子者，皆盛道明堂论者也。下及贾山《至言》所称论，胥为明堂之事也。其言曰：

> 文王之时，豪俊之士，皆得竭其智，刍荛采薪之人，皆得尽其力，此周之所以兴也。……古者圣王之制，史在前，书过失，工诵箴谏，瞽诵诗谏，公卿比谏，士传言谏过，庶人谤于道，商旅议于市，然后君得闻其过失而改之，见义而从之，所以永有天下也。天子之尊，然而养三老于太学，亲执酱而馈，执爵而酳，祝喷在前，祝鲠在后，公卿奉杖，大夫进履，举贤以自辅弼，求修正之士使直谏。故以天子之尊，尊养三老，视孝也；立辅弼之臣者，恐骄也；置直谏之士者，恐不

得闻其过也；学问至于刍荛者，求善无厌也；商人、庶人诽谤己而改之，从善无不听也。……愿以夏岁二月，定明堂，造太学，修先王之道。(《汉书·贾山传》)

此其所言养老之事，皆明堂之事也，明堂以受群言为务也。儒墨道仁义，以亲民性善为本，而《管子·君臣》言："夫民别而听之则愚，合而听之则圣，虽有汤武之德，复合于市人之言，是以明君顺人心，安性情，而发于众心之所聚，与民为一体。"《桓公问》又曰："察民所恶，以自为戒，黄帝立明台之议者，上观于贤也，尧有衢室之问者，下听于人也。……汤有总街之庭者，以观人诽也。……桓公曰：'吾欲效而为之，其名云何？'对曰：'名啧室之议。'"此所以为顺民心集众思之治也，岂法家之谓哉！《尸子》《吕览》皆谆谆言明堂事，故曰此一时之思潮也。《贾子·修政语》称师尚父曰："天下者，非一家之有也，有道者之有也。"《意林》引《六韬》载太公曰："天下非一人之天下，天下之天下也。"群籍引《周书》亦有此语(《御览》卷八四)，今本《六韬·文师》有此语，《发启》亦有此语，是其为说优于孟、荀，自《吕览·至公》始有此义，而《太公之谋》屡举之，其为一世所重者，自然之理也。究之《太公》佚文，凡严万里、孙同元、汪宗沂三家之所辑者，合《六韬》观之，此固西汉初叶盛行之说，合儒、法、道德而一之，同于

《管子》《尸子》《鹖子》诸家之说。而后知伪托之书，其见于《汉志》而征引于贾谊以来之书者，皆秦汉间雄杰者之所为，尤以明堂论"天下之天下"诸说，不敢不寄之古人也。若《文子》《列子》之属，其不见于《汉志》而《抱朴》以来征之、备著于《隋志》、见称于《意林》及《群书治要》者，皆魏晋间放达者之所为也，乌可以其为依托遽弃之耶！余成《杨朱考》及此篇后，略知周秦间学术之故。而诸凡伪书者，颇见其多秦汉杂采百家言者之所为，倘本司马谈《论六家要旨》而去取百家之书，则是又一家之《吕览》《鸿烈》也。先秦之末，学术日趋于综合，其始也道家、法家皆菲弃仁义，若放淫辞，而儒家者流急起而拒之，日相攻伐；其卒也，法家而接受仁义者有之，道家而接受仁义者有之，各家皆崇仁义，是周季学术进步之一大断限也。《孙》《吴》《司马法》之属，皆与仁义不背驰，斯皆后来之说，于是儒者亦恢宏其事，悉百家之长而取之，而儒益伟，道术遂合而为一。于《管子》《尸子》《太公》《鹖熊》之书而幸道术之渐趋于一，又渐以入于精深宏卓而富于调和之新儒学也。夫以依托之书即为太公、鹖熊、管仲之作，此愚学之论也；辨其为伪而竟弃之，又智者之过也。惟究其立言之旨而考其成书之年，以辅论学者文献之所不足，则腐朽悉化为神奇，断简片言皆为精金美玉。先唐故书，零落无几，以其一部究汉初黄老杂家之言，以其一部究魏晋玄学所论述，先时之感书缺有间者，兹皆得而论

究之，是非言学者之一大快乎！是所乐与海内贤豪之士
共商之者也。

六　附论阴阳、名、杂分属墨、道二家

　　前论北方兵、农、纵横之学可统之于法；而东方阴阳、
名辩之学，亦可统之于墨；而杂家则可归之于道；《汉志》
所列九流及兵家，实只儒、道、墨、法四家而已。儒墨同法
先王，道仁义，诵《诗》《书》，固大同而小异者也。则所列
四家，又可以东、北、南三方分之。地域殊则性俗异，性俗
异则为说不同，先秦学术其大略固如是耳。墨家尚鬼，而
阴阳家"舍人事任鬼神"（《艺文志》），儒家则"敬鬼神而远
之"（《论语·雍也》），阴阳固近墨而远于儒也。儒者重
礼，而墨家非礼乐、尚节俭，邹衍造论，"止乎仁义节俭"
（《孟荀列传》），是固阴阳近于墨而远于儒之实也。马国
翰谓："《随巢》书多言灾祥祸福。"（《玉函山房辑佚书·随
巢子·叙》）孙仲颂言："田俅盛陈符瑞。"（《墨子间诂·后
语》）田俅学墨子之术，随巢墨子弟子，而皆言機祥符瑞，
是"阴阳之术（述）大祥而众忌讳"之所本，则阴阳家固墨
学之流也。《庄子·天运》：公孙龙言："龙少学先王之道，
长而明仁义之行，合同异，离坚白，然不然，可不可，困百
家之知，穷众口之辩。"是龙道先王、言仁义，固为东方之
学者也。《吕氏春秋·应言篇》言："公孙龙说燕昭王以偃

兵。"禁攻、寝兵，墨翟、宋钘之说也，而公孙言之。《审应》又言："赵惠文王谓公孙龙曰：'寡人事偃兵十余年矣，而不成，兵可偃乎？'龙对曰：'偃兵之意，兼爱天下之心也。'"是公孙龙并言兼爱，则诚墨者也。《庄子·天下篇》谓惠施："泛爱万物，天地一体也。""泛爱"即兼爱也（《天下篇》谓墨子"泛爱兼利而非斗"）。《韩非·内储说上》："张仪欲以秦、韩与魏之势伐齐、荆，而惠施欲以齐、荆偃兵。"是惠施亦主兼爱、偃兵之学者也。《吕览·爱类》匡章谓惠子曰："公之学去尊，今又王齐，何其到也。"《荀子·非十二子》言墨翟、宋钘"大俭约而僈差等"。去尊，即僈差等，则惠施固墨者也。《庄子·天下篇》言墨者"以坚白同异之辩相訾"。夫既言相訾，则持说不同，《墨经》言坚白盈，而施、龙言坚白离，《墨经》辨同异，而施、龙合同异，此所谓相訾之说。宜施、龙之为墨而说者以为名家巨擘焉，是名家亦墨家者流也。《班志》言："杂家者流出于议官，兼儒、墨，合名、法。"而司马谈论道家曰："其为术也，因阴阳之大顺，采儒、墨之善，撮名、法之要。"是《班志》所谓杂家，正史谈所谓道家也。再检杂家《吕览》《淮南》之书，固道家言也，而《班志》离而为二，有非其实者耶！《古史甄微序》中备论晋之《乘》、楚之《梼杌》、鲁之《春秋》为晚周史学之三系，陈述古事，持说不同，由今者观之，晚周哲学亦止于三系，儒、墨之事大同而小异耳。三系哲学之持论，与三系史学为说，其理趣皆息息相通，信先秦文化其大宗尽于三者，持此根荄而以观各家先后离合出入之故，倘于晚周之学思过半矣。

原载 1949 年 11 月《图书集刊》第九期

墨学之流变及其原始

《韩非子》言："自墨子之死也，有相里氏之墨、相夫氏之墨(孙仲颂据《元和姓纂》作伯夫氏)，有邓陵氏之墨，故墨离为三。"三墨之说，世莫能明。故友唐迪风氏以为："《耕柱篇》：县子硕问于子墨子曰：'为义孰为大务？'子墨子曰：'譬若筑墙然，能筑者筑，能实壤者实壤，能欣者欣，然后墙成也。为义犹是也，能谈辩者谈辩，能说书者说书，能从事者从事，然后义事成也。'谈辩、说书、从事三者，是三墨也。"以墨书证墨派，唐氏之说，最为得之，以余之懵瞀，请伸其旨。《庄子》言："相里勤之弟子、五侯之徒，南方之墨者苦获、已齿、邓陵子之属，俱诵《墨经》，而倍谲不同，相谓别墨，以坚白同异之辩相訾，以觭偶不仵之辞相应，以巨子为圣人，皆愿为之尸，冀得其后世。"此南方之墨，以坚白为辩者也。《吕氏春秋·去宥》言："东方之墨者谢子(《说苑·杂言》作祁射子)，将西见秦惠王，惠王问秦之墨者唐姑果(《淮南子·修务》作唐姑梁)，唐姑果恐王之视谢子贤于己也，对曰：'谢子东方之辩士也，其为人甚险，将奋于说以取少主也。'王因藏怒以待之。谢子至说王，王弗听。谢子不说，遂辞而行。"此祁射子为东方之墨，固奋于权说（《淮南子》作固权说以取少主），唐姑梁为秦之墨，反对权说，将重实行者也。则三墨者，即南方之墨、东方之墨、秦之墨。秦之墨为从事一派，东方之墨为说书一派，南方之墨为谈辩一派，此墨离为三也。请再就《墨子》书七十一篇论之。

俞荫甫氏言："今观《尚贤》《尚同》《兼爱》《非攻》《节用》《节葬》《天志》《明鬼》《非乐》《非命》，皆分上、中、下三篇，字句小异而大旨无殊。意者此乃相里、相夫、邓陵三家相传之本不同，后人合以成书，故一篇而有三乎？墨氏弟子网罗放失，参考异同，具有条理，较之儒分为八，至今遂无考者，转似过之。"俞氏之论，最为庸陋。篇分为三，即为三家，《经》有上、下，又将何说？内不足概墨氏各篇之书，外不足以定诸子分篇之说，戏论已耳。以今《墨子》书七十一篇言之，《经》上下、《经说》上下、《大取》、《小取》诸篇，此邓陵子之墨所诵《墨经》，坚白同异之辩，属于南方之墨者，世之学者，恒知之也。自《备城门》以下二十篇，所列攻具十二之类，此所谓从事之墨，其间颇有秦制，此非秦之墨而唐姑梁辈之书乎？《墨子·备城门篇五十二》言："守法，五十步，丈夫十人，丁女二十人，老小十人，计之五十步四十人。城下楼卒，率一步一人，二十步二十人，城小大以此率之，乃足以守圉。""广五百步之队，丈夫千人，丁女子二千人，老小千人，凡四千人，而足以应之，此守术之数也。"《号令篇七十》又言："诸男女（当作子）有守于城上者，计六弩四兵，丁女子老少人一矛，卒有警事，中军疾击鼓者三，城上道路里中巷街皆无得行，行者斩。女子到大军令行者，男子行左，女子行右，无并行。皆就其守，不从令者斩。"女子服兵役，于古无征，有之惟秦耳。《商君书·兵守》言：

> 三军：壮男为一军，壮女为一军，男女之老弱者为一军，此之谓三军也。壮男之军，使盛食，厉兵陈而待敌；壮女之军，使盛食，负垒，陈而待令；老弱之军，使牧牛马羊彘，草水之可食者，收而食之，以获其壮男女之食。而慎使三军无相过，壮男过壮女之军，则男贵女而奸民有从谋，而国亡。

此秦人女子兵役之说也。《史记集解》引《古史考》言："秦用商鞅计，制爵二十等，以战获首级者，计而授爵。是以秦人每战胜，老弱妇女皆死，计功赏至万数。"此秦之妇女以死于陈战，或获首级受爵之说也。《魏氏阳秋》陈群奏云："典籍之文，妇人无分土命爵之制，在礼妇因夫爵，秦违古法，非先王之令典。"此秦妇人有爵之说也。惟秦妇人以获首级受爵，而丁女服兵役。乃《墨子》书有女子战守事，非秦之墨者为之说而何耶？严助谓秦时"丁男被甲，丁女转输"。事反取证于墨翟、商鞅之书。然则《穀梁》家所谓秦"乱人子女之教，无男女之别"者，以秦人之责任权利无男女之别也（别详余《秦为戎族考》）。《迎敌祠篇》云："城上五步有伍长，十步有什长。"《备城门篇》云："城上十人一什长，属一吏士，一帛（伯）尉，百步一亭，亭一尉。"《商君列传》言："商鞅令民为什伍。"《汉书·百官表》云："县令、长皆秦置，皆有丞、尉。大率十里一亭，亭有长。十亭一乡，乡有三老，有秩、啬夫、游徼……乡亭亦如之，皆秦制也。"审是，伍长、什长，秦制也；亭、尉，亦秦制也；县令、丞、尉、乡三老，皆秦制也。《备城门》言："召三老在葆宫中者。"《号令篇》言："三老守闾。"又言："三老不得入家人。"又言："令、丞、尉亡得入当，满十人以上，令、丞、尉夺爵各二级。百人以上，令、丞、尉免，以卒戍。"皆符于秦制，此非秦之墨之书乎？《号令篇》言："自死罪以上皆逮父母妻子同产。""归敌者，父母妻子同产皆车裂。""奸民之所谋为外心，罪车裂。"应劭曰："秦法：一人有罪，并坐其家室。"商君、宋留之属，皆车裂以死。此亦秦法也。《号令篇》又言："出内畜产皆各以其贾倍偿之。又用其贾贵贱多少赐爵，欲为吏者许之，其不欲为吏，而欲以受赐赏爵禄，若赎出亲戚所知罪人者，以令许之。"此鬻爵赎罪之事，亦秦法也。《本纪》言："百姓纳粟千石，拜爵一级。"而"赐爵一级以上，有罪以减"。《汉官旧仪》称"秦制"是也。若曰"以城为外谋者三族"，曰"以令为除死罪二人，城旦四人"。三族、城旦，皆秦刑也。有关内侯、五大夫、公乘，皆秦爵也。有太守、谒者、中涓，皆秦官也。赐爵以级，而禄以石，莫非秦制，皆一一见诸《墨子》此二十篇中。则此二十篇者，非秦之墨耶？苏氏说焉不详，徒以《号令篇》有秦官为言，以为商鞅辈作，而墨学者取之。然自《备城门》诸篇，显言墨子禽滑釐问对，则何以谓其非墨家之书而墨家取之？孙氏斥驳苏义，惟言秦官之袭于旧者，而无以解于秦官之不同旧者。自《备城门》以下诸篇，备见秦人独有之制，何以谓其不为秦人之书？是二说者，皆不可以洽人意。推而明之，其为秦墨之书无惑也。

墨之书，其后者为秦墨之说既明，中者《经》上下、《经说》上下、《大取》、《小取》为南方之墨，《庄子》有明文，无待详说。则其前者《兼爱》《非攻》《尚贤》《尚同》之属数十篇，自为东方之墨之书无惑也。《淮南》谓："墨者学儒者之业，受孔子之术。"是说也，不可于《墨子》书中下二部求之，而于上部寻之则合。余于《中国史学史》中，备论诸子所据列国史籍不同，《诗》《书》《礼》《乐》号为六艺者，此为邹鲁东方之书，而非列国之所有也。故《庄子》言："其在《诗》《书》《礼》《乐》者，邹鲁之士、搢绅先生多能明之。"惟其为东方所独有，故韩宣子适鲁始见《易象》《春秋》，而季札来聘乃见《周乐》也。诸子称引《诗》《书》者，儒家孟、荀而外,惟《墨子·尚同》《天志》之属诸篇,此《墨子》书前部数十篇出于东方之墨无疑也。惟《墨子》书赞仁义,法先王,尚文学,明《诗》《书》,与儒家同,则以同为东方之术耳。余惟邹衍阴阳者流亦归本于仁义节俭,亦以其为齐人之学耳。自余形名、道德之俦,绝无诵《诗》《书》、道仁义,敬天而尚贤者。凡道、法诸家之与儒异,皆即墨者之与儒同。此论周秦学术之一大限,在此而不在彼也。则墨书前二十余篇之为东方之墨,夫复何疑?然后知《耕柱篇》之别“谈辩”与“说书”者,《经》《说》之类为谈辩,为坚白同异之论;《尚同》《明鬼》之类为说书,为演畅墨家之义也。

　　既已详论墨学之流派,而于墨学之来源,亦进而论之。《淮南·人间》言:“哀公好儒而削,代君为墨而残。”鲁之有儒,同于代之有墨;儒以鲁为中心为根据,则墨以代为中心为根据,至少代亦墨学大行之地。代为春秋时之北戎,此夷狄之国也。《吕氏春秋·应言》言:“司马喜难墨者师于中山王前以非攻,墨者师曰:‘今赵兴兵而攻中山,相国将是之乎?’司马喜无以应。”此中山亦墨学所行之国,而中山又春秋时之鲜虞,亦夷狄之国也。《韩非子》言:“赵主父使李疵视中山可攻不也,还报曰:‘中山可伐也……其君好显岩穴之士,所倾盖舆车以见穷闾隘巷之士以十数,伉礼下布衣之士以百数矣。’君曰:‘以子言,是贤君也,安可攻?’疵曰:‘不然。夫好显岩穴之士而朝之，则战士怠于行陈；上尊学者，下士居朝，则农夫惰于田。战士惰于行陈，则兵弱也；农夫惰于田者，则国贫也。兵弱于敌、国贫于内而不亡者，未之有也。'"李疵之言，与《齐策》赵威后见齐使者之言思想一致，其言曰："苟无岁，何以有民？苟无民，何以有君？钟离子无恙耶？叶阳子无恙耶？北宫之女婴儿子无恙耶？於陵仲子尚存乎？是其为人也，上不臣于王，下不治其家，中不索交于诸侯，此率民而出于无用者，何为至今而不杀乎？"陈仲子在东方为贤士，在三晋为赘民。李疵、威后之言，皆见赵人之贱礼化而重功利，不必赵武灵王之胡服骑射为然。是三晋之在昔已为法家思想所弥漫，此东西两大思想之界断也。李疵所言之中山，正尚贤尊学之墨道。《寰宇记》引《战国策》言："中山专行仁义，尚儒学。"（此为广义之儒，凡诸子稷下之俦皆称儒。）仁义亦墨家所乐道者也。墨学之盛，而行之者乃代与中山，皆夷狄之国。以墨子言之，《元和姓纂》谓："墨氏，孤竹君之后，本墨台氏，后改为墨氏。战国时宋人墨翟著书号《墨子》。"墨子出于孤竹，而章枚叔固以孤竹非中国之族，伯夷、叔齐非中国之人，墨台非中国之姓，已有明说也。则墨学不得为中国之教也。曰"夷俗仁"，曰"东夷天性柔顺"，曰"徐偃王好行仁义"，徐亦东夷也。是墨之言仁义，固东夷孤竹之旧俗。吾尝论赤狄之南下太行、东逾清济，固挟山戎诸族以俱来。《檀弓》《新序》俱言：

"孔子过泰山侧，有妇人哭于路者，曰往年虎食我夫，今年虎食我子。"《檀弓》以为泰山侧，《新序·杂事》记此事为"孔子北之山戎氏"。此山戎之已来泰山。赤狄合长狄以居于宋、鲁、曹诸国之间，墨翟之为鲁人抑宋人，正以长狄、山戎之居，而孤竹之裔与同处也（别详《周秦民族史》）。则墨学为代与山戎、孤竹、东夷、貉族之教，鲜虞建国亦奉之，故墨学之根据在代、中山。其被于中国也，以地域之殊，而有东方之墨、南方之墨、秦之墨，而三者又未必为原始之墨学也。余既伸唐氏之说，论墨学之流，以辨俞、孙之未谛。忆唐氏昔于墨学大行之际，恒厌其说，曰"是殆出于夷狄之教也"。惜良友云殂，安得以此论起而质之。

原载 1938 年 6 月《重光月刊》第六期。后大增其义，改写为《论墨子书备三墨之学》《论墨学原始与晏子》《论墨学之微与儒学合流》三篇，载 1942 年 11 月《图书集刊》第三期。1944 年 11 月收入《儒学五论》时总题为《论墨学源流与儒墨汇合》，仍保留三小目，惟第三目改为《儒墨合流与〈尸子〉》，文字又有增补。

略论黄老学

周秦诸子百家之学是中国古代史上最光辉灿烂的时期,但入到汉初以后,百家之学都无声无响了。偶然有几个人讲百家之学,也只是尾声,没有什么出色的理论。从"曹参荐盖公言黄老",直到文景之世,都是黄老独盛,汉依以为治,这是人所共知的。从为汉王朝服务而论,最适当的应该是法家,而未必是黄老。因为黄老是道家,一般认为道家是没落阶级的思想,而法家才是新兴阶级的思想。汉王朝是新兴阶级的政权,为什么会用没落阶级的思想作为指导思想呢?这是很难理解的。我们是否可以这样说,儒、道、法都是统治阶级的思想,都不是劳动人民的思想,不论是新兴阶级思想,还是没落阶级思想,都可以为统治阶级服务。至于汉初为什么黄老独盛,我想不妨先考察黄老学派究竟是哪些人?黄老思想的具体内容是些什么?这应当有助于对这问题的理解。

《孟荀列传》说:"慎到赵人,田骈、接予齐人,环渊楚人,皆学黄老之术。"刘向说:"尹文其学本于黄老。"班固说:"宋钘其言黄老意。"《史记》又说:"申不害学本于黄老。"又说:"韩非喜刑名法术之学,而归本于黄老。"又从《史记》和刘向所说,知田骈、慎到、接予、宋钘、尹文俱游稷下,是黄老之学应起于稷下。司马谈《论六家要旨》说:"道家使人精神专一,动合无形,赡足万物。其为术也,因阴阳之大顺,采儒墨之善,撮名法之要,与时迁移,应物变化。"司马谈说的道家,显然是杂家,这就是黄老。它和庄周一流的道家是不同的。司马谈说的道家,和刘、班九流所谓的道家,内容也是有区别的(楚的道家和北方道家不同,别有详论)。司马谈说道家"以虚无为本,以因循为用,无成势,无常形,有法无法,因时为业,有度无度,因物与合",可知"虚无为本"是南北道之所同,故同称道家;而"因循为用"则是北方道家所独有之精义。可以说黄老之精华即在此,其最后起而能压倒百家亦在此。黄老之所以大盛于汉,可说是因为它的理论优于百家,至于它能取百家之长,还是其次。它也很适合汉初应该休养生息的社会要求。这就是它能"因时""因物"的表现。庄周一派不仅不能兼取百家之长,更不能"因时""因物"。我认为是稷下各派学者集合(或融合)而形成了黄老一派,不是先有黄老学,田、慎、宋、尹诸人从黄老出;不是黄老之学在先,而是百家融为黄老。"黄老"本来就是战国后期才形成的学术,是到汉代才有的名称。

因循之说，是田骈、慎到最早，也最清楚。《吕览·执一》载："田骈以道术说齐王曰：'博言之，岂独齐国之政哉？变化应求，而皆有章，因性任物，而莫不宜当，彭祖以寿，三代以昌……'"慎到书中就有《因循》一篇，见《群书治要》。现在拟把因循说的意义先提出来讨论。周秦学者所谓"因"，《管子·心术》称为"静因之道"，其解曰："因也者，舍己而以物为法者也。"这是一句含义宏深而又最得当的话。可以说，"因循"就是根据客观条件来做事，是根本反对主观主义、唯心主义。它反对闭门空想一套理论来治天下，反对完全不合实际的那些学说。从这一点来着眼，就可以了解《庄子·天下篇》所说田骈、慎到的学说是些什么思想了。《天下篇》说慎到"弃知（智）去己，而缘不得已，泠汰于物，以为道理"。又说："夫无知之物，无建己之患，无用知（智）之累，动静不离于理，是以终身无誉，故曰至于若无知之物而已，无用圣贤。夫块不失道，豪杰相与笑之曰：'慎到之道，非生人之行，而至死人之理，适得怪焉。'"可说"建己之患"就是标新立异来自成一家，"用智之累"就是穿凿附会、脱离实际。这都是田骈、慎到所反对的。"泠汰于物以为道理"，是要洗涤一切对事物的偏见和误解。事物本身自然有个道理，你只要顺着自然之理去做，就是"而缘不得已"。所以说"椎拍辊断，与物宛转"。所以说"推而后行，曳而后往，若飘风之还，若羽之旋，若磨石之隧"。这是不坚持成见，但随着事物的发展而变化。所以豪杰们笑他不像活人的行为，完全是死人的样子了。《天下篇》这一段开端就说："公而不当（党），易而无私，决然无主，趣（趋）物而不两，不顾于虑，不谋于知，于物无择，与之俱往。""趋物不两"是与物契合的意思。一任物情，还有什么与事物脱离之过，而任私意来择别取舍呢？田骈的"因性任物"在这里也自然解释清楚了，就可以达到"而莫不宜当"。因循是黄老一派独有之精义，南方道家庄周一流无此理论，所以《天下篇》的结论是"彭蒙、田骈、慎到不知道"。庄周一派徒以虚无为说，他们非毁田、慎是毫不足怪的。

我从前在一篇稿子中曾提出《管子》中《心术》《内业》各篇议论和田骈、慎到相合。从因循论旨来看也是很显然的。《心术》说："恬愉无为，去智与故，其应也，非所设也；其动也，非所取也。过在自用，罪在变化。是故有道之君，其处也若无知，其应物也若偶之，静因之道也。"解曰："因也者，舍己而以物为法者也。感而后应，非所设也；缘理而动，非所取也。过在自用，罪在变化。自用则不虚，不虚则仵于物也；变化则为生，为生则乱也。君子之处也若无知，言至虚也；其应物也若偶之，言时适也。"这正是田、慎之"弃知与己，而缘不得已"。"建己之患"正是"过在自用"。"趋物而不两"就是"应物若偶之"。"应物若偶"是与物适应契合的意思。所谓"块不失道，魏然而已"，正是"其处也若无知"，"故曰至于若无知之物而已"。管书之有取于田、慎是无疑的。

《白氏六帖》卷十一、《太平御览》卷七百六十八引《慎子》说："行海者坐而至越,有舟也。行陆者立而至秦,有车也。秦、越远途也,安坐而至者,械也。"《吕览·贵因》即有此文,知《贵因》一篇取慎到书为说。其曰:"三代所宝莫如因,因则无敌。禹通三江五海,决伊阙、沟回陆注之东海,因水之力也。舜一徙成邑,再徙成都,三徙成国,而尧授之禅位,因人之心也。汤、武以千乘制夏、商,因民之欲也。如秦者立而至,有车也。适越者坐而至,有舟也。秦、越远途也,静立安坐而至者,因其械也。武王使人候殷,返报曰:'殷其乱矣。'武王固知其无与为敌也。因其所用,何敌之有?夫审天者,察列星而知四时,因也。推历者,视月行而知晦朔,因也。禹之裸国,裸入衣出,因也。墨子见荆王,锦衣吹笙,因也。孔子道弥子瑕见釐夫人,因也。汤、武遭乱世,临苦民,扬其义,成其功,因也。故因则功,专则拙,因者无敌。"这段贵因议论,比之《管子》书论静因之道,管书所取较精,《吕览》所取稍逊。《贵因》之次为《察今》篇,言:"不敢议法者众庶也,以死守(法)者有司也,因时变法者贤主也。"《艺文类聚》五十四引《慎子》文与此正同,知《察今》一篇亦取之《慎子》,此篇容后再谈。《顺说》《不广》二篇皆论因,似亦取慎到一派之说。《韩非子·难势》为取慎子言势之说而难之,知《吕览·慎势》当亦取慎到之说,而又征《慎子》"一兔走,百人逐之，积兔满市，行者不顾"之文。其前复有《知度》《任数》二篇，似亦取之《慎子》。《任数》言："至智弃智，至仁忘仁，静以待时，时至而应。凡应之理，清净公素而正始卒焉。无唱有和，无先有随。古之王者，其所为者少，其所因者多，因者君术也。为则扰矣，因则静矣。因冬为寒，因夏为暑，君奚事哉？"静因一义理论，此为最高。"无先有随"正是《荀子·天论》所说的"慎子有见于后，无见于先"。也正是《天下篇》所说的"推而后行，曳而后往"，"而缘不得已"。《群书治要》有《慎子·因循》一篇，其言曰："天道因则大，化（造作）则细，因也者，因人之情也。"司马谈所谓"因时为业，因物与合"，此之谓因。后世每以萎靡苟且为因循，这远不是黄老因循之义。

《天下篇》说彭蒙、田骈、慎到"齐万物以为首，曰天能覆之而不能载之，地能载之而不能覆之，大道能包之而不能辩之，知万物皆有所可，有所不可"，这也是黄老学派的大义，但与《庄子·齐物论》之旨全无相同之处。《群书治要》引《慎子·民杂篇》言："民杂处而各有所能，所能者不同，此民之情也。大君者，太上也，兼畜下者也。下之所能不同，而皆上之用也。是以大君因民之能以为资，尽苞而畜之，无能去取焉。是故不设一方以求于人，故所求者无不足也。大君不择其下，则易为下也。易为下，则下莫不容。莫不容故多下，多下之谓太上。"这和《天下篇》所论田骈、慎到之学完全相合。尹文子亦是黄老一派，高诱注《吕览·正名》说尹文是齐人，黄老自然是以齐人为主。《群书治要》引《尹文子·大道篇》说："为善使人不能得从，此独善也；为巧使人不能得从，此独巧也；未尽巧善之理。为善与众行之，为巧与众能之，此善之善者、巧之巧者也。所贵圣人之治，不贵其独治，贵其能与众共治；贵工倕之巧，不贵其独巧，贵其能与众共巧也。今世之人，行欲独贤，事欲独能，辩欲出群，勇欲绝众。独行之贤，不足以成化；独能之事，不足以周务；出群之辩，不可为户说；绝众之勇，不可与征阵。此四者，乱之所由生。是以圣人任道以通其险，立法以理其差。使贤愚不相弃，能鄙不相遗。能鄙不相遗，则能鄙齐功；贤愚不相弃，则贤愚等虑，此至治之术也。"从尹文的论说看，"齐万物以为首"的理论就高深了。《管子·乘马》也说："智者知（之），愚者不知，不可以教民。巧者能之，拙者不能，不可以教民。"都是此派齐物之论。《吕览·用众》一篇即所以发挥此理，篇中似即取慎到之文，又明取田骈之说。《群书治要》引《慎子》："故廊庙之材，非一木之枝也；粹白之裘，非一狐之皮也；治乱、安危、存亡、荣辱之施，非一人之力也。"《吕览·用众》说：

> 天下无粹白之狐，而有粹白之裘，取之众白也。夫取于众，此三皇五帝之所以大立功名也。凡君之所以立，出乎众也。立已定而舍其众，是得其末而失

其本；得其末而失其本，不闻安居。故以众勇，无畏
乎孟贲矣；以众力，无畏乎乌获矣；以众视，无畏乎离
娄矣；以众知，无畏乎尧舜矣。夫以众者，此君人之
大宝也。田骈谓齐王曰："孟贲庶乎患术（作衢字
解），而边境弗患。楚魏之王辞言不说，而境内已修
备矣，兵士已修用矣，得之众也。"

《不二》又说："能齐万不同，愚智工拙皆尽力竭能，如
出乎一穴。"齐万物之义，此为最精。田骈说孟贲之勇只
可施之街市之中，至于边境征阵，孟贲之勇就无所用之。
《非十二子》注引《慎子》云："云能而害无能，则乱也。"佚
文又有："夫道所以使贤，无奈不肖何也；所以使智，无奈
愚何也。若此则谓之道胜矣。"都是齐物之义。《吕览·
不二》说"陈（田）骈贵齐"，《尸子·广泽》说"田骈贵均"。
慎到、田骈贵齐学说的精义是这样。高诱注以齐生死作
解释，这是把庄周的齐物和田、慎的齐物没有分别清楚。
荀子反对贵齐之论，他在《王制篇》说："分均则不偏（遍），
势齐则不壹，众齐则不使。有天有地而上下有差，明王始
立而处国有制。夫两贵之不能相事，两贱之不能相使，是
大数也。势位齐而欲恶同，物不能赡则必争，争则必乱，
乱则穷矣。先王恶其乱也，故制礼义以分之，使有贫富贵
贱之等，足以相兼临者，是养天下之本也。""相事""相使"
必须有贵贱之差，尤其是必须有贫富之别然后可行。荀

卿这种议论完全是强辞夺理。墨子、田、慎的贵齐，是能做什么的人便让他做什么，这才是齐。墨子曾明白说过："可使治国者使治国，可使长官者使长官，可使治邑者使治邑。"（《尚贤中》）尹文在《大道篇》中说得更清楚："圆者之转，非能转而转，不得不转也。方者之止，非能止而止，不得不止也。因圆者之自转，使不得止，因方者之自止，使不得转，何苦物之失分。故因贤者之有用，使不得不用；因愚者之无用，使不得用。用与不用，皆非我也，因彼可用与不可用，而自得其用也。自得其用，奚患物之乱也。"尹文论因者非一事，义与田、慎同，是因万物之不齐而以各得其用为齐，都似乎是对荀卿的非难作出有力的答辩。贵齐的学说，显然是从墨子来，宋钘、尹文是墨子之徒而进入黄老的。荀子说"墨子有见于齐，无见于畸"（《天论》）。墨学"大俭约而僈差等"，可能是此派齐物论的初旨。到尹文、田、慎又更进了一步。孟子说"逃墨必归于杨"，宋钘、尹文应该即是逃归于杨的墨学者。墨子僈差等而尚贤，慎到、田骈则不尚贤，似乎又有不同了。

尹文说的"能鄙不相遗则能鄙齐功，贤愚不相弃则贤愚等虑"，是反对独行之贤、出群之辩、绝众之勇。这种思想在周秦诸子之中，的确是前进了一步。到《吕览》说"以众力无畏乎乌获，以众智无畏乎尧舜"，应该说是进一步阐明这一理论。慎到、田骈对这一问题，又有他们的发展。《吕览·观世》说："千里而有一士，比肩也；累世而有一圣人,继踵也。士与圣人之所自来,若此其难也。而治必待之,治奚由至?……此治世之所以短,而乱世之所以长也。"这种议论可能是从慎到而来。《韩非·难势》一篇就是难慎到之说。其伸言势之论,谓:

> 夫贤势之不相容,亦明矣。且夫尧舜、桀纣千世而一出,是比肩接踵而生也。世之治者不绝于中,吾所以为言势者,中也。中者,上不及尧舜,而下亦不为桀纣。抱法处势则治,背法去势则乱。今废势背法而待尧舜,尧舜至乃治,是千世乱而一治也。抱法处势而待桀纣,桀纣至乃乱,是千世治而一乱也。且夫治千而乱一,与治一而乱千也……相去亦远矣。夫弃隐栝之法,去度量之数,使奚仲为车,不能成一轮。……释势委法,尧舜户说而辩之,不能治三家。夫势之足用亦明矣,而曰必待贤,则亦不然矣。
>
> 夫曰良马固车,臧获御之,则为人笑;王良御之,则日取乎千里。吾不以为然。……夫待古之王良以御今之马,亦犹越人救溺之说也,不可亦明矣。夫良马固车,五十里而一置,使中手御之,追速致远,可以及也,而千里可日至也,何必待古之王良乎?

韩非主张中人之治,把慎到学说阐发得很明白。《天下篇》说田骈、慎到"谋髁无任,而笑天下之尚贤;纵脱无行,而非天下之大圣"。尚法而不尚贤,这是黄老之学更进一步的理论。所以荀卿说:"慎子蔽于法而不知贤。"(《解蔽》)这种齐物而不尚贤的理论,一直延续到《淮南子》。《齐俗篇》说:"子路拯溺而受牛谢,孔子曰:'鲁国必好救人于患。'子贡赎人而不受金于府,孔子曰:'鲁国不复赎人矣。'子路受而劝德,子贡让而止善。……由此观之,廉有所在而不可以公行也。故行齐于俗,可随也;事周于能,易为也。矜伪以惑世,伉行以违众,圣人不以为民俗。"又说:"故愚者有所修,智有所不足,马不可以服重,牛不可以追远,铅不可以为刀,铜不可以为弩,铁不可以为舟,各用之于其所适,施之于其所宜,即万物一齐而无由相过。"又说:"夫先知远见,达视千里,人才之隆也,而治世不以责于民。博闻强志,口辩辞给,人智之美也,而明主不以求于下。""鲁般、墨子以木为鸢而飞之,三日不集,而不可使为工也。故高不可及者不可以为人量,行不可逮者不可以为国俗。夫挈轻重不失铢两,圣人弗用而县之乎铨衡;视高下不差尺寸,明主弗任而求之乎浣准。何则?人才不可专用,而度量可世传也。故国治可与愚守也,而军制可与权用也,夫待骙褭飞兔而驾之,则世莫乘车;待西施、毛嫱而为配,则终身不家矣。然非待古之英俊而人自足者,因所有而并用之。夫骐骥千里,一日而通;驽马十舍,旬亦至之。由此观之,人材不足专恃,而道术可公行也。"《淮南·齐俗》一篇之义,显自田骈、慎到之齐物而来。此篇一开始即言："率性而行谓之道。"又言："使各便其性、安其居、处其宜、为其能。"而归于"以道原人之性"。以率性情阐明齐物之义，这是把尹、宋、田、慎的学说更深入了一步。《淮南子·主术》一篇也反复地申明"乘众人之智，用众人之力"的理论，它说："圣人举事，岂能拂道理之数，诡自然之性，未尝不因其资而用之也。是以积力之所举，无不胜也；而众智之所为，无不成也。……故有一形者处一位，有一能者服一事。力胜其任，则举之者不重也；能称其事，则为之者不难也。无小大修短，各得其宜，则天下一齐，无以相过也。"也是以顺自然之性说齐物之义，似比之《吕览》谈齐物所持理论要深一些。《淮南》的齐俗是原本于黄老的齐物而不尚贤之旨，它自然是属于黄老一派的作品。黄老派的"不尚贤"与《老子》的"不尚贤使民不争"，黄老派的"非大圣"与《庄子》说的"圣人不死，大盗不止"，词句很相似而含义远不相同。即是《天下篇》说关尹、老聃"未尝先人，而常随人"，如从荀子说"老子有见于诎，无见于伸"言之，也显然与田、慎"无先有随"之义的内容不同。不仅是田、慎的齐物和庄子的齐物不同而已，田、慎的"弃知去己"与《老子》的"绝圣弃知"，也显然是很不同的。总的说来，北方的道家不反对仁义，南方的道家反对仁义，在这一根本差别下，就处处都有殊异了。近世学者或不免杂引老、庄之说以解尹、宋、田、慎之说，甚至说《礼运》一篇本之道家，都是由于学派统绪不明之故。当然，这些问题也是须经过学者们的共同讨论探索，才能渐次明了的。

《韩非子·定法》说："申不害言术，而公孙鞅为法。"又说申不害"虽用术于上，法不勤饰于官之患也"，公孙鞅"法虽勤饰于官，主无术于上之患也"。韩非又难慎子之言势，知法家学说有此三者。但荀卿又说："慎子蔽于法而不知贤，申子蔽于势而不知智。"荀、韩两家之说不同，实则言法始于商子，而慎子承之，又益之以言势；言势始于慎子，而申子承之，又益之以言术；韩非直承申子，故其书中多言术。《汉书·艺文志》说："慎子名到，先申、韩，申、韩称之。"但荀子重说"慎子蔽于法而不知贤"，田骈、慎到"尚法而无法"，又当如何解说？前面说过，《吕览·察今》一篇取之《慎子》，现在把它提出来研究，可以对黄老派的法学理论更清楚一些。它说：

> 上胡不法先王之法，非不贤也，为其不可得而法。先王之法，经乎上世而来者也。……凡先王之法，有要于时也。时不与法俱至，法虽今而至，犹若不可法。故择（释）先王之成法，而法其所以为法。先王之所以为法者何也？先王之所以为法者人也。而己亦人也，故察己则可以知人，察今则可以知古。古今一也，人与我同耳。有道之士，贵以近知远，以今知古，以所见知所不见。故审堂下之阴，而知日月

之行、阴阳之变；见瓶水之冰，而知天下之寒、鱼鳖之藏也；尝一脔肉，而知一镬之味、一鼎之调。荆人欲袭宋，使人先表澭水。澭水暴溢，荆人弗知，循表而夜涉，溺死者千有余人，军惊而坏都舍。向其先表之时可导也，今水已变而益多矣，荆人尚犹循表而导之，此其所以败也。今世之主，法先王之法也，有似于此，其时已与先王之法亏矣，而曰此先王之法也而法之以为治，岂不悲哉！故治国无法则乱，守法而弗变则悖，悖乱不可以持国。世易时移，变法宜矣。譬若良医，病万变，药亦万变。病变而药不变，向之寿民，今为殇子矣。故凡举事必循法而动，变法者因时而化。若此论则无过务矣。夫不敢议法者众庶也，以死守法者有司也，因时变法者贤主也。是故有天下七十一圣，其法皆不同，非务相反也，时势异也。故曰良剑期乎断，不期乎镆铘；良马期乎千里，不期乎骥骜。夫成功名者，此先王之千里也。……时已徙矣，而法不徙，以此为治，岂不难哉？

慎子以病万变而药亦万变言法，以因时变法言法，这就是司马谈说的"无成势，无常形，有法无法，因时为业，有度无度，因物与合"。这是黄老派言法的基本精神。《管子·白心》说："孰能法无法乎？始无始乎？终无终乎？"都是黄老派言法的精义。《荀子·非十二子》批评田骈、慎到说："尚法而无法，下修而好作，上则取听于上，下则取从于俗，终日言成文典，及纠察之，则偶然无所归宿。"清楚地看出，荀卿对田骈、慎到"尚法而无法"的理论原不甚了解，所以他就诋毁这些理论是"尚法而无法""无所归宿"了。荀卿说的"上则取听于上，下则取从于俗"，也正是慎子佚文说的"政从上，礼从俗"（《类聚》卷三十八），《白心》说的"上之随天，下之随人，人不倡不和，天不始不随"。"下修而好作"一语，清人的校释总觉未安。"修"是"循"字，是很明显；但说"下"是"不"字，就未必对。不如说"下修"就是"因循"二字。既主张因循，而实际又好创作，他的法是灵活的，要不断地变。在荀卿看来，这又是矛盾的，都是由于荀卿不甚了解黄老一派的学说。黄老一派的名称，本出于汉代，是把稷下先生中的一批思想接近的学者，统称之为黄老。他们各人之间的学说还不完全相同，后来的杂家可以说是黄老。《吕览》是杂家，是黄老一派。《淮南》也是杂家，是黄老一派。两者就有些不同。《管子》书也是杂家，也是黄老一派，而又有不同。《淮南》显然是周秦南方派的意味要浓厚一些，《吕览》是北方派的意味要浓厚一些，《管子》应该是齐人所述，故托之管仲，显然是周秦东方派的意味要浓厚一些。而《管子》更要精透一些，如《天下篇》说的"选则不遍，教则不至"，在《管子》书中就说"慕选而不乱"，又说"至之至者，教存可也，教亡可也"，都是更进了一步的说法。申、韩也归本于黄老，只是法家的本色依然存在。《荀子·解蔽》也何尝不是受到黄老理论的影响，只是他依然是主于儒家，但他毕竟是三晋派的儒家。他与孟子不同，究竟孟子是东方派的儒家。慎到是赵人，他尚法、尚势之论最多，可说这也是三晋派的本色保存得多。《庄子》也是一部杂凑的书，不纯粹是庄周之学，但他依然限于道家，还不能认为杂家。把各部书各安排一个位置，于研究诸子之学，或者是有帮助的。

黄老之学是由各种学派渐趋接近的结果，而不是由一个道家杂取各家学说而后形成的。从田骈、慎到、尹文的议论，很可以看出这一点，司马谈却把这一关系说颠倒了。慎到、尹文他们把齐物、尚法不尚贤是相互联系在一起的。《吕览·不二》说："有金鼓，所以一耳也；同法令，所以一心也；智者不得巧，愚者不得拙，所以一众也；勇者不得先，惧者不得后，所以一力也。故一则治，异则乱；一则安，异则危。夫能齐万不同，愚智工拙皆尽力竭能如出乎一穴者，其唯圣人矣乎！"这和《尹文子·大道篇》是完全一致的。《慎子·威德》说："古者工不兼事，士不兼官……故士位可世，工事可常。……今也国无常道，官无常法，是以国家日缪。教虽成，官不足，官不足则道理匮，道理匮则慕贤智，慕贤智则国家之政要在一人之心矣。"其《君人篇》说："君人者舍法而以身治，则诛赏夺与从君心出矣。然则取赏者虽当，望多无穷；受罚者虽当，望轻无已。君舍法而以心裁轻重，则是同功殊赏、同罪殊罚矣，怨之所由生也。是以分马者之用策，分田者之用钩也，非钩策为过人智也，所以去私塞怨也。故曰大君任法而弗躬为，则事断于法矣。"《天下篇》所谓"至于若无知而已，无用圣贤，块不失道"，钩策之喻，就是"块不失道"之谓。依法行事如用钩策，自然"无用圣贤"。这真是"非生人之行，而至死人之理"。从荀卿的批评来看，似乎田、慎是灵活非常；从《庄子》的批评来看，田、慎又似乎是呆板已极。我们综合这些来自两面的不同批评，就不难看出什么是黄老派的真实面貌。灵活与呆板都是"因物与合"的反映。正因为呆板地随物随时而变法，所以它又灵活得非常。《威德》又说："故立天子以为天下也，非立天下以为天子也。立国君以为国也，非立国以为君也。立官长以为官也，非立官以为官长也。"《吕览·贵公》说："天下，非一人之天下也，天下之天下也。"《荀子·大略》也说："天之生民，非为君也。天之立君，以为民也。"似乎都是从慎到的学说来。荀卿法后王也是从慎到来。当然，这种学说和墨子选天子的主张也是有关联的。申、韩虽也"归本黄老"，但都言术，都强调君权，和田、慎就有些不同。李斯称申子言："有天下而不恣睢，是之谓以天下为桎梏。"韩非言法，他说："以贤人治不贤人则乱，以不贤治贤人则治。"这种议论也是大不同于田、慎的。

《荀子·非十二子》说："上功用、大俭约而僈差等，曾不足以容辨异、县君臣，是墨翟、宋钘也。"《庄子·天下篇》说宋钘、尹文"以禁攻寝兵为外，以情欲寡浅为内"，宋钘是墨家，应无可疑。班固说宋子"其言黄老意"。可见黄老之学显然是有墨学成分。从《天下篇》言之，"救民之斗，救世之战"，"为人太多，自为太少"。这是宋钘、尹文思想的中心，也正是墨学的精神。墨子尚节俭，宋、尹说人之情本"欲寡而不欲多"，是把节用之说从思想根源上加以阐明。宋钘认为战争的根本原因是源于人们的贪得无厌，总想掠夺别人，战争才不断发生。荀卿不了解宋钘立言之意，在《正论篇》批评说："子宋子曰：'人之情欲寡，而皆以己之情为欲多。'是过也……然则亦以人之情目不欲綦色，耳不欲綦声，口不欲綦味，鼻不欲綦臭，形不欲綦佚，此五綦者，亦以为人之情不欲乎？曰人之情，欲是已……古之人为之不然，以人之情为欲多而不欲寡，故赏以富厚而罚以杀损也。……今子宋子以是之情为欲寡而不欲多也，然则先王以人之所不欲者赏，而以人所欲者罚耶？乱莫大焉。"他不明白宋钘之意是说一个人的生活需要原要不了许多，从而主张"人我之养，毕足而止"。人人都有必需的生活就可以了，不要因贪得无厌而掠夺别人，自然就可"禁攻寝兵"，"天下安宁，以活民命"了。他认为战国时因争城争地而杀人盈城盈野，是源于人们的情欲无厌。他是要从根本上解决"偃兵""非攻"问题。荀卿反批评他是"蔽于欲而不知得"，说他"有见于少，无见于多",便是文不对题了。

宋钘"接万物以别宥为始"。《吕览》中《去宥》《去尤》二篇应该是有取于宋子别宥之义。《去宥》说:"齐人有欲得金者,往鬻金者之所,见人操金,攫而夺之。吏搏而束缚之,问曰:'人皆在焉,子攫人之金,何故?'对吏曰:'殊不见人,徒见金耳。'此真大有所宥也。夫人有所宥者,固以昼为昏,以白为黑,以尧为桀。宥之为败亦大矣。亡国之主,其皆甚有所宥邪!"宥就是所谓蔽,宥是偏见主观的根源,去宥才能"弃智去己"。人我之分,畛域之见,都是有所宥。宋钘"以聏合欢""以调海内",本就是"天下一家,中国一人"的思想,这是非去宥不可的。《尸子》说"料子贵别宥",可见晚周还有专谈别宥的。宋钘的"为人太多,自为太少",是他对人世有热情。"周行天下,上说下教,虽天下不取,强聒而不舍",正是他勇于为人的表现。庄子当然更不能理解这一点,庄子总不免以自我为中心,矜己而卑人,对人是冷酷的,当然要非难宋钘"为人太多"了。《韩非子·诡使》也说:"先为人而后自为,类名号,言泛爱天下,谓之圣。"这自然也是指的宋钘一派。法家是对他们不满的。究竟"先为人"和"为人太多"有什么不好呢? 他是满怀热情与人合作,自然这又与慎到等人齐物的基本精神相合,可以和"还与众人同道"的学说相通了。宋钘"不苟于人,不忮于众",郭注:"忮,逆也。"是对人谨厚,与众无忤,完全是墨家的兼爱精神。《韩非子·五蠹》

说："今儒、墨皆称先王兼爱天下。"兼爱是东方地区的共同思想。人与人相爱，又是慎到、田骈"公而无党，易而无私"的基础。庄周一派的思想，总是以不屑之意待人，轻世绝俗，而自视甚高，使人与人相轻。商、韩一派总是以权术对人，使人与人相贼。他们从不同的角度都反对仁义。东方的儒墨谈仁义，主张人与人相爱，人相爱则能相聚相容，人不相爱则民散，人相贼自然国不得安。田、慎的"还与众人同道"，必然要以兼爱为本。杨朱、墨翟都主张仁义，与老、庄、商、韩都不同。百家盛于战国，但后来却是黄老独盛，压倒百家，兼爱可能是重要的因素。杨朱本来也谈仁义，南北道家的不同，是很明显的。郭沫若同志有一段文章我很心服，给我很大的启发。他说：

照《天下篇》所引的关尹遗说看来，他是主张虚己接物的，心要如明镜止水，对于外物要如响之应声，影之随形。他这种主张和宋钘的"别宥"，并没有多大区别。主张谦抑，不占人先而常随人后，和田骈、慎到的"推而后行，曳而后往"，也没有多大的不同。他的单独成派，或者是因为他把他们两家的现实倾向都抛弃了的缘故罢。宋钘、尹文志在"救世"，慎到、田骈学贵"尚法"，他们都还没有脱离现实，而在关尹或环渊便差不多完全摆脱现实而独善其身了。"淡然独与神明居"，便很扼要地说穿了这种态度。

我认为这一提示是抓着了南北道家不同的根本所在。郭沫若同志在《吕览·审己》引列子和关尹一段问答后又说："这里虽然也提到国之存亡，但不求之于外政，而求之于内心，和慎子的尚法不同，依然是脱离现实的。"（皆见《十批判书·稷下黄老学派批判》）这样分析，是透彻而扼要的。庄周、环渊一派，正因为他们脱离现实，只知有自己而不知有他人，鄙视一切。中国二千余年的知识分子，很多人受到这一思想的影响。凡是自高自大等许多坏习气，都从这儿来。他们的人生观每每是悲观绝望的、是痛苦的，对现实问题是怯懦而不敢正视的，只有逃避了。历来的文人很多喜欢庄子，这和墨翟、宋铏那种热忱勇敢的气概，是有天渊之别的。但南方道家如庄子之流，虽有逃避现实的缺点，而比之三晋法家专以变诈权术对人，使人与人相贼相害，还要好一点。秦用法家，其祸不旋踵。所以贾谊说："商鞅遗礼义弃仁恩，并心于进取，行之二岁，秦俗日败……其慈子嗜利，不同禽兽无几耳。"《战国策》中也多次指出秦的这一特点，这也是秦王朝覆灭的原因之一。凡汉人所以责秦，都是反对法家的治术。这很可看出汉初的人是如何评论晚周学术的。汉人尊重《孝经》，我认为是有道理的。班固说墨家"以孝视天下，是以上同"。《论语》说禹"菲饮食而致孝乎鬼神"。

墨家是效法夏代的，章太炎作过一篇文章论《孝经》本夏法，他认为《孝经》说"五刑之属三千"这一句就明是夏刑，这是很有根据的。也可说，这类的书是通过墨家传下来的。墨家主张兼爱，正与法家相反，而人类之爱总是从爱其亲始，汉人看见人与人不相爱是秦王朝覆灭的原因之一，就不能不以爱教天下，以孝治天下。在以法家为治的暴秦之后，以《孝经》为统治者服务，在当时是很需要的。这使我更觉得墨家泛爱学说是黄老的基本精神，宋钘、尹文是突出的倡导者。

非攻之说，倡于墨子，宋钘、尹文又从而加以阐发，凡墨子节用、节葬、非乐诸大端，都与此相关。宋钘、尹文的"见侮不辱"，"情欲寡浅"，也都是为了禁攻寝兵。荀卿对这些理论一一加以非难，荀卿的意图，无非是为封建社会建立等级制。在他的非难中，可使我们把这一派学说看得更清楚。《荀子·富国》说："夫不足，非天下之公患也，特墨子之私忧过计也。……我以为墨子之非乐也，则使天下乱，墨子之节用也，则使天下贫。……墨子大有天下，小有一国，将蹙然衣粗食、恶忧戚而非乐，若是则瘠，瘠则不足欲，不足欲则赏不行。……墨子大有天下，小有一国，将少人徒、省官职，上功劳苦，与百姓均事业、齐功劳，若是则不威，不威则罚不行。……若是则万物失宜，天下敖然若烧若焦，墨子虽为之衣褐带索，嚽菽饮水，恶能足之乎？……故墨术诚行，则天下尚俭而弥贫，非斗而日争，劳苦顿萃而愈无功，愀然忧戚而日不和。"可见墨子、宋钘是主张在位的人也要和百姓均劳苦，从事生产，主张少人徒、省官职，主张一切俭约，来达到兼爱非攻。而荀卿之所谓儒术，是撞钟击鼓，刍豢稻粱，要贵贱贫富有等差，要悬君臣，两相对比，荀卿所谓儒、墨之分也就清楚了。他反对薄葬，见于《正论篇》，益鄙下不成理。

《吕览》是黄老一派，它在《节丧》《安死》诸篇是赞同节葬、节用的。它却反对非乐，其《古乐篇》说："乐所由来者尚也，必不可废。"《大乐》又说："世之学者有非乐者矣，安由出哉？"在这一问题上它是有异议的，惟措辞尚觉和缓。但它在反对偃兵时，态度就激烈了。《荡兵篇》说："古圣王有义兵而无有偃兵，兵之所自来者上矣，与始有民俱。凡兵也者威也……民之有威力，性也。性者所受于天也，非人之所能为也。……兵所自来者久矣……未有蚩尤之时，民固剥林木以战矣，胜者为长。……长之立也出于争，争斗之所由来久矣，不可禁，不可止，故古之贤王有义兵而无偃兵。……兵诚义以诛暴君，以振苦民，民之说也若孝子之见慈亲也，若饥者之见美食也。"《振乱篇》又说："今之世，学者多非乎攻伐，非攻伐而取救守，取救守则乡之所谓长有道而息无道、赏有义而罚不义之术不行矣。……是非其所取而取其所非也，是利之而反害之也，安之而反危之也，为天下之长患、致黔首之大害者，若说为深。"其《禁塞篇》亦极力反对救守之说。荀卿之未敢倡言者，《吕览》则疾声而号呼之。它的理由是站不住的，只能说它是在为秦灭六国的战争进行辩护，是极明显的。《管子》书也是黄老，但它对废兵之说是抱怀疑态度的。其《法法篇》说："贫民，伤财，莫大于兵；危国，忧主，莫速于兵。此四患者明矣，古今莫之能废也。兵当废而不废，则（古今）惑也。（此二者）不废而欲废之，则亦惑也。此二者伤国一也。黄帝、唐、虞，帝之隆也，资有天下，制在一人，当此之时也兵不废；今德不及三帝，天下不顺，而求废兵，不亦难乎？"其《参患篇》又说："君之所以尊卑、国之所以安危者，莫要于兵。故诛暴国必以兵，禁辟民必以刑，然则兵者外以诛暴、内以禁邪，故兵者尊主安国之经也，不可废也。若夫世主则不然，外不以兵而欲诛暴则地必亏矣，内不以刑而欲禁邪则国必乱矣。"《管子》之意似以兵是应该废的，只是当时的形势还不可能。这与《吕览》以兵争是人的天性而悍然攻击偃兵，就大不相同了。《韩非子·五蠹》说："今境内之民皆言治，藏商、管之法者家有之，而国愈贫。境内皆言兵，藏孙、吴之书者家有之，而兵愈弱。"可见管、商、孙、吴之书，远在非子以前已就有了，只到汉初可能有些增益。凡古书皆然，不足为怪，所以还是应把它当作先秦书来用。于此可见，晚周之时，偃兵说最盛，这是当世人民要求的强烈反映。惠施、公孙龙诸人皆言偃兵，所以《吕览》说"今之世，学者多非乎攻伐"。只有力图兼并的人，才会反对禁攻寝兵。商鞅是专讲富国强兵的,他在《开塞篇》中,把他的法治主张说为:"一国行之,境内独治,二国行之,兵则少寝,天下行之,至德复立,此吾以刑杀之反于德,而义合于暴也。"以商君而言寝兵,本来就可笑,但这却是社会压力的反映。《庄子》对偃兵问题的言论,也是可笑的。《徐无鬼篇》说:"爱民,害民之始也,为义偃兵,造兵之本也。……君若勿已矣,修胸中之诚,以应天地之情而勿撄,夫民死亦脱矣,君将恶乎用夫偃兵哉?"这是把广大人民的要求作为开玩笑。周秦诸子学术是极其复杂的,要加以系统的清理,本极困难,但提出些共同的问题,如寝兵之类,把各家的议论和态度作对比观察,各派的思想感情,也还不难看出一些。偃兵这一题目,也就是对诸子的试金石。从春秋时代向戌弭兵以来,经过墨家的倡导和在理论上加以发展,长期和战争制造者作顽强的斗争,虽以商、管之书,也不敢对此公开反对。但战争却不因之停止,反而愈来愈激烈,偃兵说虽盛于一时,但终于未能实现。这一原因在略后的学者作过研究。《礼运》是儒墨两家汇合的作品(另详《论墨学源流与儒墨汇合》),它说:"今大道既隐,天下为家,各亲其亲,各子其子,货力为己,城郭沟池以为固,礼义以为纪……以设制度,以立田里,以贤勇智,以功为己,故谋用是作,而兵由此起。"这里明白指出"货力为己"是兵之所由起,也就是说财产私有制是战争的根源。所以它就主张:"货恶其弃于地也,不必藏于己;力恶其不出于身也，不必为己。是故谋闭而不兴，盗贼窃乱而不作。"
私有制既是战争的根源，空口谈偃兵是不行的，要禁攻寝
兵，就需要建立和它相适应的制度，就是"天下为公"的公
有制。毫无疑义，这在当时也只能是空想。黄老的"虚无
为本，因循为用"，到汉兴将近百年的时候，改定制度的要
求起来，今文学家注意于改制度，也就代黄老而兴起了。

宋钘的"人我之养，毕足而止"，是说在"人之情欲寡"
的前提下，每个人都有同等的生活条件。自然不许可掠
夺别人，舍此便无法"以调海内"。所谓"不饰于物"，应该
是"不靡于万物"的意思。郭注解"不以身假物"为"必自
出其力"。这和陈仲子的"不恃人而食"是相同的理论。
也必须"人之情欲寡"然后才可以"不靡于万物"。宋钘、
尹文因"救世之战"，又才提出了"救民之斗"，也是作更进
一步的阐发。欲"救民之斗"又才提出了"见侮不辱"。
《韩非子·显学》说："是漆雕之廉，将非宋荣之恕，是宋荣
之宽，将非漆雕之暴。"宽恕也正是"见侮不辱"的基础。
荀卿说："今子宋子案不然，独诎容为己。"杨倞注："独欲
屈容受辱，为己之道。"宽恕屈容，就可以"取不随仇""见
侮不辱"。这对"救民之斗""设不斗争"，便可迎刃而解。
若不能以"兼爱"为心，缺乏对人类的同情，是不能宽恕屈
容的。荀卿批评宋钘说："子宋子说不免于以至治为至
乱，岂不过甚矣哉！"（《正论》）粗略读去，似乎很难理解。
结合《天下篇》对墨翟的批评："乱之上也，治之下也，将求

之不得也,虽枯槁不舍也,才士也夫!"才知道墨翟、宋钘有他所追求的至治的社会。而在荀卿看来,那种社会却是"不足以容辨异,县君臣",是"僈差等"的社会。荀卿则是要建立等差。当然墨、宋所谓的至治,荀卿就要认为是至乱;庄、荀所谓的至治,墨、宋也就要认为是至乱了(韩非把宋钘、漆雕二人进行对比讨论,《显学》说:"漆雕之议,不色挠,不目逃,行曲则违于臧获,行直则怒于诸侯,世主以为廉而礼之。宋荣之议,设不斗争,取不随仇,不羞囹圄,见侮不辱,世主以为宽而礼之。"孟子说:"北宫黝之养勇也,不肤挠,不目逃,思以一毫挫于人,若挞之于市朝。不受于褐宽博,亦不受于万乘之君。"这种行径都完全是游侠刺客一流。梁启超认为游侠刺客出于墨学,这一论断,我很信服。但漆雕又是八儒之一。或许可说漆雕是墨徒之入儒家者,宋钘是墨徒之合于杨朱者,似乎他们是墨家的两个小支派。这也可见晚周学术分合异同之间,是有一些变化发展的。黄老一派,正是由此而形成。汉时的儒学,又何尝不是如此。儒家和别家之说汇合,而"儒分为八"。八儒汇合便成为新的儒学,今文学家也就是这样成长起来的)。孟子说:"杨子取为我,拔一毛而利天下不为也;墨子兼爱,摩顶放踵利天下为之;子莫执中。"赵岐注:"子莫,鲁之贤人。"朱熹注:"子莫知杨、墨之失中,故度于二者之间,而执其中。"这是最早合杨、墨于一途的学者。《尸子·广泽篇》说"皇子贵衷"。皇子可能和子莫同是一派。近人说子莫就是《说苑·修文篇》的颛孙子莫，曾子也很称赞他（先秦称的曾子多是曾申，此不详说）。也有人说颛孙子莫就是子张之子申详，可能是儒家而兼取杨、墨的学者。虽无详细材料作证，但周秦学术有这种变化，大致是可以肯定的。周秦时代的学术资料遗存不多，根据各家的相互批评，也可以探索出一些著作已佚的学者的学术面貌。田骈、慎到、宋钘、尹文的问题，正是这样。但也有由于批评者宥于成见，批评时措辞失当，造成后人的误解。如《庄子·逍遥游》说："故夫智效一官，行比一乡，德合一君，而征一国者，其自是也，亦若此矣。而宋荣子犹然笑之，且举世誉之而不加劝，举世非之而不加沮，定乎内外之分，辩乎荣辱之境，斯已矣。彼其于世，未数数然也。虽然，犹有未树也。"这里说宋钘对世之毁誉曾不经心，所谓"内外之分"，不免内我而外物，故不汲汲于世之毁誉。这和庄周的轻世自肆，以天下为沉浊，不屑和众人讨论的态度，有何差别？这种态度，绝不是宋钘的精神。黄老派因循任物，终身无誉，所以不以誉劝。"虽天下不取，强聒而不舍"，所以不以毁沮。宋钘的"为人过多"，和庄周不屑于人的态度迥然不同。他是不苟于人，而非轻视别人。墨子说的"余力相劳，余财相分，良道相教"。宋钘"上下见厌而强见"，正是墨学的精神。《孟子·告子》载："宋轻将之楚，孟子遇之于石丘。……（宋轻）曰：'我将言其不利也。'（孟子）曰：'……

先生以利说秦、楚之王，秦、楚之王悦于利以罢三军之师，是三军之士乐罢而悦于利也。为人臣者怀利以事其君，为人子者怀利以事其父，为人弟者怀利以事其兄，是君臣父子兄弟终去仁义怀利以相接，然而不亡者，未之有也。'"宋轻所说的利，无疑是墨子所谓"兼相爱、交相利"的意思。这和苏秦、张仪巧诈之徒所说的利是不同的。孟子这样说，难道是要人彼此不相利吗？当然也不是。这些材料都是要从多方面辗转互证，求得解释，才能恰当的使用（周秦诸子的注，也是不易使用的。汉和晋唐诸子之书存者尚多，注诸子就易于找根据，但又大有高下之分。魏晋本来哲学要盛一些，郭象注《庄子》"謏髍无任"，谓"不肯当其任而任夫众人，众人各自能，则无为横复尚贤也"。这是贯通了诸子各家之学，才能下语如此精当。《齐策》"齐人见田骈曰：闻先生高议，设为不宦"，这正是不肯当其任而任众人之意。汉代人不留心名理之论，高诱注《吕览》"陈骈贵齐"，他以"齐生死、等古今"为解，就不免差毫厘而失千里。中唐人亦究心哲学，但又不及晋人。如杨倞之注《荀子》，虽不及郭象，却比高诱好一些。一个人学问的得失，总是和那一时代分不开的）。

黄老一派，田骈、尹文、接予，都是齐人。《庄子·则阳篇》说："季真之莫为，接予之或使。"庄书对这两种学说都予以否定。"莫为"可解释为莫之为而为，"或使"可解释为若或使之然。这都是对宇宙现象加以解释。《吕览·义赏》说："春气至则草木产，秋气至则草木落，产与落，或使之，非自然也。故使之者至，无物不为，使之者不至，物无可为。古之人审其所以使，故物莫不为用。赏罚之柄，此上之所以使也。"其《用民》说："古者多有天下而亡者矣，其民不为用也。用民之论，不可不熟。剑不徒断，车不自行，或使之也。"《吕览》这两段文字，可以认为是接予的学说，是企图把自然界领域的或使论运用到社会领域。对宇宙万物的运动变化，认为不是自然而是或使，归结可能倾向于认为一切都是神的作用。这样当然是错误的。但从社会现象来说，如果田骈、慎到的学说真如《天下篇》所说"非生人之行，而至死人之理"，必"至于若无知之物而后已"那样的机械，我们就应该承认接予的或使论在黄老学派中，是有积极作用的。因为他在这里是发现人的主观能动性了（因晚周如《马蹄》《骈拇》一流思想，把放纵无秩序以为自然，故《吕览》则以四时之行非自然而为或使）。这就把黄老学说的面貌提供了新的研究题材。《管子》中的《心术》《内业》《白心》各篇，我以前认为是慎到、田骈的学说，也有同志从"白心"二字着眼，认为这几篇书是宋钘、尹文的学说，如果从或使论来看，也可以说是接予的学说。总的来说，这些学者都是黄老派，他们同在稷下，互相学习，互相影响，我们说这几篇书是黄老派的学说就可以了，似不必确认其定是何人的作品。《白心》一篇把"或使"理论阐发得很明透。它说：

天或维之，地或载之。天莫之维，则天以坠矣；地莫之载，则地以沉矣。……又况于人，人有治之辟之，若雷鼓之动也。夫不能自摇者，夫或摇之。夫或者何，若然者也。视之则不见，听之则不闻，洒乎天下满，不见其塞。……韕韕乎莫得其门。故口为声也，耳为听也，目有视也，手有指也，足有履也，事物有所比也，当生者生，当死者死。……上圣之人，口无虚习也，手无虚指也，物至而命之耳。发于名声，凝于体色，此其可谕者也。不发于名声，不凝于体色，此其不可谕者也。及至于至者，教存可也，教亡可也。……故曰孰能去辩与巧，还与众人同道。故曰思索精者明益衰，德行修者王道浹。

这许多理论，可说是符合“出为无为，则为出于不为”的说法的。以“能若夫风与波乎”伸因循之说，与田骈、慎到可谓相同。但田骈、慎到说“若飘风之还，若羽之旋，若磨石之隧”，而继之以“若无知之物而已”“块不失道”。这里说“能若夫风与波乎”，而继之以“唯其所欲适”。“唯其欲适”是灵活的，是主动的；“若无知之物”是死板的，是被动的。这就是接予或使论的作用，比之田、慎要深刻一些了。《白心》以“去辩与巧，而还与众人同道”伸齐物而不尚贤，显然比田骈、慎到也高出一层。《中庸》说“庸德之行,庸言之谨",庸就是同乎平凡人。"夫妇之愚可以与知,夫妇之不肖可以能行",这样的知行,才是真理所在。庸未必即合乎中,但中必须是基于庸的。不合乎庸也就是行不通的。《管子·白心》一篇一开始就说:"上之随天,其次随人,人不倡不和,天不始不随。""天不为一物枉其时,明君圣人亦不为一人枉其法,天行其所行而万物被其利,圣人亦行其所行而百姓被其利。""是以圣人之治也,静身以待之,物至而名自治之。奇身名废,名正法备,则圣人无事。""去善之言,为善之事,事成而顾反无名。能者无名,从事无事。""故曰孰能弃名与功,而还与众人同。孰能弃功与名,而还反无成。无成贵其有成也,有成贵其无成也。"黄老派的齐物论,"与众人同道",又更进一步至"无名无功,无事无成"。《管子·心术》说:"圣人若天然,无私覆也;若地然,无私载也。私者,乱天下者也。凡物载名而来,圣人因时财(裁)之,而天下治。"盖视天下之事原是自治的。《心术》又说:"无为之道,因也。因也者,无益无损也,以其形因为之名,此因之术也。"不以物为法而以己意损之益之,便是伤之乱之。不伤不乱,无损无益,而天下自治,所以说有成而实无成。杨朱"不拔我一毛而利天下",正因为拔一毛以利天下即是益一毛以乱天下。杨朱对梁王说"治天下如运诸掌"(见《说苑·政理》)。杨朱非不治天下,"无事而天下自极也"(申不害语),此之谓"运诸掌"。黄老一派极重名法,《心术》说:

"名者,圣人之所以纪万物也。"司马谈说:"其实中其声者谓之端,实不中其声者谓之窾,窾言不听,奸乃不生。"《吕览·正名》:"形名异充,声实异谓。"声就是名的意思,实就是形的意思,要名实相符。窾言就是空而无实之论。不循名责实,一切空论滋起,天下何由得治。此等议论甚多,于此毋庸多说。司马谈又说:"道家精神专一,动合无形。神大用则竭,形大劳则敝。不先定其神,而曰我有以治天下,何由哉!"黄老一派殆无不言全生贵己。詹何对楚王说:"何闻为身,不闻为国。"应该说,此派议论是认为为身正所以为国。即此诸端,都是黄老与南方道家庄周等人颇相违反的。汉初黄老盛行,这和庄周学派显然无关。

司马迁说:"曹参荐盖公言黄老,而贾生、晁错明申、商,公孙弘以儒显。"(《太史公自序》)把汉初一段的政治思想说成三变。叶水心说:"贾谊、晁错其实只是《管子》一书。"这句话说得很好。贾谊明引《管子》不止一次。晁错言守边备塞时说:"古之制边县,以备敌也。使五家为伍,伍有长;十长一里,里有假士;四里一连,连有假五百;十连一邑,邑有假候。"这也全出《管子》之书。贾、晁的思想不似申、韩惨刻,其言论深似《管子》,也很明显。如果承认《管子》书也是黄老,也可说文、景时还是用黄老,直到武帝表彰六经才一变,更合实际些。太史公说:"窦太后崩,武安侯田蚡为丞相,绌黄老刑名百家之言。"正见绌黄老是汉武帝时事。但就《管子》全书而论，它讲制度的文字很多，应为汉时所集成，比之《吕览》确乎是一变。似乎因为此时亟须建制度，因之所收涉及制度的文字多一些，与汉初专务休养生息的黄老学又有些不同了。总的说来，是百家之学聚于稷下，尹文、宋钘、田骈、慎到、接予之徒，互相吸收，才形成这一派。并非先有黄帝、老子之学，然后各家去学黄老。黄老这一名称，是到汉时才有的。更不是由道家去吸取各家之长，而是各派都有人纳入到这一途。从稷下到淮南，时间先后二百年，学说是有发展变动的。从区域来说，《吕览》《管子》《淮南子》和稷下先生，地方文化的历史条件也是各别的。这种错综关系都很复杂，要分疏清楚自然不容易。自刘向定为九流，以慎到入法家，以田骈、接予入道家，以尹文入名家，以宋钘入小说家，以《吕览》《淮南》入杂家，于是黄老之学若存若亡。其内容大概遂亦不明。至于黄老在汉初何以能独盛，而百家遂衰，就更无法说明了。太史公以老、庄、申、韩同传，因之老庄与黄老就更难分别。黄老有助于汉初之治，老庄亦有助于魏晋之乱，应该有极大的区别。班固更把《黄帝四经》《管子》诸家和《庄子》《列子》同列为道家，只认他们是"清虚以自守，卑弱以自恃……独任清虚，可以为治"，全未涉及司马谈所说的"因循"，什么是因循也全不明白。黄老所说的以"还与众人同道"为齐物，以"舍己而以物为法"讲因循诸大义，都湮晦不彰。《庄子》

一书最突出的偏激之论，正在太史公所指出的《渔父》《盗跖》《胠箧》诸篇，这些篇和《马蹄》《骈拇》几篇都可认为是庄学末流的极端之论。如《胠箧》说："田成子有盗贼之名，十二世有齐国。"可证明这是齐王建以后的书。韩非也是战国末期的人，太史公举出《孤愤》《五蠹》，也正是法家后期最突出的偏激极端之论。《商君书》也多是秦昭王时代的作品。百家之学都应该分别它前后期议论的不同之点。史公作传，把这些极端之人、极端之论，重点突出，是可以的。但在今天研究学术思想，就须得仔细分析它前后变化和各家错综之迹，才能处理适当。我所做的工作是远远不够的，就是这篇论黄老各家学说，也仅是把自己过去所感觉到的问题提出来，想和同志们商讨。其实，还应该以《吕览》《淮南》《管子》三书为基础，把自己所提出的问题作进一步深入探讨，才可说是研究。但在写此稿时，经过一段用心，已使我对某些问题比以前更明确一些。

这篇粗糙的稿子，未多用《老子》的文字，并不是有意抹杀《老子》，我从前对《老子》一书的校勘辑佚方面曾花过不少功夫。在这次写作时，使我对《老子》一书的认识更要清楚些，我总觉得它和前面所谈黄老学派的思想颇有不同，与南方道家的庄周也不相同。举个最明显的问题，庄子不言术，《天下篇》说的关尹、老聃也不言术，言术是申子以后的学说，是法家的流变，《老子》书言术的地方太多,又专喜计较个人利害得失,使我很不喜欢它。我认为它是战国晚期的书,是三晋人的作品而托之老聃。据《史记·乐毅传》,此书传自战国时河上丈人,六国时惟三晋与齐境内有黄河,河上丈人宜居三晋。《老庄列传》言:"老子之子名宗,宗为魏将,封于段干。"汪中说就是魏安釐王时魏将段干崇。乐瑕公、乐臣公世传《老子》,又是赵人。它言术又是本之申子,是韩人。说这部书是后来三晋黄老派学者所作,或更要恰当些。司马迁学《道论》于黄子,是黄老派下人物,宜知此书渊源。只有他才谈到老子姓李名耳,应该李耳才是作这部书的人,也就是魏安釐王时人,也可能就是河上丈人。葛玄辈古道家或言老子生于李树下,或言指李树为姓,应该是李耳生于李下。《战国策·秦策》有李下,鲍注:"河内成皋有李城,是今温县,六国时魏邑。"是李耳为此邑人,以李为姓。魏晋羽流不知李下是邑名,妄说为李树下,这是有根据的传讹,应该即是魏人。是李耳作书,而托之老聃。太史公说李耳即老聃,"盖百有六十余岁,或言二百余岁",是故为奇诡之说。法家明取道家为君人南面之术,这部书正是以黄老而言术。书中充满阴柔权术,和宋钘、尹文、田骈、慎到那种光明热情的态度绝不相同。这部书的思想在中国历史不知曾影响过多少人,它起的坏作用比起的好作用可能更多一些。绝不是首先有黄老之书,然后才有稷下黄老之学。晚周还没有黄老之称,这是汉代人才有的名称。

《老子》应是战国晚期三晋申不害一流人的作品。凡战国作经，如《道经》（见《荀子·解蔽》）《墨经》及韩非书中所见的《法经》，应该都是晚期学者所作。每一派学术发展到了高度成熟的时候，把这派学术的高度概括的结论和要点归纳起来成一部书，就称之为经。儒家删六经，也是荀卿时代的事。《诗》《书》六艺，本无经名。儒家不作经，而是把古文献加以删定，合于他们论点的就保留，不合的就删去。《老子》绝不能是早期的作品，而只能说它必在韩非之前。《隋书·经籍志》说："《黄帝》（四经）四篇，《老子》二篇，最得深道。"可见汉人称黄老是指的《黄帝四经》四篇。由《班志》看来，这是六国时的作品，所以把它列在田骈、鹖冠的后面。《吕览》征引过几处而外，韩非、贾谊、《淮南》《六韬》亦偶引之。古代是有此二人，也有些传说，都未著书传后。后人取稷下先生的理论来作书，托之黄帝、老子，汉人才把宋钘、尹文诸人称为黄老。我在写这篇文字时，考虑到各派学者的思想感情，同时也激动了我的思想感情，使我很不喜欢《庄子》《老子》这两部书（《庄子》各篇还应分别对待），它对人类社会缺乏热情，黄老学派不能由它来代表。黄老应该以东方（齐人）为中心，它和儒、墨一样都是主张仁义的，他们热心救世，他们"为人太多"，"强聒不舍"，是对人类充满热情、充满希望的表现。他们对人生不悲观而是乐观，对未来充满希望而不是绝望。他们是从"四海之内皆兄弟"的精神出发的，主张"以不忍人之心，行不忍人之政"。法家总是自视为智者能者，别人都在他的术中，只能任其恣睢。商鞅、韩非之流，其对人君，对百姓，甚至对父子兄弟，都是待之以术而绝无诚心。这种自视甚高、以自我为中心的利己主义，是可惊的。清静不足为害，像老庄那样的自以为智、自以为能，就大为有害了。他们绝无法了解群众的智能，又怎能和众人合作共事呢？怎能"弃智与巧而还与众人同道"呢？我认为人与人相信相爱这一点是儒、墨、杨朱和晋、楚之学说绝不相同的。汉文帝好黄老，有一个小故事，足见他是深懂黄老理论的。当时有献千里马者，他却而不受，他说："朕乘千里马，独先安之？"这就是"还与众人同道"的意思，这比曹参之流的清静宁一的黄老要高许多。庄周、韩非之流，都是自负为千里马，而看别人都是驽马，南北的齐物论于此就大不同了。离开了群众将是一事无成，离开了群众的知识也将是一无所用。如像庄周、韩非诸人的知识，如《老子》只计个人成败得失的言论，那就不只是无用，而且是有害了。

太史公说："韩非喜刑名法术之学而归本于黄老。"又说："申子之学本于黄老而主刑名。"把申、韩也认为是黄老，是有道理的。但对于黄老思想核心的道，韩非显然是反对的。《韩非子·忠孝》说："世人所谓烈士者，虽（离）众独立，取异于人，为恬淡之学，理恍惚之言。臣以为：恬淡，无用之教也；恍惚，无法之言也。"他所指责恍惚之言，正是黄老之所谓"道"，《六家要旨》言道家"夫道混混冥冥"，"其辞难知"。《显学》又说："今有人于此，义不入危城，不处军旅，不以天下大利易其胫一毛，世主必从而礼之，贵其智而高其行，以为轻物重生之士也。"这正是针对黄老前辈杨朱之徒而发。申、韩虽有取于黄老，而究竟与黄老显然不同。韩非书有《解老》《喻老》两篇，思想颇不一致。《解老》纯是道家言，《喻老》只是借道家言以申法家之说。当然二者不是一人的作品，尤其是此二篇对"天下有道却走马以粪"一章的解释，大不相同，更足证明。可见韩非书中如《解老》这样以别一家的学说误入非子书中者当复不少。所以一书之中矛盾也多，韩非反对仁义，书中随处可见，而《用人》一篇突然说："故明主厉廉耻，招仁义。"真使人怀疑与《用人》相近的《观行》《大体》等六篇是否韩非之书，在周秦诸子中如此之例是常见的。汉武帝时，丞相卫绾奏罢申、商、韩非、苏秦、张仪之言在先，而田蚡为丞相绌黄老形名百家之言在后，知申、韩和黄老在汉人认识上是区分开的。申、韩与黄老殊异，自无可疑。黄老和庄周一流不同，前已提到一些，这里作点补充。"形名"是黄老为治的主要工具，司马谈《论六家要旨》中说得很清楚。《庄子·天道》说："古之明大道者，先明天而道德次之，而仁义次之，而分守次之，而形名次之，而因任次之，而原省次之，而是非次之。……故书曰有形有名。形名者，古人有之，而非所以先也。古之语大道者，五变而形名可举,九变而赏罚可言也。骤而语形名,不知其本也,骤而语赏罚,不知其始也。……此之谓辩士一曲之人也。"庄子之流其轻视形名如此,这明是他反对黄老。《在宥篇》说:"贱而不可任者物也,卑而不可因者民也。""因性任物"是田骈、慎到学术的核心,庄子之流对此是这样明白的反对,庄周一派不能和黄老混同,也是无疑的。《汉书·艺文志》的道家,一部分是楚人,一部分是齐人,法家则多是三晋人。这种学术思想的分野,是与各个地区文化历史条件的不同、物质生活的不同有密切的关系。孟子说:晋之《乘》,楚之《梼杌》,鲁之《春秋》,就说明三地区历史传说本属三个系统,内容大有区别。在古代"其民老死不相往来"的情况下,一川之隔,一林之障,都会使各地方有巨大的差异,是不足为奇的。到秦汉大统一以后,这种情况才逐渐改变。秦以法家之说为治,秦、晋的思想本多共同之处。项羽、刘邦都是楚人,汉初楚辞本来就盛,楚歌、楚舞也盛,汉赋本就是从楚辞发展而来,道家思想原是楚人的思想,汉初道家思想盛行也不会是偶然的。汉初接触到北方思想,首先与黄老一派合流,也很自然。庄周与黄老一派同以虚无为本,是其相接近的一面,但其间也很有差别。无论杨朱、田骈、慎到、宋钘、尹文、詹何、子华都讲仁义,和庄周、韩非都反对仁义,截然不同。

北方(齐)的道家,可能早已产生了,只是诸子著书是后来的事。《庄子》书中的南郭子綦可能是北方最早的道家,庄书中有四次记载,都和颜成子游在一起,首见于《齐物论》,再见于《人间世》和《徐无鬼》,都作南伯,又见于《寓言》,作东郭。由于每次都和颜成子游在一起,故唐人认为是一个人。所载言议,无疑是道家。《经典释文》引李颐说居"齐南山穴也",说明是齐人。他说:"田禾(和)一睹我而齐国之众三贺之。"知与田和同时而稍长。他是远在杨朱之前的道家。知北方(齐)早已有道家,而北方道家就是黄老之学的前驱。它和南方(楚)的道家有接近的一面,又有它们绝不相同的一面。"以虚无为本,以因循为用",言兼形名,理归仁义,黄老学和周秦各派的异同区分,倘即在此。

先君此稿作于1961年上半年,系应《新建设》杂志编辑部之约,盖据旧稿《黄老考》而作,然无论论点、材料皆较旧作大有发展,所见益深。尤以论黄老学说之主要内容与南方道家庄周之流的区分,及黄老学自田、慎而《吕览》《管子》,而《淮南》,其步步发展之迹,最具特色;而于申韩法家及庄周、《老子》则颇有贬辞。然此稿经校排之后,不知何故最终未获刊布,手稿亦未退回,仅退回排校稿一帙。岂编辑部所以暗示"责不在我"之意乎?默编辑先君文集第一卷《古学甄微》时,以此稿与《杨朱学派考》部分材料重复,于是删其重复而存其"节录"于集中,然以删节不善,遂致断裂不成章句,既不能见全文体系,又乱其论述层次,而其独到见解亦多隐晦不显,私心深以为憾。今将全稿清缮一遍,间易其一二字,非敢妄为,盖拾其阙讹而已。

蒙默　整理后记

1996 年 8 月

原载 1998 年 7 月《道家文化研究》第十四辑

周代商业的发展及其衰落

　　周代的商业，究竟发展到怎么一种情形，这是值得详细讨论的。《酒诰》说："肇牵牛远服贾，用孝养厥父母。"这是西周初年殷人从事商业活动的明证。但是，这个"远"字究竟远到什么程度？《齐世家》说："太公至国，修政，通商工之业，便鱼盐之利。"《货殖列传》说："太公劝其女功，极技巧，通鱼盐，故齐冠带衣履天下。"则是周初的商业已达到列国之间互通贸易了。《周官·质人》说："大市以质，小市以剂，凡质、剂者，国中一旬，郊二旬，野三旬，都三月，邦国期，期内听，期外不听。"期是一年，是《周官》里面也说得有邦国之间的交易。到春秋时代，《左传》载成公三年："荀罃之在楚也，郑贾人有将置诸褚中以出，既谋之，未行，而楚人归之。贾人如晋，荀罃善视之，如实出己。贾人曰：'吾无功，敢有其实乎？吾小人，不可以厚诬君子。'遂适齐。"这是郑国的商人可以南到楚国，北到晋国，东到齐国。又如"弦高犒秦师"，就是郑国的商人西到周地。宁戚也是卫国的商人，东到齐国，才遇见齐桓公。都可见列国的商人到许多地方是没有限制的。《周官·遗人》说："凡国野之道，十里有庐，三十里有宿，五十里有市。"《管子·乘马》说："方六里命之曰暴，五暴命之曰部，五部命之曰聚，聚者有市，无市则民乏。"五部大致相当于《周官》五十里有市的说法。这样看来，市场就很多，就不限于"前朝后市"要都邑才有了。孟子说："文王治岐，关市讥而不征。"这种"关"可以说是国与国之间的贸易。郑康成注《玉藻》说："年大顺成，关梁不租，此周礼也，殷则关但讥而不征。"这是说殷代根本还没有关税，到周代就有关税了。大概是殷代的商业发展水平还低。《周官·太宰》："以九赋敛财贿……七曰关市之赋，八曰山泽之赋。"所以《墨子·尚贤中》说："贤者之长官也，夜寝夙兴，收敛关市、山林、泽梁之利，以实官府，是以官府实而财不散。"在周代关市之赋已经是国家收入的重要部门，显然是贸易比之殷代有长足的发展。《左传》文十一年说宋武公之世："以门赏耏班，使食其征。"宋武公远在春秋之前，从《周官》和《左传》都可以看出西周的商业已有相当的发达。在《周官》一部书里，就有很多关于商业事务的记载，有关商业的职官也很多。经营商业的，这时究竟是些什么人，值得进一步探讨。《晋语》有"工商食官"的说法，仅就《周官·天官》所属职官来看，庖人有贾八人，大府有贾十六人，玉府有工八人，职币有工四人，典妇功有工四人、贾四人，典丝有贾四人，缝人有女工八十人，追师有工二人，屦人有工八人，其余五官的职官中有工、贾者还不少，周代有在官的工商是毫无疑义的。《周官·载师》："以宅田、士田、贾田任近郊之地。"郑康成注说："贾田在市，贾人其家所受田也。"这些受田的贾人就不定是在官的了。《载师》言："凡任地国宅无征。"郑注："国宅，凡官所有宫室，吏所治者也。"周世"货物止于邸舍则有廛布"（据《廛人·司关》郑注变易其文），假使商业皆由官府经营，货物所止的邸舍自应在"国宅无征"之列，就无廛布可言，有廛布就是有独立自营之私人商业。《司市》说："凡市伪饰之禁，在民者十有二，在商者十有二，在贾者十有二，在工者十有二。"是商贾可以在市场出卖货物，庶民亦可以去卖货物。《司市》又说："大市日昃而市，百族为主。朝市，朝时而市，商贾为主。夕市，夕时而市，贩夫贩妇为主。"百族就是百姓，这是说百姓和商贾在一起做买卖。又说："凡万民之期于市者，辟布者、量度者各于其地之叙。"从这些材料看来，"工商食官"只是一部分工商业者，并不是周代的工商业完全操之贵族手中。又说："凡得货贿六畜者亦如之。"就是说的"各于其地之叙"，可以看出这种市场的商品内容，"货贿六畜"的具体内容是相当广泛的。《泉府》说："掌以市之征布，敛市之不售，货之滞于民用者，以其价买之。物楬而书之，以待不时之买者，买者各从其抵，都鄙从其主，国人、郊人从其有司,然后予之。"《贾师》说:"凡天患,禁贵價者,使有恒贾。"(價,卖也。贾,同价。)郑注:"若贮米谷棺木。"显然市场所买卖的都是百姓日用必需之物,就不难看出购买者是什么人了。《左传》昭公三年载:"景公欲更晏子之宅,曰:'子之宅近市。'辞曰:'小人近市,朝夕得所求。'"晏子虽然是身居大夫之官,朝夕所求于市的自然是日用生活必需品而非奢侈品,何况晏婴是以俭约著称,一件破皮袄他还穿了多年不换,他绝不会朝夕去买珍宝。这种市和《周官》"五十里有市"、《管子》"聚者有市",大体内容是不相远的。《公羊传》宣十五年注说:"因井田而为市。"《齐策》说:"通都小县置社,有市之邑,莫不止事而奉之。"这些市当然是以百姓为主体。商人里面自然是有珍宝商,《司市》说:"凡治市之货贿六畜珍异,亡者使有,利者使阜,害者使亡,靡者使微。"《廛人》:"凡珍异之有滞者,敛而入于膳府。"珍异自然是奢侈品了。《左传》昭十六年也说:"(韩)宣子有环,其一在郑商,宣子谒诸郑伯。……子产曰:昔我先君桓公与商人皆出自周。……曰:尔有利市宝贿,我勿与知。"这都是奢侈品。商人但五十里有市,万民之期于市,是不能认为商品是以珠宝奢侈品一类为主体的。

官市的税法,也可看见一个大概。《司关》:"司货贿之出入与其征廛,凡货不出于关者,举其质,罚其人。"这是不准偷关漏税,犯者不仅要没收货物,还要惩罚。郑康成说:"征廛者,货贿之税,与所止邸舍也。"(《司关》注)《管子·问》说:"征于关者勿征于市,征于市者勿征于关。"《司门》:"以启闭国门,讥出入不物者,征其货贿,凡财物犯禁者举之,以其财养死政之老与其孤。"《遗人》:"掌关门之委积,以养老孤。"这笔款项收入,被指定是抚恤孤老用的。《司市》:"凡通货贿,以玺节出入之。"《司关》:"掌国货之节以联门市,凡所达货者,则以节传出之。"政府对商人管理得很严密。对农商采取的是均衡政策,贾师的"使有恒价",司市的"亡者使有,利者使阜,害者使亡",都是保持平衡。《朝士》云:"凡民同货财者,令以国法行之,犯令者刑罚之。"郑注云:"富人畜积者,多时收敛之,乏时以国服之法出之。虽有腾跃,其赢不得过此,以利出者与取者过此则罚之。"这是两方面都受到保障。对维持市场的秩序,亦颇注意。《司市》说:"凡市入则胥执鞭度守门,市之群吏平肆展成奠贾,上旌于思次以令次,市师莅焉,而听大治大讼,胥师、贾师莅于介次,而听小治小讼。"郑注:"思次,若今市亭也;介次,市亭之属别小者也。"《司虣》:"掌宪市之禁令,禁其斗嚣者与其虣乱者,出入相陵犯者,以属游饮食于市者,若不可禁则搏而戮之。"《司稽》:"掌巡市而察其犯禁者,与其不物者而搏之,掌执市之盗贼以徇且刑之。""胥各掌其所治之政令,执鞭度而巡其前,掌其坐作出入之禁令,袭其不正者。凡有罪者挞戮而罚之。"《肆师》:"各掌其肆之政令,陈其货贿，名相近者相远也，实相近者相迩也，而平正之。"《胥师》："各掌其政令而平其货贿，宪刑禁焉，察其诈伪饰行儥慝者而诛罚之，听其小治小讼而断之。"《质人》："掌成市之货贿，人民、牛马、兵器、珍异，凡卖儥者质剂焉。掌稽市之书契，同其度量，壹其淳制。"这种管理真够细致周密。廛人"掌敛市之絘布"，这是列肆于市；无肆立持又有"总布"，犯市令者又有"罚布"，犯质剂者又有"质布"，真像是把周代的市场描绘了一幅图画摆在我们面前。

商业发展到一定的程度就会产生作为商品交换手段的货币，西周有金属货币，已见于文献，不足为疑。《尚书·吕刑》就有"其罚百锾""其罚千锾"的记载，这和《散氏盘》的"爰千""罚千"是很符合的，《曶鼎》也有"百爰"的说法，《缀遗斋钟鼎彝器款识》的《郘金钣》有"郘爰"文字、《陈金钣》有"陈爰"文字，《齐语》有"小罪谪以分金"。这都是"金作赎刑"（《尚书·尧典》）的意思。《予咸盘》有"锡金一钧"之文，《卿鼎》有"臣卿锡金"之文，"锡金""锡朋"之文，在周代铜器中是常常见到的，足知西周早有金属货币。但李剑农先生提出一个反证，是《左传》全书里面没有提到金属货币。这确值得讨论。我想《左传》中有这样一件事可以研究一下，就是僖公十八年所载："郑伯始朝于楚，楚子赐之金，既而悔之，与之盟曰：无以铸兵。故以铸三钟。"春秋是攻战最频繁的时期，这时武器正是用的铜兵，《左传》中不见金属货币，正是大部分的铜都用来做了武器的缘故。各国之间不许可有金属物的流通，所以楚子既送了郑伯的铜，立刻要求他不要用来做武器。到了战国时候，《孟子》书里有："王馈兼金百镒而不受，于宋馈七十镒而受，于薛馈五十镒而受。"《战国策》书中，金的使用是常见而且使用量也加大了。这时还是攻战很频繁的时候，为什么却和春秋的情形相反呢？这并不奇怪，就是炼铁的技术已经发明了，铁武器取代了铜武器，于是铜又依然用来做货币。秦始皇"收天下兵聚之咸阳，销以为钟镴金人十二，重各千石"，到董卓"椎破铜人十及钟镴以铸小钱"，董卓所毁的正是始皇所铸的。《汉书·五行志》说："始皇二十六年，有大人长五丈见于临洮，故销兵器铸而象之。"《英雄记》说："昔大人见临洮而铜人铸，至董卓而铜人毁。"（《始皇本纪》正义引）这明是说始皇销了铜兵做铜人而专留铁兵，董卓毁了铜人来铸钱。战国时铜兵已不时兴了，这就是《越绝书》载风胡子说的"禹、益之时以铜为兵，当此之时作铁兵"。铁兵就从春秋末年开始了，这就是西周和战国都行使金属货币，独于《左传》里没有看见的一个特殊原因，未必可以根据这一点来否认周代商业发展达到的程度。其实，《国语》里面就载有："周景王二十一年将铸大钱，单穆公曰：不可，古者天降灾戾，于是乎量资币、权轻重以振救民。民患轻则为之作重币以行之，于是乎有母权子而行，民皆得焉。若不堪重则多作轻而行之，亦不废重，于是乎有子权母而行，小大利之。今王废轻而作重，民失其资，能无匮乎？……王弗听，卒铸大钱。"子母相权是辅币的行使，这是经济发展已达较高水平才产生的。《大雅·瞻卬》说："如贾三倍，君子是识。"商人可获三倍的利润，我们对西周末年的商业就不能估计得太低。《司市》："国凶荒札丧，则市无征而作布。"郑注："金铜无凶年，因物贵大铸泉以饶民。"正和单穆公的说法一致，《周官》里面所说的布，显得原是铜币。

从《周官》看来，西周时代官府对商业的管理比较适当，商业尽管有相当的发达，但它只是解决社会的需要，还没有对社会、对政治发生什么不利的影响。"郑桓公与商人皆出自周，庸次比耦，斩之蓬、蒿、藜、藋而共处之，世有盟誓，以相信也。曰：尔无我叛，我无强贾，毋或匄夺，尔有利市宝贿，我勿与知。恃此质誓，故能相保。"这是西周之末，商人与政府结的互惠条约（《左传》昭十六年）。管子制国以为二十一乡，工商之乡六，士乡十五。齐国是二千家为一乡，这时齐国操工商业的就有一万二千家，这数目就不算少（《国语·齐语》）。《左传》桓二年晋师服说："庶人、工商，各有分亲，皆有等衰，是以民服事其上。"闵二年载：卫文公"务材、训农，通商、惠工"。《国语》说晋文公"轻关、易道、通商"。大概春秋时期的诸侯卿大夫都奉行安定工商的政策，而商人也都守法。《左传》僖公二十七年说："民易资者不求丰焉。"这是晋文公的事，和《史记》说"子产为相二年，市不豫价"一样。当时凡论说国家治乱的，都须看到它的工商业情况。宣十二年晋随武子说："用师观衅而动，德刑、政事、典礼不易，不可敌也。楚君讨郑，荆尸而举，商、农、工、贾不败其业。"襄九年楚子囊说："吾不能与晋争，晋君类能使之，其士敬于教，其庶人力于农穑，工、商、皂隶，不知迁业。"昭二十六年载晏婴说："在礼，家施不及国，民不迁，农不移，工贾不变，士不滥，官不滔，大夫不收公利。"商人和官府能相安处，可说大体如此。至于《晋语》载叔向对韩宣子说："夫绛之富商，韦藩木楗以过于朝，而能金玉其车，文错其服，能行诸侯之贿。"这就是"因其富厚，交通王侯，力过吏势"了。和子贡的"结驷连骑，束帛之币，以聘享诸侯，所至国君无不分庭与之抗礼"。这种情况就有些不平凡了。《左传》定八年王孙贾说："苟卫国有难，工商未尝不为患。"这是工商业者要起而革命的一种信号。晏婴说："偪介之关，暴征其私。"（昭二十年载）商人已感受重税的压力，当然要产生反抗的企图了。《管子》书中也有商与君争民的说法，《管子》书中这些内容不能看作是春秋的事情，应当看作是战国的材料，这时的商人已形成为一种对官府有威胁的力量，而成为官府需要认真对待的问题了。

由于春秋战国之际炼铁技术的发明，尤其是牛耕、铁耕的发明，社会发生剧烈的变动，由贵族政治变而为君权扩张，这应当是商人参加政治变革的好时机。但事实却不是这样，从春秋后期看，凡是诸侯和世卿的冲突，总有孔子所指的"陪臣"参加，就如鲁国阳虎这个陪臣，《左传》定八年说"阳虎欲去三桓"，就是要推翻贵族、扩张君权，可惜他没有成功。到战国时代，可说各国的贵族都被打倒了，各国都是君权集中，但是新时代却是布衣卿相，是平民阶级起来取代了贵族，正是孔子所指斥的一批陪臣，在这次变革中商人没有得到好处。掌握时代的是新兴的法家商鞅一流人物，他们拥护君权集中，反对贵族，而同时也反对商人。秦王朝是新时代的代表者，它就是用法家抑制贵族和商人，这是它的主要政策，商人不仅未能参加到革命中，反而被排斥在革命阵营之外，翻转成了打击的对象。商人过去和贵族政权还能和平相处，在君权集中的时代，秦始皇北攻胡貉、南攻扬越，就是先征发"吏有谪及赘婿贾人，后以尝有市籍者，又后以大父母及父母尝有市籍者"（《汉书·晁错传》）。这种对商人的压迫，是国史上绝无仅有的。《商君书·垦令》说："重关市之赋，则农恶商，商有疑惰之心，则草必垦矣。"《外内》篇又说："能令商贾技巧之人无繁，则欲之无富不可得也。"《韩非子·亡征》也说："商贾外积、小民内困者可亡也。"商人在这种理论下，受到秦王朝政策的排斥，不容许他们参加革命的行列。周秦诸子无一家不主张重农抑商和均贫富，秦汉以后大体还是这样，这是我们国史的特点，这也是有它的客观原因的。中国是个农产丰富的国家，社会不需要过量发展的商业，而欧洲的农业则不如中国，它的社会是靠工商向外发展来支持。所以中国在推翻贵族政治后商业也同时衰落，新的政权始终是代表地主阶级，它总是要维护农业生产。欧洲在推翻贵族政权后，直到今天都是资本主义专政，它主要是维护工商业者的利益。周秦诸子中只有《管子》注重工商业，但同时也主张均贫富。《五辅》篇说："贫富无度则失。"《侈靡》篇说："甚富不可使，甚贫不知耻。"《轻重甲》篇说："今君铸钱立币，民通移，人有百十之数，而民有卖子者何也？财有所并也。"《管子》的这些见解和儒、墨是相违的。它的官山府海是国家控制，轻重九府是经济侵略，它对外是国家资本主义，而非私人资本主义，对内依然是社会均平。周秦无一家不主张均富，这真是特色。商人受打击是必然的。汉代仍然是抑制商人。汉初诸侯王的反叛，其原因都很清楚，唯陈豨的反叛不大清楚，显得有些奇怪。汉高祖听说陈豨部下的将官都是商人，我们把他的知名军官进行考查，真的都是商人，难道这次真的是商人集团的反叛吗？可惜材料不多，无法多论。商人们自这次失败后，到武帝时"商贾中家以上大氐破"（《汉书·食货志》），从此商人就没再度抬起头了。

原载 1951 年 11 月 18 日成都《工商导报》星期日增刊《学林》第廿二期

《周官》《左传》中之商业

　　就经济形态、社会形态以解释历史，以成立所谓历史法则，其为说果坚定不易。然就西方史料以成立者，只能谓之西方历史法则，不能即认为世界法则，似未可遽以之适用于东方之历史。况所谓西方法则，尚未得西方学者之坚确承认，则治东方史者，更无迁就此法则之必要。晚近之研习中国史学者，以能袭西方之陈言为名高，而惮于就国史以创立东方法则，削足适履，弊何可讳。盖亦以近世学人，生活动荡，学未充实，不得尽其材也。翁泳霓氏尝谓，以科学整理国故，不若以国故整理科学为效之宏。诚以科学整理国故，为效仅止于国故，所裨只于一国家；以国故整理科学，则为效渗入于科学，所裨将被于世界，其为功可以道里计哉？窃以欧洲文化，肇端于地中海，居大陆之中；其发展由地中海东部而至中部，以至全部，由大西洋而发展以至全世界；其民族则由希腊人，而罗马人，而条顿人。中国则环海大陆之外，自古至今，始终为中国民族所掌握。欧洲文化史之发展为寒进，为北进，而中国之文化则为南进，背驰如此，安得以中国史比拟于西洋史耶？若曰经济为历史决定因素，则地理尤为经济之重要决定。地理既已显然不同，而必强历史之相同，诚亦不思之甚矣。

欧洲史之大略，为由封建社会到王权扩张，由君主专制到民主政治。封建时代之经济，为自给自足，自君主与商人相结托，以排除其共同障碍之贵族，始入于君权专制时期。自民治主义者又与商人相结托，以强迫君主俾接受其成文宪法，始成功为民治国家。各时代之社会经济形态既不同，其生产工具亦各异。中国则自汉至清，社会经济无多差异，生产工具亦完全无变改。秦汉以来之农事工具，至今依然使用，此为从中国古籍可以证明者。秦汉至清之历史，诚为今日历史学术之一问题。欲明秦汉至清，究属于何种社会，在今日几于言人人殊。欲联合资产阶级以革命者，则谓中国依旧为封建主义。欲联合无产阶级以革命者，则谓中国早已为资本主义。此不过以历史为工具，而非忠于研究历史，其事甚明。至其为说室碍难通，则又谓此二千年之历史，为从封建制度过渡到资本主义之时期。或又益之以前期后期之说。夫安有以二千年之悠久时间，只是过渡；则正式时期之历史，应于何求之？其实，中国之历史，自有其特殊性质，不能勉强据欧洲史之方式，即以为中国史之方式也。

余草此篇，意在说明中国古代商业之发达，证明春秋时代之封建社会，其经济显非自给自足，商业已有高度之发展，关税已为各个国家收入之重要部分，则周初以来，商业与封建制度平行发展，贵族固未尝妨碍商人。春秋之末，世族渐衰，与列国之君并力以排贵族者，为庶姓之陪臣。下逮战国，布衣起而为卿相，商人初未参与其间，则商业足以腐蚀封建制度之说，此西欧之事，非东亚之史迹亦然也。

战国期间，列国皆为郡县制度，都无世卿执政之迹，其为贵族崩溃而王权扩张，不可易也。然君主之排斥贵族，所利用者为庶姓寒人，而非商贾。商贾与贵族，且同为君权所不容。君主专制，莫著于秦，秦时北攻胡貉，南攻扬越，以谪发之，先发吏有谪，及赘婿贾人，后以尝有市籍者，又后以大父母、父母尝有市籍者（晁错说）。导君主集权专制者，为法家商鞅、韩非之流。《商君书》言："能令商贾技巧之人无繁，欲国之无富，不可得也。"又言："重关市之赋，则商有疑惰之情，草必垦矣。"韩非书言："商贾外积，小民内困者，可亡也。"不特专制之君王其政策为抑商，倡君主专制理论之学者，亦大张抑商之说也。迩日或有为秦不抑商之说，谓战伐必恃商业以足军用，以悬断秦事，曲解历史，此大不然。《盐铁论》言："商君相秦，设百倍之利，收山泽之税，国富民强，器械充饰，蓄积有余，是以攘地斥境，不赋百姓而师以赡。"山泽之利，见于《史记·货殖列传》者至明，秦人资之以为战费，何必重商。《淮南子》言："秦之时，入刍稿，头会箕敛，归于少府。"《汉书·百官表》言："少府，秦官，掌山海池泽之赋。"是秦取山泽之赋至悉，而师用之所出。董仲舒谓："秦用商君之法，颛川泽之利，管山林之饶。"岂秦必不抑商以足军费哉？正不知国史者之言耳。

方秦并六国，王权极盛之时，而民治思想已兴，陶希圣氏已略知之，惜未能大明之耳。盖《吕氏春秋》言："天下者，天下之天下也，非一人之天下也。"其言较之孟荀更进，是移天下之王权，不属于君主，而属于人民。余于《儒家政治思想之发展》一篇中详言之。当时儒家原有选天子、禅大位之说，鲍白令之以触始皇之怒，而有坑儒之祸（见于《说苑》），眭孟以选贤禅位说为汉昭所诛，盖宽饶亦以此为汉成所诛。今世或不信墨子选天子之说而曲为之解矣。儒家所理想之学校，亦决非周代专为贵游子弟而设之学校，凡而封禅、明堂、辟雍、井田、巡狩，皆举非周制，而意在民权，余别论之也。其说盖滋蔓于秦政酷烈之时，此民治思想之继君主专制而起也。

西方之民治主义者尝与资本主义者相结托，迫君主接受其成文法，故欧洲民治主义之成功，实挟资本主义以俱来。而秦汉之间，中国之民治主义者，实为抑斥商人，而邻于社会政策。均富之说，凡孔、墨、孟、荀、商、韩之流，莫不主之。《管子》书为对外贸易，为经济侵略者，而亦以均富为国有政策。故儒家自战国以至董仲舒之流，莫不主均富为说。则欧洲与中国之民治主义，一方接近于资本主义，一方接近于社会政策，一为国家思想，一为大同思想，亦因之以判也。

自汉世帝王接受儒家之学说，于经济政策殆全用之。至于武帝，而商人中家以上均破，旧之商人完全消灭。均输国营之政行，而新之商人阶级不可再起。考试、学校之制行，于是在官从政者并不限于一阶级，而平民皆得参政。自后均田、抑商之法，行于晋、于魏、于唐，传统之政策定，而社会之机构不可改也。中国自汉以后社会经济无改易，殆以社会政策之励行欤？自儒家得志于汉，社会政策行，而民权主张则让步为民享，于是封禅、巡狩、明堂之义，结舌而不论，后渐幽冥而莫知其源。至董仲舒更易先师革命之论而为改制之说，国史上资本主义之祸绝，而君主专制翻以维系永久，此中国史之所以别入于一途径者欤！

《酒诰》言："肇牵车牛远服贾，用孝养厥父母。"《皋陶谟》言："懋迁有无化（货）居。"知商业在西周以前，已有远服贾之影迹。《左氏》成三年传："荀罃之在楚也，郑贾人有将置诸褚中以出，既谋之，未行，而楚人归之。贾人如晋，荀罃善视之，如实出己。贾人曰：'吾无功，敢有其实乎？吾小人，不可以厚诬君子。'遂适齐。"此郑之商人，其足迹可南至楚、北至晋、东至齐。《左氏》僖三十三年传："秦师过周及滑，郑商人弦高将市于周，遇之，以乘韦先牛十二犒师。孟明曰：'郑有备矣。'灭滑而还。"滑在今偃师县。此郑商可西至周。是春秋初之商人，可越境贸易，非复诸侯封疆之所能限。孟子所谓"天下之商旅皆悦，而愿出于其路，藏于其市"，实春秋之时，势已如此，非至战国而始然也。郑注《玉藻》云："年大顺成，关梁不租，此周礼也。殷则关但讥而不征。"盖据《孟子》文王治岐"关市讥而不征"为说。《史记》亦言：太公于齐，"商贾辐凑，齐以冠带衣履天下"。明殷商之间，已有越境之贸易，而关市无征者，以其收入尚微耶？《墨子·尚贤中》言："贤者之长官也，夜寝夙兴，收敛关市、山林、泽梁之利，以实官府，是以官府实而财不散。"此关市之税，在墨子之时已于国家收入占重要地位。《周官·太宰》："以九赋敛财贿：……七曰关市之赋，八曰山泽之赋。"是又不必至墨子时始重视之。春秋初年，已见越境之商人，而太宰有关市之赋，盖其事之相因也。《左氏》文十一年传："初，宋武公之世，以门赏耏班，使食其征。"昭二十年传："晏子曰：'逼介之关，暴征其私。'"宋武公在春秋前，知周人关市有征，由来已久，《左氏》与《周官》同也。《周官·司关》："司货贿之出入，与其征廛。凡货不出于关者，举其质，罚其人。"郑注："征廛者，货物之税，与所止邸舍也。"是且设官司之，又复有司市，有质人、廛人之属，皆以为商。《遗人》："凡国野之道，十里有庐，三十里有宿，五十里有市。"则非徒前朝后市，但肆于国中也。《质人》："大市以质，小市以剂，凡治质、剂者，国中一旬，郊二旬，野三旬，都三月，邦国期，期内听，期外不听。"此廛市之遍于乡野，而贸易通于邦国；质、剂契券之约经于岁时。管子于齐，"征于关者，勿征于市，征于市者，勿征于关"（《管子·问》），亦春秋初年事，则商业之盛可征，而关市之征所以为国家收入之重要部门欤？"货物止于邸舍，则有廛布；肆列于市，则有欿布；无市立持，则有总布。"（《廛人》疏）见商税之繁。《司门》："以启闭国门，讥出入不物者，征其货贿。凡财物犯禁者举之，以其财养死政之老与其孤。"遗人亦"掌关门之委积，以养老孤"，其入且用之于兵士之遗族也。《载师》："以宅田、贾田任近郊之地。"郑注："贾田，在市贾人其家所受田也。"则贾人为独立自由之职业,未必庇寄于贵族。又云:"凡任地,国宅无征。"注云:"国宅,凡官所有宫室,吏所治者也。"市廛有征,则其非属于官亦可知。《司市》云:"大市,日昃而市,百族为主。朝市,朝时而市,商贾为主。夕市,夕时而市,贩夫贩妇为主。"此商贩之非属于官,亦非专以应贵族之需求。又云:"凡万民之期于市者,辟布者,量度者,各于其地之叙。凡得货贿六畜者亦如之,三日而举之。"此民之与于市也。《泉府》:"掌以市之征布,敛市之不售、货之滞于民用者,以其价买之。物楬而书之,以待不时之买者,买者各从其抵,都鄙从其主,国人、郊人从其有司,然后予之。"《贾师》云:"凡天患,禁贵儥者,使有恒贾。"注谓:"若贮米谷棺木。"此民庶之买于市也。《司市》:"凡市伪饰之禁,在民者十有二,在商者十有二,在贾者十有二,在工者十有二。"此民庶之卖于市也,非徒操工商业者之从事于市而已。《国语》言:"管子于是制国以为二十一乡,工商之乡六,士乡十五。"则齐之操工商业者居通国四之一而强。齐之乡为二千家,则从事工商业者为万二千家。此春秋时工商业之属于民,而若是其盛也。《左氏》昭三年传:"景公欲更晏子之宅曰:'子之宅近市。'辞曰:'小人近市,朝夕得所求。'"是市为民生日用之需,自非珠玉犀革,属于贵族珍异之玩。则商品内容,大部属于平民之需而非专属贵族所需亦可知。《左氏》昭十六传:"子产对曰:'昔我先君桓公,与商人皆出自周……世有盟誓，以相信也。'曰：'尔无我叛，我无强贾，毋或丐夺。尔有市利贾贿，我勿与知。恃此质信，故能相保以至于今。'"惟于时商人之势已盛，故可对国家订结盟誓。则商之地位，非附属于封建之领主。《左氏》宣八年传："王孙贾曰：'苟卫国有难，工商未尝不为患。'"则商人已可乘机以图颠覆其政府。故郑亦仅恃盟誓以相保。《国语》晋叔向对韩宣子曰："夫绛之富商，韦藩木楗以过于朝，而能金玉其车，文错其服，能行诸侯之贿。"是"因其富厚，交通王侯"，于春秋已见之，不徒战国为然也。

商业既发达，则货币之需要亦急。然金属货币，以今地下发掘，则犹罕见，事固可疑。《诗·泮水》曰："憬彼淮夷，来献其琛。元龟象齿，大赂南金。"而《吕刑》有"其罚百锾，其罚千锾"，似西周已以金为货币。征之金文，《散氏盘》有"爰千""罚千"之文，《曶鼎》有"百爰"之文，《缀遗斋金文》有郘金钣曰"郘爰"，有陈金钣曰"陈爰"，足证百锾、千锾之义，与《吕刑》之说相辅。《齐语》言："小罪谪以分金。"亦即"金作赎刑"之谓。《予咸盘》言："锡金一钧。"《卿鼎》言："臣卿锡金。""锡金""锡朋"之文，于两周彝器为累见，则金为货币，西周、春秋固有其证也，而春秋以来不多见者，盖亦有故。僖十八年传："郑伯始朝于楚，楚子赐之金，既而悔之，与之盟曰：'无以铸兵。'故以铸三钟。"以时方以铜为兵。东周以来，诸侯战伐正殷，铸兵方亟，而金币罕行，诸侯不以为交接，质剂通于邦国，而货币翻稀欤？《始皇本纪》二十六年："收天下兵聚之咸阳，销以为钟镶金人十二，重各千石。"《魏志·董卓传》云："椎破铜人十及钟镶，以铸小钱。"始皇所铸，董卓坏之，正为铜人。知战国之兵，亦多铜兵。《英雄记》云："昔大人见临洮而铜人铸，至董卓而铜人毁。"《汉书·五行志》言："始皇二十六年，有大人长五丈见于临洮，故销兵器铸而象之。"是又知卓之所毁，即秦之所铸明矣。然战国之世，如《孟子》书言："王馈兼金百镒，于宋馈七十镒，于薛馈五十镒。"此类渐多。春秋罕见金为货币，而战国恒见之，是殆又有其故。以春秋之末，铁已渐行耳。《越绝书》十一《记宝剑》言："轩辕、神农、赫胥之时，以石为兵。黄帝之时，以玉为兵（新石器）。禹、益之时，以铜为兵。当此之时，作铁兵。"此之所言，最有理致，符于近世言先史者之所考，自可信据。知勾践之世，已有铁兵。《左氏》昭二十九年传："晋赵鞅、荀寅帅师城汝滨，遂赋晋国一鼓铁，以铸刑鼎。"是铁已见于春秋之末，《左氏》有其说也。足证风胡之说不为虚。铁兵起而铜属货币又渐行，是可以释春秋罕见金属货币之疑耶？苟金属货币中微之说不虚，正自有其故也。

《周语》言："景王二十一年，将铸大钱，单穆公曰：'不可，古者天降灾戾，于是乎量资币，权轻重，以振救民。民患轻，则为之作重币以行之，于是乎有母权子而行，民皆得焉。若不堪重，则多作轻而行之，亦不废重，于是乎有子权母而行,小大利之。今王废轻而作重,民失其资,能无匮乎。'王弗听,卒铸大钱。"子母相权,盖货币已有高度之发展,始能有辅币之产生。单穆公言"古者为量资币,权轻重",则子母相权,其始已久,不自景王。《周官》司市言:"国凶荒札丧,则市无征而作布。"郑注:"金铜无凶年,因物贵,大铸泉以饶民。"事已先见于官礼,则单子称"古者"可也。此经济学所谓支付者也,凶荒札丧,又正所谓"天降灾戾"者也。《国语》《周官》说相辅,则事不可疑。《周官》《左氏》所见商业之盛如彼,则货币之盛而辅币又因之如此。两相佐验,其可诬耶?则《周官》《左氏》所陈,已非经济自给自足之社会也。孟子言:"许子以釜甑爨,以铁耕乎?"知铁为农器,于战国中叶,显已行之。《管子》书诚不作于春秋,但其必作战国末期则可信,其《海王篇》云:"今铁官之数曰:一女必有一针一刀,耕者必有一耒一耜一铫,行服连轺辇者必有一斤一锯一锥一凿。"则铁器之行于战国夫复可疑。故董仲舒言:"田租口赋,盐铁之利,二十倍于古。"而《太史公自序》亦言:"司马昌为秦主铁官。"铁之重于秦若是,则孟子之说有征。秦昭王言:"楚铁剑利而倡优拙。"苏秦为楚合纵,言"元戎以铁为矢"。《韩非子·五蠹》言:"铁铦矩者及乎敌。"其《南面》言:"铁殳重盾,而豫戒也。"《荀子·议兵篇》言:"楚人宛矩铁釶。"皆足明铁用于战国,其代铜兵而大兴,盖可知也。以名字之例考之,冉耕字伯牛,则牛耕已见于春秋之末。《战国策·赵策》平阳君曰："且秦以牛田，水通粮。"《史记·赵世家》亦载之。《正义》曰："夫牛耕田种谷，至秋则收之。言秦伐韩上党，若牛田之必冀其收获矣。"此牛耕之决行于战国之时。执牛耕始于汉赵过之说者，固未必然也。铁耕、牛耕之用广，春秋遂降而为战国。此其所以为国史上之巨变也欤。商业与货币在周代之情形，既不若今人所估计之低，农工业亦不若今人所疑之幼稚。《诗》言："滮池北流，浸彼稻田。"而《周官》明言稻人、匠人畜水均水及沟洫之事，则灌溉之法早已行之。大司徒"辨十有二壤之物，而知其种"，草人"掌土化之法"。凡粪用牛羊麇鹿有别，而辨土施肥有术。土化掌于草人，则用粪之知识为自绿肥进步而来，尤属显著。则于时农业固早脱离绿肥时期。凡《考工记》中所见之工业，及其合金术之精，皆足以见农工商业已有高度之发展，不符于新近学人之所持论。至《周官》之成书年代，余固别篇论之，意谓必出周惠、襄之间。若其间表示政治社会之制度，固不能说为战国之事。故此篇所论周代商业情形，《周官》固与《左传》为一致也。西周、春秋为国史上封建时期之最显者，其商业之盛固如此。是安得以中国封建时期之经济，必与西方封建时期之经济事同一律哉！

荀悦言："古之建国，或小或大，监前之弊，变而通之。夏、殷之时，盖不过百里，故诸侯微而天子强，桀、纣得肆其虐。纣脯邢侯而醢九侯，以文王之德，不免于羑里。周承其弊，故大国五六百里，以崇宠诸侯。至其末流，诸侯强大，更相侵伐，周室卑微，祸乱用作。秦承其弊，不能正其制，遂废诸侯，改为郡县，以一威权，以专天下。"夫殷之建国方百里，周方五百里，未必为一定之制。然殷为天子强而诸侯弱，周则反是，固可信也。乐武子曰："纣之百克而卒无后。"伯宗曰："夫恃才与众，亡之道也，商纣由之故灭。"《传》曰："纣克东夷而殒其身。"周失之弱，殷失之强，事应然也。故汤曰："吾甚武，号曰武王。"九侯、鄂侯、梅伯、文王之脯醢戮辱，传记诸子均能言之，岂为虚诬。是有殷一代，天子暴强固远过于周也。

古曰万国，斯其为种落之豪耳。至殷而存者三千，至周而存者千八百，至秦而削灭尽之，亦势之宜然者也。夏、殷有天下，诸侯来朝，禹、汤即其部落而封之，斯不过旧势力之承认，不可以言封建。周公相武王诛纣伐奄，三年讨其君，灭国者五十，于是大封同姓，以屏藩周。周之子孙，苟不狂惑者，莫不为显诸侯。及周之东，号强国肆兼并者，莫非周人亲贤之新封。唐虞以来之侯伯，微灭无足数。是周武力之强，拓地之广，迈于夏、殷，故其封殖之固若是。战国之际，各为郡县。郡县之制，非始创于秦人统一之时。斯夏、殷为部落，而周人为封建。天子诸侯之名虽同，而实则大异。夏、殷旧封多而新封少，周则新封之力已倍蓰于旧国，情可知也。至秦之全为郡县，此推周人王畿之制、六国疆内之制，以施之禹域。自夏、殷而周、秦，周之制度且消息于殷、秦之间，亦势之不得不然者也。

由上言之，殷之天子强而诸侯弱，天子者，一部之独大，而以渔肉他之种落。周之诸侯强而天子弱，为一部过盛，枝叶繁而伤其本根。殷强而周弱，非王权之滋长，易先后而倒植，实国家之机构，情势已大殊。周之建侯，诸国相互间文物之比较，必视殷人为更整齐、更划一。然周之诸侯，鲁、卫于周为近，郑、宋为远，晋、齐益远，秦、楚、吴、越于周，殆不似也。周且是也，夏、殷诸侯间文化之比较，其相去宜有胡、越之不相谋。殷、夏史料存者微略不得论，纵有之，亦难以一隅概全体，然其大体，固可推而言也。

李剑农氏据金文赐田、赐人之事，以谓封建制度在西周乃逐渐发展，其言最有理致。夫周之建侯本乎宗法，似也，然终不离乎文昭、武穆、周公之胤。舍是自成、康而下，其立宗之制不殊，而建国之事盖寡，安在封建之必系乎宗法。及乎春秋之世，世族执国命，鲁三桓、郑七穆之俦，交相执政乎邦国，然桓、穆先后之世，鲁、郑之宗法自若，而桓、穆外鲜世族者何耶？天子建国则有异姓之封，诸侯立家亦有异姓之卿，则宗之不必为世族，世族之不必系乎宗，亦审矣。周之建侯，盖始于开国之初，灭国之众，拓地之广，故以分土分民为治。吾意诸侯立家，事亦犹是，以拓土既广，故亦分财以治耶？列国世族，多始于入春秋之初，惟宋之世族为最早，亦惟宋拓地为最远。春秋之先，宋地已南有萧、亳，及乎彭城。宋公不王，其叛周亦最先。此知周室之事，非东迁之后，天子之威绌，而诸侯交侵，王室始弱。千八百国，入春秋后存者仅百二十，则国之灭者已众。鲁之初为方百里，其后为方百里者五；齐之初亦为方百里，而后乃方千里。其所吞噬者亦众耶！是西周数百年间，诸侯相兼之祸，不亚于春秋与战国。周所新建之国，倚王室之威灵，以蚕食三代之古封，天子亦乐观其成，而坐视藩国之日大。西周之末，古封略尽。兵犹火也，不戢自焚。周之子孙，日失其叙，转相攻战，文武之胄，或有衰微。于史伯之言，知滕、薛之侔，于幽、平之世，挈大于齐、鲁，入春秋则其微日甚。伐同姓，为周礼所不容，而伐异姓，当为周人所不禁。卒之诸侯之势强，天子不能制，同姓之祸亟，天下不能非。非天子弱于东迁之初，实诸侯强于西周之末，一旦周、郑交恶，而王室遂徒虚器也。

诸侯强于西周之末，拓地广而人日众，则西周侯国之制，不适于列辟强大之时。于是僭天子之礼，以为诸侯之制，而世卿专土壅政，渐遍于邦国。私邑有宰而家各有甲，自是而政逮于大夫，故曰世族之制，非自西周之初而然，不必与宗法同其终始也。西周天子之有诸侯，犹东周诸侯之有世卿大夫，惟其始固为一家，休戚与共，故春秋之间，诸侯不守关塞（见《春秋大事表》），壤地相错，忧同姓，恤同盟，此周世诸侯发展之由来，而大异乎殷代者也。

周之诸侯,其非划境自封,以习于经济之自给自足又审矣。秦、楚拓地广而非有世族,以治术自异,其文化绝远于周旧也。惟周之封建,源于一族之独盛,倡恤邻亲亲之义以相保,国与国间经济之交接自频繁,而商贾遂畅历于各地。

《齐世家》言:"太公至国修政,通工商业,便渔盐之利。"封建制度,自周初以来,始逐渐发展,商业亦于是始逐渐发展。是商业经济与封建政治,并进而不相妨。通商惠工即太公之所以修国政。《货殖列传》言:"太公劝女红,极技巧,故齐冠带衣履天下。"知齐之贸易,通于邦国,下及春秋,初未见商业与封建之不相容,一仍乎太公之事。试例举之:

《左氏》桓二年传:"晋师服曰:'国家之立也,本大末小,是以能固。······庶人工商,各有分亲,皆有等衰,是以民服事其上。"

闵二年传:"卫文公务材训农,通商惠工,敬教劝学,授方任能。元年革车三十乘,季年乃三百乘。"

宣十二年传随武子曰:"会闻用师观衅而动,德刑政事典礼不易,不可敌也。楚军讨郑······荆尸而举,商农工贾,不败其业,而卒乘辑睦,事不奸矣。"

襄九年传楚子囊曰:"当今吾不能与晋争,晋君类能而使之,举不失选,官不易方。其士竞于教,其庶人力于农穑,商工皂隶,不知迁业。"

> 襄十四年传晋师旷曰："天子有公，诸侯有卿，卿置侧室，大夫有贰宗，士有朋友，庶人工商皂隶牧圉，皆有亲昵，以相辅佐也。"

> 昭二十六年传齐晏子曰："在礼，家施不及国，民不迁，农不移，工商不变，士不滥，官不滔，大夫不收公利。"

余已详论周代之商业，兹更证周代诸侯大夫，不惟不与商贾相妨，且以安定工商业为此时代之美政。商业经济与封建政治相辅并进。然则"商业经济之决然腐蚀封建社会"，其说决不能施之于国史。下逮战国，君权扩张，贵族既遭屏弃，而商业亦受打击。主张君权集中之法家，其政治主张在排弃贵族，其经济主张在抑制商贾。秦事于此，尤为显著。更不见君主倚托商人以制世族之实。翻若封建政治与商业经济同其盛衰，相依为命。战国之际，继贵族起而为政者，乃布衣之卿相。反观春秋时代，贵族濒于崩溃之际，君主所托倚者为庶姓、为陪臣，皆无与于商贾也。夫平民贵族之冲突，为势理之自然，无足怪者。布衣崛起，必跻贵族阶级而去之，与必摈富商阶级而抑之，又事之一贯者也。此战国诸子之学所由无一不主于均富而抑商者欤？

原载 1943 年 12 月《图书集刊》第五期

秦代的地主阶级与社会经济

中国史上地主与佃农这种关系确乎是从秦朝开始建立的。周代所行封建井田制度，主要是贵族、农奴关系；秦代社会摧毁了贵族，但地主阶级起来了。井田制度是土地公有，是原始土地公有制遗留，没有什么高明，我们以后再讨论。秦代却承认土地私有，《汉书·食货志》载董仲舒说："秦用商鞅之法，改帝王之制，除井田，民得卖买，富者田连阡陌，贫者无立锥之地，邑有人君之尊，里有公侯之富，小民安得不困，或耕豪民之田，见税什五，故贫民常衣马之衣，食犬彘之食。"可见地主占田之多，而地主的产生，是有原因的。

荀子说："秦人其生也狭隘，其使民也酷烈，劫之以势，隐之以厄，狃之以庆赏，蹍之以刑罚，功赏相长也，五甲首而隶五家。"杨倞注说："有功而赏之使相长，获得五甲首则隶役乡里之五家。"秦是一个尚首功之国，战胜之人，斩一首赐爵一级，商君制爵共有二十级。《商君书·

境内篇》说："有爵者乞无爵者以为庶子，级乞一人，其无役事也，庶子役其大夫月六日，其役事也，随而养之。"又说："得甲首一者，赏爵一级，益田一顷，益宅九亩，除庶子一人。"这是说秦代的制度，凡有爵一级的人就赐田百亩给他，同时把无爵的人给他一名叫作庶子。庶子自然是为他种这一顷之田的劳力，庶子又还要在这有爵者家里每月去服劳役六天，这可说是实物地租之外的劳役地租。秦国的法令："百姓纳粟千石，拜爵一级。"这就是除军功以外，有钱能纳粟千石的人，亦可以益田百亩、乞庶子一人了。商君令"致粟帛多者复其身，怠而贫者举以为收孥"，就是庶子的来源。崔适所说："秦堕坏法度，而乃尊奖兼并之人，上家累巨亿之资，斥地侔封君之土，故下户踦跔，无所跱足，及父子低首奴事富人，躬率妻孥为之服役。"这就说明，地主阶级从秦已开始了。

秦"简公七年，初租禾"，"孝公十四年，初为赋"。租和赋自然有区别。《汉书·百官表》说："县令、长，皆秦置，万户以上为令，减万户为长，县大率方百里。"每方百里统一万户，平均每户土地都超过百亩以上。《商君书》说"秦民不足以实其土"，显然秦是地旷人稀。晁错说："今五口之家，其服役者不下二人，其能耕者不过百亩，百亩之收不过百石。"《食货志》说："李悝作尽地力之教，一夫挟五口，治田百亩，岁收亩一石米，为粟百五十石。……余四十五石，石三十，为钱千三百五十。"从李悝、晁错所说来看，每户总有一百石的收获，每石值钱三十，百石自然值钱三千。《汉书·货殖传》说："秦汉之制，列侯封君食租税，率户二百，千户之君则二十万。"则是农户每年收入钱三千，而向官府缴纳钱二百，则是秦代取于民者为十五而税一了。汉初正是十五而税一，显系沿秦之旧，是秦之取民并不算重。但地主取于佃农是"见税什五"，百亩收入值钱三千，地主就收取一千五百，而对官府只缴纳二百，这种剥削可真够厉害。所以荀悦说："公家之惠优于三代，豪强之暴酷于亡秦"了。汉朝的这种情形显然也是沿秦而来，荀悦的话并不算过火。

秦是个专追求富强的国家，《新序》说商君"内急耕织之业以富国，外重战伐之赏以利戎士"。贾谊《过秦论》说商君"内立法度，务耕织，修战守之备"。秦人所讲的富是耕织，所以"致粟帛多者复其身"。斩一首赐爵一级，纳粟千石也拜爵一级，赐爵一级就益田百亩、乞庶子一人，奖励富强的结果，能耕能战的人都一齐变成了地主。刘劭《爵制》说："商君为政，备其品法，其在军赐爵为等级，其帅人皆更卒也，有功赐爵则在军吏之例。自一爵以上至不更四等，皆士也。大夫以上至五大夫五等，比大夫也。……八爵为公乘，九爵为五大夫，皆军吏也，吏民爵不得过公乘者，得贳与子若同产。"是秦虽然奖励军功，但到了八爵以上就将他应得的爵级分给他的儿子或弟兄，庶长、上造这类的大官高爵就不是靠军功可以得到的。

把爵级分给儿子和弟兄，地主的数量就会因此而大大增加了。

秦人奖励富强，只重视农业，并不重视商业，而且排斥商业，只顾造成地主，尽量地打击商人。这是秦代的特色，这对中国后来的历史有极大的影响。晁错说："秦时北攻胡貉，南攻扬越，置戍卒焉，秦民见行，如往弃市，因以谪发之，先发吏有谪及赘婿贾人，后以尝有市籍者，又后以父母、大父母尝有市籍者。"《商君书·垦令篇》说："重关市之赋则农恶商，商有疑惰之情则草必垦矣。"又说："能令商贾技巧之人无繁，则欲国之无富不可得也。"秦朝打击商人是铁的事实，秦人奉行的是法家，商君的政策，法家的学说，就是打击商人，《韩非子·亡征篇》就说："商贾外积，小民内困者，可亡也。"秦代打击商人，无疑的是保护地主。

秦人奖励富强，又打击商人，在今天看来，总觉有些奇怪，好像有点矛盾，其实秦人自有他自己的看法。《商君列传》说："使秦民勇于公战，怯于私斗。"《货殖列传》说："齐俗怯于众斗，勇于持刺。"这是极清楚的对比，公战、众斗是为公家打仗，持刺、私斗是游侠、刺客为私家杀人报仇，法家最恶游侠，秦法禁止复仇，这都是秦国和山东六国不同之处。秦人奖励富强，偏偏打击商贾，抑制游侠、刺客，目的在抑制私人的富强而加强公室的富强。《汉书·食货志》说："富商大贾，或累万金，而不佐公家之急。"秦皇、汉武的武功是一样，其打击商人也是一样。《商君书》说："金一两生于境内，谷十二石死于境外；金一两死于境外，谷十二石生于境内。"这些都是坚决巩固封建经济的表示。

秦皇、汉武都是穷兵黩武，他们也都排斥商人，这是有其经济背景的。《盐铁论》说："商君相秦，设百倍之利，收山泽之税，国富民强，器械充饬，蓄积有余，是以攘地斥境，不赋百姓而师以赡。"可见秦的军费是靠山泽之税，并不靠商人。《淮南子·汜论》说："秦之时入刍稿，头会箕敛，归于少府。"《汉书·百官表》说："少府：秦置，掌山海池泽之赋。"这是古时所谓虞衡之利，正董仲舒说的"秦用商君之法，颛川泽之利，管山林之饶"。秦汉时候，田赋是用在政府的经常开支，由大司农掌管，山泽之税是用在临时额外开支，是由少府掌管，作战费，或皇室费用，或宠幸的人之赏赐，都用这款项。汉武帝是这样，秦时自然也是这样。《墨子·尚贤中》说："贤者之长官也，夜寝夙兴，收敛关市山林泽梁之利，以实官府，是以官府实而财不散。"《周官》说：太宰"以九赋敛财贿，七曰关市之赋，八曰山泽之赋"。在周代山泽之利也同样重要。关市之赋是商业税，在秦人的抑商政策下，恐怕就不足观了。司马迁说："鲁国有桑麻之业，无林泽之饶。"可见这时的财富，山泽的地位渐渐地高起来了。《史记·货殖列传》中的人物，在周代的如陶朱公、白圭一流，都是商人；到秦代的富有者,就没有一个商人了。如像乌氏倮是畜牧,说他"用谷量牛马",巴寡妇清是开矿,说她"得丹穴擅其利",又如像蜀卓氏、程郑、宛孔氏,都是"冶铁",这都是山泽之利。史公《货殖列传》所说的"千树橘,千树枣,千亩竹,千树栗,千树萩,千亩漆,千畦姜韭,千足羊,千足彘,牧马二千蹄,牛蹄角千,千石鱼陂,千亩桑麻,千亩卮茜",无一而非林泽之饶。这才是当时的财富。这就是当时经济的现实情况,所以秦人的军费完全出在这里。

战国时期,东方六国多是一种大家族制,秦在西方确是一种小家庭制度。《商君列传》说:"民有二子以上不分异者倍其赋。"贾谊说:"秦人家富子壮则出分,家贫子壮则出赘。"秦的小家庭,每个人直接是国家的一个公民,是社会的一个细胞;东方的大家庭以每个大家庭为一个单位,才算一个社会,人口纵然是多,但直接为社会尽力的却比较少了。一个大家族中,还附属了许多服役的人,韩非称之为"门子",法家是化门子为公民,这就是范雎的"强公室杜私门"。游侠和商贾是为他们的富强而私斗,务耕织、勇公战便是富强在公室。秦人之能吞灭六国,其原因就在这里。商君说:"始秦戎狄之教,父子无别,今我更制其教,而为其男女之别。"《春秋穀梁传》也说:"狄,秦也,乱人子女之教,无男女之别。"这都是从东方社会的旧观念出发看问题。"家富子壮则出分,家贫子壮则出赘",父子都是同样的公民,照旧眼光看来,自然是父子无别;

至于男女无别，这倒有些奇怪了。

《商君书·兵守篇》说："三军：壮男为一军，壮女为一军，男女之老弱者为一军，此之谓三军也。"使壮男主攻，壮女主守，男女之老弱者管牛马军粮刍秣。女子服兵役，这是秦国的特点。《后汉书·郑泰传》："陇西诸郡颇习兵事，妇女犹戴戟操矛，挟弓负矢。"秦人是天水迁到关中的，正是汉的陇西地区，汉陇西妇女操戟乃其旧习，不足为奇。谯周《古史考》说："秦用商君计，制爵二十级，以战获首级者计而受爵，是以秦人每战胜，老弱妇女皆死，计功赏至万数。"战败老弱妇女皆死，这是常理，为何战胜亦为老弱妇女皆死？是因老弱妇女皆当兵之故。《魏氏春秋》载陈群奏疏说："典礼之文，妇人无分土命爵之制，在礼，妇因夫爵，秦违古法，非先王之令典。"由这样说来，正见得秦代妇人有爵。荀卿说：秦人"使其民所以要利于上，非斗无由也。"《商君书》说："富贵之门，必出于兵。"妇人有爵，决定是非服兵役不可。男女都服兵役，都受爵赏，权利义务男女一样，从旧眼光看来，这就是男女无别。女子亦可以受爵，亦可以"五甲首而隶五家"，便又是一批女地主。

周代是贵族政策，是一种贵贱不平等的社会，秦则"宗室非以军功，论不得为属籍"，总算是把血缘贵族阶级推倒；但是从秦起又造成一种贫富不平等的社会。周代刑法是不公开的，在法律下有所谓八议之刑，刑法也是不平等的。在秦代,依据法家"不别亲疏,不殊贵贱,一断于法","太子犯法,刑其傅"。但又规定"赐一级以上有罪以免",又令"纳粟千石拜爵一级",则有钱财的人在法律上仍然不平等。秦代有一种徕民办法,《商君书》说:"今秦之地方千里者五,而谷土不能处二,此人不称土也。秦之所与邻者三晋也,彼土狭而民众,其宅参居而并处,此土不足以生其民也,必如此而民不西者,秦士戚而民苦也。今王发明惠,诸侯之士来归义者复之三世,无知兵事,利其田宅,则三晋之民无不西者也。夫秦之所患者,兴兵而伐则国家贫,安居而农则敌得休息,此不能两成也,今以故秦事敌,新民事本,此富强两成之效也。"原来的秦民专来打仗,新从他国归顺的人专耕种。秦汉的"复"这个制度是既不纳税又不服兵役。这一来,当兵和务农又成了两个阶级,就同鲜卑拓跋和秃发入中国一样了。但秦限于"三世无知兵事",三世以后,"故秦""新民"也就没有分别了,因而也就不能形成不同阶级。周代的彻法(国人)、助法(野人)就是把兵、农阶级分开,彻田的人才可以当兵、读书、做官(以后另作讨论),秦总算是避免了这种坏的后果。

秦代赐爵的制度,"吏民爵不得过公乘",就是最多只能赐田八百亩,佃客也只能有八家,这也是一种限制,因而专靠甲首就想做到大庶长、关内侯,也是不可能的。但何以崔适《政论》说:"秦堕坏法度,而乃尊奖兼并之人,上家累巨亿之资，斥地侔封君之土，故下户踦跂，无所跱足，及父子低首，奴事富人，躬率妻孥，为之服役。"董仲舒也说："秦除井田，民得卖买，富者田连阡陌，贫者无立锥之地，邑有人君之尊，里有公侯之富，小民安得不困。"这种斥地侔封君之土田连阡陌，又是怎样来的？《商君书》说："就为五大夫则税邑三百家，故爵五大夫皆有赐邑三百家，有赐税三百家，爵五大夫有税邑六百家者，受客大将。"军吏的限制是不能过八家，军将就不能限制了。《战国策·秦策五》说："秦王大悦，封姚贾千户，以为上将。"这种当然是食租税。《王翦列传》说："王翦为将伐楚，请美田宅园池甚众。"税邑六百家的只是"客大将"，像王翦一流人物，当然不止六家，这样的人当然也多，这才是大批大地主。

秦人是一种强悍有毅力的民族，张仪说："山东之卒，被甲冒胄以会战，秦人捐甲徒裎，左挈人头，右狭生虏。"《秦策》说：秦民"出其父母怀衽之中，生未尝见寇也，闻战顿足徒裼，犯白刃，蹈煨炭，断死于前者皆是也。一可以合十，十可以合百，百可以合千，千可以合万，万可以胜天下矣"。这种骁勇，真是可惊，所以妇女也能作战。贾谊说："商君遗礼义，并心于进取，故秦人家富子壮则出分，家贫子壮则出赘，借父耰锄，虑有德色，母取箕帚，立而谇语，抱哺其子，与公并倨，妇姑不相悦，则反唇而相稽，其慈子嗜利，不同禽兽者无几耳。"《魏策》也说："秦与戎狄同俗，贪戾好利而无信，苟有利焉，不顾亲戚兄弟，若禽兽耳。"可见他们的风俗也甚奇异。《荀子·强国篇》说："应侯问入秦何见，孙卿子曰：'入境，观其风俗，其百姓朴，其声乐不流污，其服不佻，甚畏有司而顺，古之民也。及都邑，官府百吏肃然，莫不恭俭敦敬忠信而不楛，古之吏也。入其国，观其士大夫，出于其门，入于公门，出于公门，归于其家，无有私事也，不比周，不朋党，偶然莫不明通而公也，古之士大夫也。观其朝廷，其间听决百事不留，恬然如无治者，古之朝也。故四世有胜，非幸也，数也，是所见也。故曰：佚而治，约而详，不烦而功，治之至也，秦类之矣。'"合各方面的看法，可以见到秦国的全貌，专就山东地区所流行旧观念对秦的毁词来看，显然是不全面的、不够真实的。从历史的全面看，什么是秦的功，什么是秦的过，也就大段分明了。

原载 1951 年 6 月 3 日成都《工商导报》星期日增刊《学林》第十一期

汉代之经济政策

余读《汉书·食货志》，而后知儒家经济思想之深且宏矣。孟子曰："夫王政必自经界始。"盛赞井田，而《王制》亦亟论之。夫井田均产耳，不足道也。墨子曰："余力相劳，余财相分。"而《礼运》颇明之。夫相劳相分共产耳，不足道也。衰周之理想，至是已渺不可跂。然汉代无一伸《礼运》之义、作井田之鸣者，岂其说益高于彼而有不屑道者在耶！董子书《调均篇》曰：

孔子曰："不患贫而患不均。"故有所积重则有所空虚矣。大富则骄，大贫则忧，忧则为盗，骄则为暴。圣者见乱之所从生，故其制人道而差上下也，使富者足以示贵而不至于骄，贫者足以养生而不至于忧，以此为度而调均之，是以财不匮而上下相安，故易治也。今世弃其度制而各从其欲，欲无所穷，而俗得自恣，其势无极。大人病不足于上，而小民羸瘠于下，则富者愈贪利而不肯为义,贫者日犯禁而不可得止,是世之所难治也。

以知董子之义实超于墨、孟之俦,故舍其说而不可循也。《坊记》言:"子云:小人贫斯约,富斯骄,约斯盗,骄斯乱。故圣人之制富贵也,使民富不足以骄,贫不至于约。"《管子·侈靡篇》曰:"甚富不可使,甚贫不知耻。"此又晚周之说而董生之所本也。夫今世之民主政治,自由也,而劳资之辨悬殊,则不平等;共产政治,平等也,而干涉之势过激,则不自由。斯二者厥失惟均,皆俾民庶无以遂其生人之乐。若两失之者,益不足道也。董生以为圣者制人道而差上下,使富不至于骄、贫不至于忧,知贫富之不可废,而应有其度。贫富不废,是自由也;贫富有度,则平等也。平等而自由,固至上之制。岂今世各国所能跂及者哉?我建国最高原则之树立,良以此也。董生忌乎大富大贫,曰"节制资本",是去大富,曰"平均地权",是去大贫。我固有之文化,足以定今日之国是,其义独高于欧美,顾不信欤!故仲舒之论,不曰井田,而曰限民名田,以赡不足、塞兼并。汉室因之,刺史奉行六条诏书问事,其首曰:"强宗豪右,田宅逾制。"国史自汉以下,社会经济无剧烈之变动者,独非经师所论、国家所施者,已奠定一自由而平等之基欤!余于此始了然于《班志》所述者虽至繁,而别有其至要而不可易者。执简以御繁,然后汉代之治可明，而中国之史可说也。凡两汉之经济政策，武帝以前最急者为商贾、为盐铁。商贾盐铁之害袪，贵农而贱商，民宜安也。然农贵而土地问题继之以起，故武帝以后之政策，又以土地奴婢为最急。殆至光武继之，而度制大成。凡欧洲史中资本劳动之争，地主农奴之争，为患稽天者，于中国史悉无之，一若中国民族独不解阶级斗争之事，而孰知此即晁错、董子之消患于无形耶？欧美今日所不能解决者，中国于二千年前已处之有其方，是安得以我自然科学之后于人，而谓我历史亦后于人耶？余因究《班志》之义，而广采一切先后之说，以推明之，而以董生之说为主，明乎董生之义，而后于晦庵、水心之辩，亦可以决其得失也。

均富与重农之说，周秦学者莫不主之，斯二者皆与商业私人资本主义不相容。孔子曰："不患寡而患不均，不患贫而患不安。"墨子曰："余力相劳，余财相分。"皆均富之说也。重农之说，尤数数见，孟荀之徒，更无论也。《韩非子·六反》曰："故明主之治国也，适其时事，以致财物，论其赋税，以均贫富。"《史记·商君列传》亦谓其"开阡陌而赋税平"。《商君书·去强篇》曰："治国能令贫者富、富者贫，则国多力，多力者王。"而法家以重农为主要政策，则更不待论，而抑商之说为尤显。《商君书·垦令篇》曰："重关市之赋则农恶商，商有疑惰之情则草必垦矣。"《商君书》又曰："能令商贾技巧之人无繁，则欲国之无富，不可得也。"非子书《亡征篇》亦言："商贾外积、小民内困者，可亡也。"法家励富强，犹以抑商为说如此。若孟子固有轻商之意，而荀卿《富国篇》则曰："士大夫众则国贫，工商众则国贫。"再则曰："轻田野之税，省商贾之数，如是则国富矣。"此又儒家显然抑商之证。《老子》五十三章谓："财货有余，是谓盗竽。"其意又可见也。周秦诸子，惟《管子》一书甚重工商业，且为偏于国外贸易，主于经济侵略，然其书亦归于重农而均贫富。其《五辅篇》曰："贫富无度则失。"其《轻重篇》曰："今铸钱立币，民通移，人有十百之数，而民有卖子者何也？财有所并也。"是《管子》书之言均富，初不异于儒法诸家。其《治国》曰："夫富国必粟生于农，必先禁末作文巧。民无所游食，则必农。民事农则田垦，田垦则粟多，国富则民强。"《重令篇》曰："畜长树艺、务时殖谷、力农垦草、禁止末事者，民之经产也。民不务经产，则仓廪空虚，则用不足。"《管子》书之重农，又不异于儒法诸家，盖其官山府海，正工商业国营政策。盐铁山林之征，毕入于公，且以是为均富之手段也。是周秦学者，靡不主于均贫富、重农而抑商。战国以来，商业虽已盛，而战国之思想与政治，皆与商业不相容，而汉又因之，此中古商业之终归于堕落欤？《货殖传》言："勾践用范蠡、计然，以为枭二十病农，九十病末。末病则财不出，农病则草不辟矣。上不过八十，下不减三十，则农末俱利。平枭齐物，关市不乏，治国之道也。"《食货志》言："李悝为魏文侯作尽地力之教，曰：籴甚贵伤民，甚贱伤农。……故善平籴者，必谨观岁有上中下孰。上孰则上籴三而舍之，中孰则籴二，下孰则籴一，使民适足，贾平则止。小饥则发小孰之所敛而籴之，故虽遇饥馑水旱，籴不贵而民不散，取有余以补不足也。"此耿寿昌常平仓之所由来，而商人之不得兼并农人也。秦始皇亦作长太平仓，明此之起于秦而耿氏袭之。若始皇之困辱商人，则尤有甚者，晁错言："秦时北攻胡貉，南攻扬越，先发吏有谪及赘婿贾人，后以尝有市籍者，又后以大父母父母尝有市籍者。"秦之抑商，且俦之于赘婿谪吏，责以戍边也。

汉之思想，亦沿周秦。若《春秋繁露·调均篇》所谓既论之也。董书又曰："孔子曰：君子不尽利以遗民，故君子仕则不稼，田则不渔，食时不力珍。夫已有大者，又兼小者，天不能足之，况人乎？故明圣者为制度，使诸有大俸禄，亦皆不得兼小利，与民争利。"《食货志》述董仲舒曰：

> 古者税民不过什一，其求易供；使民不过三日，其力易足。民财内足以养老敬孝，外足以事上供税，下足以畜妻子极爱。至秦则不然，改帝王之制，富者田连阡陌，贫者无立锥之地，邑有人君之尊，里有公侯之富，小民安得不困？故贫民常衣牛马之衣而食犬彘之食。汉兴，循而未改。古井田法虽难卒行，宜

稍近古，限民名田，以赡不足，塞并兼之路。

仲舒可为代表儒家之说，其调均之论，限田之义，皆主于均富。于师丹亦因以为请，而御史又奉行六条诏书，《汉官典职仪》云："六条问事：一条强宗豪右，田宅逾制。二条二千石倍公向私，旁招守利，侵渔百姓，聚敛为奸。"而田宅逾制有禁也。董子不尽利以遗民之说，直与《大学》"畜马乘不察于鸡豚，伐冰之家不畜牛羊"之义一贯，晁错则出入于儒法之间，其重农抑商论尤激烈。《食货志》著错之言曰：

> 今农夫五口之家，其能耕者不过百亩，春耕夏耘，秋获冬藏，伐薪樵，治官府，给繇役，春不得避风尘，夏不得避暑热，秋不得避阴雨，冬不得避寒冻，四时之间，无日休息。又私自送往迎来、吊死问疾，养孤长幼在其中，勤苦如此，尚复被水旱之灾，急政暴虐，当具有者半价而卖，亡者取倍称之息，于是有卖田宅、鬻子孙以偿债者矣。而商贾大者积贮倍息，小者坐列贩卖，操其奇赢，日游都市，乘上之急，所卖必倍。故其男不耕耘，女不蚕织，衣必文采，食必粱肉，亡农夫之苦，有仟伯之得，因其富厚，交通王侯，力过吏势，以利相倾，千里游遨，冠盖相望，乘坚策肥，履丝曳缟。此商人所以兼并农人、农人所以流亡者也。

今法律贱商人，商人已富贵矣，尊农夫，农夫已贫贱矣，上下相反，而欲国富法立，不可得也。

　　重农抑商、不平之鸣，未有过于错之所陈者。《秦策四》称顿子曰："有其实而无其名者，商人是也。无把銚推耨之劳，而有积粟之实，此有其实而无其名者也。无其实而有其名者，农夫是也。解冻而耕，暴背而耨，无积粟之实，此无其实而有其名者也。"商之病农，盖自六国之世已然。淮南王安言："重装富贾，周流天下，道无不通，故交易之道行。"《货殖列传》言："汉兴，海内为一，开关梁，弛山泽之禁，是以富商大贾周流天下，交易之物莫不通，得其所欲，而徙豪杰诸侯强族于京师。"又曰："关中富商大贾，大抵尽诸田，田啬、田兰。韦家栗氏，安陵杜氏，亦巨万，此其章章尤异者也。至若力农畜，工虞商贾，为权利以成富，大者倾郡，中者倾县，下者倾乡里者，不可胜数。千金之家比一都之君，巨万者乃与王者同乐。"《盐铁论》："自京师东西南北，历山川，经郡国，诸殷富大都，商贾之所臻，宛、周、齐、鲁遍天下，故乃贾之富者或累万金。"此见秦汉统一之后，无关梁之禁，无兵戈之患，而商贾滋益。诸大贾为诸田，则所徙之豪杰强族，多为富室可知，而齐又特为六国时商业最盛之国也。《汉书·陈汤传》："关东富人益众，多规良田以役使贫民，可徙初陵，以强京师，又使中富以下得均贫富。"始皇徙天下豪富于咸阳十二万户

（二十六年），高祖亦徙贵族楚昭、屈、景、怀、齐田氏关中（九年），先后之事若一。《食货志》言："天下已平，高祖乃令贾人不得衣丝乘车，重租税以困辱之。"秦汉初定，而亟抑商人，徙之关中，倘以商人之足为政府患也。高祖已平项楚、擒韩信，十年而陈豨反代地，黥布、彭越为同功一体之人，其反有自也。韩王信之反以匈奴，而陈豨之反其故未可知。《高祖本纪》言："上闻豨将皆故贾人也，乃多以金啗豨将，豨将多降。"曰皆故贾人，则非偶然也。韩王信将王黄、曼丘臣，于《豨传》亦曰"皆贾人也"。岂贾人不愿汉之政策而以陈豨与韩王信反欤？《汉志》言："孝惠高后时，复弛商贾之律，然市井子孙亦不得为官吏。"曰弛商贾之律，则高祖时有律可知。"市井子孙不得为官吏"，即旧律之未弛者。"贾人不得衣丝乘车"与"重租税"。又下言："异时算轺车，贾人之缗钱皆有差下，请算如故。"殆皆旧律所制禁。《高祖纪》"贾人勿得衣锦绣绮縠絺纻罽，操兵乘骑马"是也。桓谭言："先帝禁人二业，锢商皆不得宦为吏，所以抑兼并、长廉耻也。"自孝惠高后弛商律，《志》言："孝惠高后之间，衣食滋殖，文帝即位，躬修节俭。时民近战国，皆背本趋末。"而商贾遂倾郡县为国患也。大率西汉一代，武帝以前，商贾盐铁问题最急，而土地奴婢问题次之；武帝以后则土地奴婢问题最急，而商贾盐铁问题次之。此于思想与政策皆可明见者也。晁错以商人之兼并农人，欲民务农而贵粟。其言曰："贵粟之道在于使民以粟为赏罚。今募天下入粟县官，得以拜爵，得以除罪。如此则富民有爵，农民有钱，粟有所渫。夫能入粟以受爵，皆有余者也。取于有余以供上用，则贫民之赋可损，所谓损有余补不足、令出而民利者也。使天下入粟于边，以受爵免罪，不过三岁，塞下之粟必多矣。"文帝从之。错复言："边食足以支五岁，可令入粟郡县矣，足支一岁以上，可时赦，毋收农民租。"上复从其言，诏赐民十二年租税之半，明年遂除民田之租税。后十二岁孝景二年，令民半出田租，三十而税一也。于是网疏而民富，役财骄溢，或至兼并，豪党之徒，以武断于乡曲（以上见《食货志》）。此兼并者之在乡曲而非市井，正以富之归于农民，贵农而地主问题滋益也。武帝继之，用事四夷，益抑商贾。《汉律》："人出一算，百二十钱，唯贾人奴婢倍算。"《志》言：

> 富商贾或滞财役贫，转毂百数，废居居邑，封君皆低首仰给焉。冶铸鬻盐，财或累万金而不佐公家之急，黎民重困。于是天子（武帝）与公卿议，更造钱币以赡用，而摧浮淫兼并之徒。……公卿摧商贾滋众，贫者畜积无有，仰县官。异时算轺车贾人之缗钱皆有差，请算如故。诸贾人末作贳贷卖买，居邑贮积诸物，及商以取利者，虽无市籍，各以其物自占，率缗钱二千而算一。诸作有租及铸，率缗钱四千算一。非吏比者轺车一算，商贾人轺车二算，船五丈以上一

算。匿不自占,占不悉,戍边一岁,没入缗钱。有能
告者,以其半畀之。贾人有市籍,及家属,皆无得名
田,以便农。敢犯令,没入田货。……遣博士褚大、
徐偃等分行郡国,举并兼之徒守相为利者。……于
是悉禁郡国毋铸钱。杨可告缗遍天下,治郡国缗钱,
得民财物以亿计,奴婢以千万数,田大县数百顷,小
县百余顷,宅亦如之。于是商贾中家以上大氐破,民
偷甘食好衣,不事畜藏之业,而县官以盐铁缗钱之
故,用少饶矣。……县官作盐铁器苦恶,贾贵,或强
令民买之;而船有算,商者少,物贵。

缗钱舟车有算有禁,商贾大破,而业之者少。故曰武
帝以后,商贾之患息,而土地之患滋。而桑弘羊均输之
法,亦主于抑商而便农。《志》言:弘羊"请置大农部丞数
十人,分部主郡国,各往往置均输盐铁官,令远方各以其
物如异时商贾所转贩者为赋,而相灌输。置平准于京师,
都受天下委输。大农诸官,尽笼天下之货物,贵则卖之,
贱则买之。如此,富商大贾无所牟大利,则反本,而万物
不得腾跃,天子(武帝)以为然而许之。"《盐铁论》亦言:
"夫理国之道,除秽锄豪,然后百姓均平,张廷尉论定律
令,明法以绳天下,诛奸猾,绝兼并之徒,而强不凌弱、众
不暴寡。大夫各运筹策,达国用,笼天下盐铁诸利,以排
富商大贾。"于是先有之商贾既破家,而此后之商业为官

有专营,宜武帝以后商贾之患永息矣。至若"父子低首,奴事富人","富者田连阡陌,贫者无立锥之地",其事虽已见于秦,中经丧乱,罕所复睹。至董仲舒始请"限民名田,塞并兼之路,去奴婢除专杀之威",以贵粟之政行,而土地之患起。师丹仍之,一依董氏之意为说。师丹言:"古之圣王莫不设井田,然后治乃可平。孝文承兵革之后,故务劝农桑,民始充实,未有并兼之害,故不为民田及奴婢为限。今累世承平,豪富吏民资数巨万,而贫弱愈困,宜略为限。"于是孔光、何武请"诸侯王列侯皆得名田国中,列侯在长安,公主名田县道,及关内侯吏民名田,皆毋过三十顷。诸侯王奴婢二百人,列侯公主百人,关内侯吏民三十人,期尽三年,犯者没入官"。《志》言:"时田宅奴婢贾为减贱。"而耿寿昌白:"令边郡皆筑仓,以谷贱时增其贾而籴以利农,谷贵时减贾而粜,名曰常平仓。"民便之。寿昌、师丹皆以杜土地兼并之患也。至王莽亦缘饰经义,励行井田。令曰:"汉氏减轻田租,三十而税一,而豪民侵陵,分田劫假,厥名三十,实十税五也。今更名天下田曰王田,奴婢曰私属,皆不得卖买。其男口不满八而田过一井者,分余田与九族乡党。"犯令者法至死。光武解放奴婢之诏,至于七八。盖秦汉间儒者之学,其政治思想、社会思想,帝王未尝取而行之;至儒者之经济思想,凡土地商贾之属,国家皆据之为法禁。《管子》云:"商与君争民"。《管子》之书,殆作于战国之末,商与君不相容之情,已显然若此。此汉代独重儒家经济思想者欤?《汉书·食货志》莽诏曰:"夫《周礼》有赊贷,《乐语》有五均,传记各有斡焉。今开赊贷、张五均、设诸斡者,所以齐众庶。"《乐元语》河间献王所传,道五均事。臣瓒曰:"其文云:天子取诸侯之土以立五均,则市无二贾,四民常均,强者不得困弱,富者不得要贫,则公家有余、恩及小民也。"此亦献王推其说而王莽遂其事。儒者抑富之说,影响于后来之政治如此,而王莽所为,又一切无不本之经说而近日皆以莽为社会政策也。循是以往,重农抑商遂为中国历史上根本之国策。至后汉之末,而井田之要求重兴。仲长统《昌言·损益篇》曰:

> 井田之变,豪人货殖,馆舍布于州郡,田亩连于方国,有千室名邑之役,荣乐过于封君,财赂自营,犯法不坐,刺客死士,为之投命,盖分田无限使之然也。今欲张太平之纪纲,非井田实莫由也。今当限夫田以断兼并,去末作以一本业。

荀悦言:

> 汉代或百一而税,可谓鲜矣。然豪强富人占田逾侈,输其赋太半,官家之惠优于三代,豪强之暴酷于亡秦。夫井田之制,不宜于人众之时,田广人寡,

苟可为也。若高祖初定天下，光武中兴之后，人众稀少，立之易矣。既未悉备井田之法，宜以口数占田，为之立限，人得耕种，不得卖买，以赡贫弱，以防兼并。

至司马朗又论之于魏。晋有宇内，课田占田之法遂行，至元魏为均田，隋唐又为租庸调也。《晋书·食货志》载泰始二年诏曰："夫百姓年丰则用奢，凶荒则穷匮……令国宝散于穰岁而上不收，贫弱困于荒年而国无备，豪人富商挟轻资、蕴重积，以管其利。故农夫苦其业，而末作不可禁也。"五年，敕戒郡国守相令长，务尽地利，禁游食商贩。傅玄书《检商贾篇》言：

> 夫商贾者，所以伸盈虚、通有无而一四海之财。其人可甚贱，而其业不可废。秦乱四民而废常贱，竞逐末利而弃本业，苟且一切之风起矣。都有专市之贾，邑有倾世之商，商贾富乎公室，农夫伏于陇亩。……故明君急商而缓农，贵本而贱末，市无专利之贾，国无擅山泽之民。商贾专利，则四方之资困，民擅山泽，则兼并之路开。

玄之疏陈要务又言：

> 先王分士农工商以经国制事，各一其业而殊其
> 务，臣以为宜亟定其制，通计天下，若干人为士，足以
> 副在官之吏；若干人为农，三年足有一年之储；若干
> 人为工，足其器用；若干人为商贾，足以通货而已。
> 夫为政之要，计民而置官，分民而授事，士农工商之
> 分，斯不可须臾而废也。若夫能精其防制，宜计天下
> 文武之官，足为副贰者使学，其余皆归之于农。若百
> 工商贾有长者，亦皆归之于农。

抑商重农之政与其说，至晋未坠也。至隋唐且禁在
官者之事商贾，是儒者之经济思想，至晋唐犹据之为国
策，虽至清末犹然，则自汉至清亘二千年，经济社会无大
变化，阶级斗争绝未见于国史，岂非以均富思想之故欤！
于是节制资本亦遂为中国长期传统之政策，而中国之历
史遂独特表现为一种超阶级之政治也。若傅玄之主于士
农工商皆为通计，使无羡乏，意之精特，与鲍敬言之无治
论，各极两端，以相辉映，尤为复绝也。晋人之说多本之
于汉，往者论干宝、孙盛事已略陈之。《食货志》又言：

> 平吴之后，有司又奏王公以国为家，京城不宜复
> 有田宅，近郊刍稿之田，今可限之。国王公侯京城得

有一宅之处,近郊田,大国十五顷,次国十顷,小国七顷。其官品第一至于第九,各以贵贱占田,品第一者占田五十顷,第二品四十五顷,第三品四十顷,第四品三十五顷,第五品三十顷,第六品二十五顷,第七品二十顷,第八品十五顷,第九品十顷。又得荫人以为衣食客及佃客,品第六以上得衣食客三人,第七第八品二人,第九品及……武骑一人。其应有佃客者,官品第一第二者佃客不过五十户,第三品十户,第四品七户,第五品五户,第六品三户,第七品二户,第八第九品一户。

斯大体与师丹之所请,孔光、何武之所定相同。先汉经儒师说,至西晋固未坠。京君明之考功课吏法,魏晋之际犹绍述之,斯岂非汉之儒者于中国政治衣被之广乎!求国史自汉以下无激变之故者,寻之于汉儒所以挈取周秦学术而镕铸以成其说可也。

原载 1944 年 5 月《说文月刊》第四卷合刊本

中国封建社会地主与佃农关系初探

　　三弟思明提出一个问题，他说这篇文字把各代农产量作出比较，考论在某时生产扩大、某时没有进步，大概说了个轮廓。但这不过是历史的一个现象，而对为什么在某时能够提高，某时又没有进步，却并没有说清楚。这一问题给了我很大的启发。我提出了中国二千多年来农业生产量有四次提高，其中剧烈的变化尤其在唐代，它是提高了百分之百。我们要找寻生产提高的原因，或是首先应当寻求生产力遭受到什么束缚而使它不能提高的原因。很显然，主要的是封建政府和封建地主的剥削太重，大大束缚了生产力的发展。反之，这种剥削减轻，产量立刻就能扩大。从唐来说，在隋代高颎的输籍之法最关重要。《通典》说：隋"承周齐分据，赋重役勤，人不堪命，多依豪室。高颎睹流冗之病，建输籍之法，定其名，轻其数，使人知为浮客被强家收泰半之赋，为编甿奉公上蒙轻减之征，先敷其信，后行其令，悉庶怀惠，奸无所容，隋氏资储,遍于天下,人俗阜康,颍之力焉"。这是说,政府的剥削比地主重,农民就离开政府去作地主的佃农,若是政府的剥削轻,农民就离开地主来作政府的编民。高颍的输籍之法,是在开皇减轻租调的时候,使老百姓脱离了六朝门阀地主的束缚和剥削,这就对农业增产创造了条件。政府的收入也就大大的增加。《通考》说:"古今称国计之富莫如隋,考之史传则未见其有以为富国之术,既非苛赋敛以取财,且时有征役以糜财,而赏赐复不吝财,而何以殷富如此。"马端临正是在发挥杜佑的话。六朝门阀的经济基础也就毁灭在隋代而一去不复返。元魏虽是行均田,但奴婢依良受田,这就没有打击到大地主。北齐和隋奴婢受田受到限制,唐就没有这种规定的存留,所以租庸调才是元魏均田制发展的顶点,租庸调也是剥削轻的制度,这就是适合扩大农业生产的条件。隋代是八百余万户,到唐初只二百余万户,隋末农民起义对地主官僚是有一定清洗作用的。到开元天宝时候又才慢慢增加到八九百万户,这时候役法又加重了人民的负担,劳农又去作地主的佃客,农业生产在此种情况下是不能继续提高的。这一时期内的佃客都是赤贫,他没有籽种、没有农具、没有粮食和住房,这时的地主都是非官僚不成。虽然在黄巢大起义中铲除了很多地主官僚,但五代依然是军阀割据的局面,又产生了新的官僚地主;宋的开国,依然是五代那一统治集团,所以一开始就有不少地主。宋太祖释大将兵权,鼓励他们多置良田美宅，其实就是收买兵权。所以宋代地主佃客发展得很快而且普遍，这就不能希望农产量有所增加。

宋代不但不能发展生产，佃农似乎还有怠工的现象。苏洵说："富民之家，地大业广，召募浮客分耕其中，鞭笞驱役，视以奴仆，安坐四顾，指挥于其间而役属之，无有一人违其节度以嬉，而田之所入已得其半。田主日累其半以至于富强，耕者日食其半以至于穷饥而无告。"这又怎么希望能改进生产呢？谢方叔说："豪强兼并之患，至今而极。百姓膏腴皆归贵势之家，租米有及百万石者。小民百亩之田，频年充保役，官吏诛求百端，不得已则献其产于巨室以规免役。"百姓产且不保，又何望扩大生产。王岩叟说："富民召客为佃户，每岁未收获间，借贷赒给，无所不至，一失抚存，明年必去而之他。今一两顷之空地（官田），佃身应募，室庐之备，耕稼之资，刍粮之费，百皆无有，于何仰给，谁其主当。"这是说明佃客的贫穷。端拱初说："比年多稼不登，富者操奇赢之资，贫者取倍称之息，一或小稔，责偿愈急，税调未毕，资储罄然。"宋代农民除地租以外，高利贷又是一重剥削，亦颇严重。叶水心说："小民无田者，假田于富人，得田而无以为耕，借资于富人，岁时有急，求于富人，有甚者庸作奴婢归于富人。"小民一切皆拘制在富民手中。真德秀《大学衍义》说："后世之农，已无田可耕，而所耕者他人之田，田事既起，丁夫之粮饷，与牛之刍稿，无所从给，豫指收敛之入以为称贷之资。……刈获而归，曾无旬月，谷入主人之廪，利归质贷之人，则室人乘罄矣。惟采薪干茅，贩鬻易粟，苟活而已。"可见佃农利贷的苦况。《金史·食货志》说："比年以来屡艰食，虽由调度征敛之繁，亦兼并之家有以夺之也。收则乘贱多籴，急困则以贷人，私立券质，名为无利，而实数倍。饥民惟恐不得，莫敢较者，故场功甫毕，官租未了，而囷已空矣，此富者益富而贫者益贫也。"金时也和宋代一样，不过金又有一种现象：海陵王把女真猛安谋克迁入中原，都拨给他们一些土地，但女真人不习耕种，都佃与汉人来收租，他们荡费太大，一手地租不够花费，往往向佃户预借两三年租课，佃户本即贫苦，金人的压迫自然就凶残。但有的佃客为什么又能拿得出来呢？有些佃客还是比较富裕，这是有原因的。宋代北方客户很少，南方客户很多，这从《太平寰宇记》《元丰九域志》两书所载主客户数字是看得出来的。辛弃疾说："北方之人，养生之具不求于人，是以无甚贫甚富之家；南方多末作以病农，而兼并患兴，贫富不侔矣。"北方原来就少佃客，原本就很穷。前引王岩叟的话所说就是指河北、河东、陕西而言。何以女真猛安谋克来后，佃客立刻就多起来？由于女真人进入中原，政府名为拘刷官田以给之，张行简说：括官田给军，名曰官田，实取之民以与之。元好问说：当时武夫悍卒，倚国威以为重，山东、河朔上腴之田，民有耕之数世者，亦以冒占夺之。这是夺了汉人自耕自营的农田，说是官田，拨与女真人。女真人把田佃出，自然这客户实际就是原来的主人，向他们预备两三年租课，他们是拿得出的。《裴满亨传》又说："时世袭家，豪夺民田。"这是些特殊的佃客，自然可以预借。这并不是金时的佃客一般都经济富裕了。所以元好问说："贞祐盗起，攻下郡邑，雠拨地之酷，睚眦种人，期必杀而后已，哄起而攻之，寻踪捕影，不遗余力，不三二日，屠戮净尽，无复噍类。至于发掘坟墓，荡弃骸骨，所在悉然，屠戮所及，虽赤子不能免。"正当蒙古南下金人失败的时候，汉族于是起来报复，民族仇、阶级恨一齐爆发，女真人受祸也很惨酷。所以我们对于女真统治下的客户须用另一个看法。宋人《蓬轩别记》就说："北人困于役，南人困于粮。"这是宋代南北不同的社会现象，农产量无法提高是很显然的。

蒙古入主华夏，汉族在落后民族统治下，生产自然也没有提高的可能。当时南北情况的不同，和前一阶段没什么差别。《元典章》说："杭州省官人每所言蛮子百姓每（南方），不似汉儿百姓每（北方），富户每有田地，其余他百姓每无田地，种着富户每的田地，更纳租税。"这说明佃户主要是在南方。《元典章》又说："江南有土地之家，召募佃客，所取租课重于官税数倍，以致贫民缺食者甚众。"当时剥削如此严重，北方的驱户更很显著，是和奴婢一样。宋子贞说："元初将校驱口，几居天下之半。"这是耶律楚材时的现象。所谓天下，是指中国北部。这时两种情形都是很残酷的。《元典章》说："江浙省臣言：江南佃民多无己产，皆于富家佃种田土，分收籽粒，以充岁计。若值青黄不接之时，或遇水旱灾伤之际，多于田主之家借债贷粮，接缺食用，必须勒令多取利息，方才应付，或于立约之时，便行添答数目以利作本，才至秋成，所收籽粒，除田主分受外，佃户合得粮米尽数偿还，本利更有不敷，抵当人口，准折物件，以致佃户逃移，土地荒废。"在这种情况下，生产当然要受到很大的限制。《续文献通考》载赵天麟上策说："今五公大夫之家，或占民田近于千顷，不耕不稼，谓之草场，专放孳畜。江南豪家，广占农地，驱役佃户，无爵邑而有封君之贵，无印节而有官府之权，恣纵妄为，靡所不至。又贫家乐岁终身苦，凶年不免于死亡，荆楚之域，至有雇妻鬻子者，亦衣食不足之所致也。衣食不足，由富豪之兼并故也。"所以说地主剥削是生产力最大的束缚和破坏。元末农民大起义是对民族和阶级压迫的一次彻底大清算。明太祖令荒土任民开垦，永不起科。《学庵类稿》说："明太祖渡江，初即以康茂才为营田使，巡视堤防水利。二十七年，遣监生人材诣天下，督吏民修农田水利。二十八年，奏天下郡县塘堰凡四万九千八十七处，河四千一百六十二处，陂渠堤岸五千四十八处。"显然是有成绩的。宣宗又令新垦荒田永不起科，景帝也不许额外丈量起科。这时刚推翻了地主的剥削而政府的剥削也有所减轻，生产的增长也就是必然的了。

唐宋明清四代主佃关系大致相同，但也有它的改变。唐宋的佃家都是赤贫，不唯农具、籽种、耕牛，乃至第一年的粮食都须地主提供。《建炎以来朝野杂记》还说：地主要借七十四千文给佃客，让他在两年后还清。政府的公田招佃，有时也采取这种办法。这自然是高利贷的终身祸根，但也就说明赤贫的佃农除劳动力之外他是一无所有的，也说明当时非官僚不能做地主。侵占土地需要势力，供给佃客也需要花本钱，宋明官僚侵占民田和官田，这是常见的事。苏辙就曾说：宋时贷钱一千，在一年内的利息就是一千，佃农要想改善的生活实在是太难。到明代生产提高以后，显然有所改变，佃户租额本是十分之五，明朝政府又有一种规定，若是佃户自己有牛具籽种，租额就收十分之三，这不能不说是部分佃农的经济有所改善。到了清代，可说牛具籽种全是佃农自己担负，只有土地和房屋是地主的。还有些地区，地主先向佃农取押租，很少取十分之三的。农民在万难中提高了生产，地主又加倍地剥削，这显然会对生产发展起到阻碍的作用。同时，明朝的地主也有改变，唐宋的地主多半是官僚，明清却有很多非官僚的地主。明政府有规定，做官人家才准有奴隶。到世宗时候说有一种富家，他不是官僚，但又不可同于一般的人民，就把这种人叫作"绅"，也允许他们有奴婢，政府就明白把奴婢改叫作"雇"，论每月给工资。从前只是官和民两种阶级，现在就是官和绅和民三种阶级了。在科举取士的时候,富家子弟中选的少,贫家子弟中选的多,这类大小的富家都是地主。各种职衔的捐例,都是为这类地主或商人开门路的。这明明是社会经济的又一改变。《邵氏闻见录》说:王荆公的雇役法宜于南而不宜于北,司马温公恢复的差役法宜于北而不宜于南。对这一问题研究的结果,才知道就是南富北贫的原因。富就愿出钱,贫就愿出力。在宋代,很多富有的地方早就是雇役法,四川就是这样,所以苏东坡弟兄本是和旧派一致的,独于役法他却接近荆公。明代的一条鞭就是雇役法,在中国史上为一进步。役法对人民的痛苦到这里才算解决,再没有谁说不便了。这也就反映出农村经济在这时比宋代提高了。一些户口的逃亡在国史上是很多的,到清代就很少有农民丢了土地而逃走。这是生产力提高了,有土地就可以生产,对严酷的剥削已能忍受,这是唐宋以前不能想象的事。所以唐对逃亡的处分重,尤其屯兵逃亡是死罪。宋对逃亡是严惩,明对逃亡是递解回籍,清对逃亡就无人管了,所以它就行地丁合一的制度。相反的,六朝每说赋税都是先言丁而后言地,表示丁比地重要;地丁合一,表示地比丁重要了。自然,人口渐多耕地渐窄是一个原因,但人多地窄还是乾隆以后的现象,行地丁合一是在乾隆以前。由唐的租庸调变而为两税,这一制度改变的意义,谈的人很多;宋一直是两税法,自然内容又稍不同;到明的一条鞭,又是一制度的改变;

清的地丁合一，又是一改变。都是在同一的封建社会，当中有着因发展而产生了些不同阶段性的现象，唐宋以前的禁止逃亡，是有强迫劳动的意思，有强迫担负的意思。这四种制度的变化，就是社会不断发展进步的反映。

明以后还看不出农业生产有什么扩大，在李自成、张献忠起义以后的农村，应当有所改进，因为官僚和地主又经过一次大清洗。但生产没扩大也有它的理由，就是满清入关的残酷统治和剥削，这就阻碍了生产的进步。这和元末农民起义的效果就有些不同，不能和明代有同样的希望。这和唐末黄巢起义的结果相似，地主官僚虽然经过清洗，但接着沙陀入中原的统治到来了。经过五代一直到宋，依然是官僚地主抬头，生产没有什么进展。满清入关以后，在八旗横暴的掠夺下，接着又是官僚地主抬头，明的统治完成以后，一样也是官僚地主抬头，生产的扩大也就停滞在这一阶段上。就是在这一阶段，主佃关系广泛普遍地建立起来。明清主佃之间的情况大概和宋元一样，相同的情况就不须再多说。中间明代有些特殊情形值得注意。第一是皇庄和贵族庄园为害。第二是在籍乡官的横暴。第三是一条鞭施行以后衙役欺压人民为害，《蜀龟鉴》记载明末诸生率领人民殴打衙役事颇多。都是农民的严重灾难。皇庄的事例颇多，乡官之害在《廿二史札记》和《中国通史简编》中也都有揭露。这在明人笔记小书中有很普遍的记载。如苏人徐树丕《识小录》、娄东无名氏《研堂见闻杂记》、曹千里《说梦》，仅止苏的缙绅们交通官府侵渔小民的事也已够多了。《消夏闲记》说:"前明缙绅无不揽名胜、连阡陌，至于豪奴悍仆倚势横行，里党不能安居，而市井小民计维投身门下，且可凭为城狐社鼠，由是一邑一乡之地挂名童仆者什有二三。"到康熙年间，金坛县有奴变之事，松江亦有奴变事，这些缙绅受祸颇烈，都是人民蓄忿已久，一朝爆发的结果。《凌义渠传》说:"宜兴、溧阳及遂安、寿昌，民乱焚掠巨室。"后来又有讨逆官之事，如《祁彪佳传》说:"苏州诸生檄讨其乡官从贼者，奸民和之。少詹事项煜、大理寺正钱位坤、通正司参议宋学显、礼部员外郎汤有庆之家皆被焚劫，常熟又焚给事中时敏家，毁其三代四棺。"明代缙绅贪暴骄横之普遍，史无前例。这种风气大约起于嘉靖，到隆庆、万历以后就盛极了。《滟滪囊》说:"摇黄十三家名棒贼，以无戈甲，故如逼反王刘维明、夺食王王友进等，分道劫掠，所至惟里中无赖，背主黠仆，贼倚为耳目，不杀，利其勾引，或阴为内应，彼亦利贼来得以逞其夙忿，贼至先拷藏金，不厌则剔目截舌、断首斫胫、剥皮抽肠、投生人于汤火，惟好施之家，善御奴仆之主，被虏犹有代为解释，否则无遗种矣。"这和正统年间铲平王邓茂七同是对地主官僚仇恨的强烈反映。这种缙绅对农村经济的严重破坏，是明代特有现象之一，是在一般租佃利贷剥削以外对人民的横暴侵凌，是研究生产问题应特别注意的。元代对知识分子最刻薄，所以有九儒十丐的说法。明是一反元代的作风，《古今原始》说："明太祖定致仕官处乡之礼，惟族内序尊卑，若筵宴则设别席，不许坐于无官之下，无官者相见，不须答礼，庶民以官礼谒见，敢有凌侮者论如律。"《墨余残沈》说："前明绅士，势焰可畏，凡京秩及外任郡守以上，在籍县宰拨差听候。其出，肩舆张盖，二人执杖前导，若有犯者，皆得笞之。"可见这种骄横完全是政府养成的。清初八旗的骄横是严重现象，北方圈地的残酷和金元的统治没什么差别，只是在多次文字狱以后，乡官之流才较敛迹。但是衙役和保正、乡约之鱼肉平民，实为继续明代之余毒，或且更甚。我童年时，祖父吉庵公告我，清代在设津贴捐输以前，绅士和官府没有往来，自从津捐设局，县官延请绅士办理，从此绅士得进出衙门，绅权渐张，差役保正渐有畏忌，绅局又渐横恶。在无此种绅局之前，只有书院山长可以交通官府，故书院学生亦恃势刁横，习为风气，至有杀人逃犯亦混迹书院以图幸免。这些都是社会中的恶劣现象，都对农村有一定影响。在满清的统治推翻以后，出现所谓民权之说，这个民权，实际上就是绅权；在解放前夕，就是封建会道门的权，袍哥"惰霸子"的权，不论在城市、在农村，他们大者囤积居奇、垄断市场，小者放高利贷、贱买贵卖，不仅继续了前代的蠹害，而且更有甚焉。老百姓连一缕之衣、一饭之食尚且不保，更哪说得上发展生产！同时，经济破产，人民反抗，政府垮台,就是他们唯一的出路。

1953年,先君在写毕《中国历代农产量的扩大》的考论后,根据思明叔所提意见写了此稿。又此稿写作中,联想到历代农产量的扩大和历代赋役制度的变化关系密切,于是改而研究历代赋役制度的变化,最后写成《中国历代农产量的扩大和赋役制度及学术思想的演变》一长文(刊载于《四川大学学报》(社科版)1957年第二期),此稿遂半途搁置。但此稿主要内容是论述我国封建地主与佃农的关系,这一问题是我国封建社会阶级关系的主要内容,而这一关系的自身又有其发展变化,且牵涉到整个中国封建社会的多个方面,显然是一个值得研究的重要问题,但长期以来学者们对这问题进行研究似乎不多,而先君在1957年以后,也再没有对此进行研究。后来,我整理先君遗稿,发现这篇文稿,虽然我对这一问题颇感兴趣,但已失去进行研究的机遇。这篇文稿只能算是一篇半成品,既不完整,更不完善,但它却提出了一些颇有启发性的意见,把它整理出来供学人参考,也还不是没有意义的。手稿原无标题,此题目系整理者根据文稿内容所补。

蒙默　整理后记
2013年3月

中国的封建与地租

一

封建地租是欧洲中古史上的重要事实，有劳役地租，有实物地租，有货币地租。发展到了货币地租，资本也就渐次集累起来，懂得运用资本了，便逐渐进入到资本主义社会。中国直到最近五十年，很多的人，不论是做官找了钱，经商赚了钱，带兵找了钱，甚至教书积了钱，都是买地收租谷；这就说明了中国直到最近五十年还未脱离实物地租的阶段，还停留在封建社会时期。秦、汉、唐、宋都有劳役地租存在，但已经是以实物地租为主了。近几十年来，偶有一些地区出现货币地租，但在量上太微少了，长期仍然是停滞在实物地租阶段。

中国主户（包括自耕农和地主）、佃户（佃农）的关系，在历史上前后时期是不相同的，如唐初行的租庸调制度，此处姑不详究，从唐初到开元一百年间旧的制度坏了。

每个时代在开国的一百年后，政府每月的支出总是相当于国初的全年支出。在汉唐、在宋明都是这样，冗官、冗费，甚至冗兵，还有皇室经费，早成定例，十倍的增涨。自然全是农民负担，农民负担不了，就开始逃亡，在唐就叫作浮客。于是，大官僚就侵占公田，召募浮客耕种，他从中剥削农民剩余产品，他就成了地主。地主有时不缴纳土地对官府的租税，如南宋武将张俊，他的租税反而是官府代缴。这种地主，下剥削农民，上侵蚀政府，是一种中间蠹害阶级。农民做了官僚的田客，反比他做自耕农负担更轻，因为向地主交纳地租后，一切徭役杂税都除去了。因此甚至有农民把自己的土地献给官僚来做他的佃客，或者假托他的土地是官僚的土地，唐宋都是这样情形；于是户口大量隐没，国家编户逐年减少，政府的田赋也就大量减少。

在这种情形下，再往下拖，政府就不得不在这些官僚身上想办法了，也就要清查漏户佃客了。唐建中初，案查诸道户口，总计主户百八十余万，客户百三十余万，客户占五分之二还多。政府的支出继续增加，农民的负担不断加重；佃户益多，负担国税的农民愈少，租额负担因之更重。照这样又一百年光景，农民被迫暴动，政府垮台。起义中受到报复的，显然是官僚地主这样的富豪。这就是中国历史上的一治一乱，大约三百年上下便换一个朝代，主要的原因便在这里。就是开国后一百年内外，政府支出增加十倍，人民开始流亡，"盗贼"渐多，佃农数字扩大，汉武帝、唐玄宗、宋仁宗这些时候都是这样。又一百年内外，一代王朝就灭亡。后一王朝兴起，支出数字不大，农民负担改善，又可安定一时；但如像秦、隋那样的奢淫无度，也就迅速灭亡了。

北宋初年主客户的比例为一与三，仁宗时主客户就迅速升到一与二之比。宋朝比之别一朝代不同，它不是农民起义后建立的新王朝，在一开始就有不少地主，宋太祖杯酒释兵权，是向武将用钱买兵权，多给他们钱，让他们多置良田美宅歌童舞女，尽量去享受。晋、唐开国都有分配土地的措施，至宋以后政府却没有改革土地，所以宋初开国就有不少地主，北宋一代民变之数，远较他朝为多，正是这个原故。唐宋主佃户之间的关系也与后来不同，唐宋的佃户以赤贫为多，地主要提供住宅、种籽、耕牛、农具，以及全家一年需要的粮食。宋代的地主，除此之外，尚须贷钱七十四千文，贷钱分两次偿还。明代的佃户则不一定是赤贫了，佃客自具牛、种者，收租十分之三，地主提供牛、种者，收租十分之五。在唐以后，租额大致可知，唐时一亩，国家收税五升，地主向佃农收租则每亩一石。

主客户的另一关系是唐宋时在全国各地的分布不均衡，客户南方多而北方少，只须根据资料详列一表就可清楚看出。地主以官僚为多，则应中原多于边地。四川地区,在宋代腹心的成都,客户的比例数字低微,而沿边各州客户就多于主户,这是因以异族作佃农的原故。唐代奴婢必言南口,南口就是僚、蛮一类民族。自六朝以来,僚人北入四川,考其分布地区,即是宋代所见佃户最多之地,僚民是沿边多,佃户亦是沿边多,这种地主就不一定是官僚。自隋以来所称"边郡奸猾"以财役使僚民,甚至贩卖生口,则这些地主所奴役的就不仅是"农奴",而且还包括部分奴隶了。

唐代行的是租庸调制度,农民是直接纳税给国家,并非纳给地主,但仍可说这是另一种农奴:因为唐时的农民在法律上不能自由离开土地,若是屯田逃亡户是要充军、戍边或至死罪的。宋时逃亡户只须重惩。明时逃亡户处罚更轻,只递解回籍。清朝在中叶以后,即便自由离开,也无人管束了。原因是前代在田赋之外,本有丁税及力役,需要农民来负担,唐末宋初以来,役法是农民最苦的一种负担,无论是王安石的雇役法,司马光恢复的差役法,以及南宋所行的义役法,都不能解除农民的痛苦;直到一条鞭法行后,役法大体是和田赋合在一起,人民才减却了一重苦难。到了清代康熙五十一年明令"滋生人丁永不加赋",雍正又施行"摊丁入地"的改革,把丁税、地税合在一起,叫做地丁,完成了徭役向赋税的转化,这才使劳动人民摆脱了千百年来的丁役负担。从农村生活考察,清代比明代有所改善,明代比宋代、唐代也有所改善。

唐宋以后，中国历史在农村是略有进步。从政治方面看，则看不出什么进步。从社会方面看，却也有些微的进展：唐宋地主以官僚居多，明清却有非官僚的地主了；唐宋佃客多是赤贫，明清的客户就不一定是赤贫了。明代的官庄、皇庄占全国已耕地的七分之一，清代地主已普及到商人了；唐宋法律中有奴制，明初奴隶限于官府。后来又说官可有奴，庶人不得有奴；而缙绅之家，既非官亦不同于庶民，许可畜奴，于是出现畜奴之豪家。世宗时因改奴为雇，论月值，变为雇工制度，清代惟满洲贵族尚有奴，此亦社会后来之进步。

二

若是追寻唐以前的地主佃农制度，便要讨论田客、佃客这一名词的起源。晋时明白规定：做官在六品以上，可以有衣食客三人，七品、八品二人，九品一人；一品、二品佃客可多至五十户，三品十户，八品、九品一户。衣食客大致相当于后世雇用的仆人，条件是供衣供饭。所谓食客，大概就只是供饭了。佃客又称作田客，三国时曹操降伏了南匈奴，梁习为并州刺史，把匈奴贵族送到魏都邺为人质，而"太原诸部亦以匈奴胡人为田客，多者数千"。晋东瀛公腾为并州刺史，后自晋阳镇邺，时并土饥荒，率并州二万余户至邺，"遣就谷冀州，号为乞活"，并"执诸胡于山东,两胡一枷,卖充军实"。这种田客,简直就是奴隶而不是农奴了。《晋书·王恂传》说:"魏氏给公卿以下租牛客户数各有差。自后小人惮役,多乐为之,贵势之门,动以百数。……武帝践祚,诏禁募客。"这就是西晋的情形,这是用异族人作田客。刘渊就是匈奴的贵族,原为质于邺,成都王颖把他放回平阳,他号召在并州的匈奴人,便自立为大单于,从此就开始反抗中央王朝。石勒就是两人一枷送往山东卖作奴隶的人,也就在山东起事。至于氐人、羌人,都是邓艾、张既把他们迁徙到关中的,邓艾本来就是一位农官。同时,东吴在江南也年年讨伐山越,一直把山中的山越尽数迁出来,壮年便用来当兵,老弱便用来种田。诸葛亮的南征,主要是在"赋出叟、濮",所以西蜀的军队当中有"賨叟、青羌,散骑武骑"。三国同时是一种做法,种下了"五胡乱华"的根子。"五胡乱华"的实质,也就是农民暴动。到了他们势力强盛,如鲜卑的秃发氏和元魏,都是让汉人专门种田,而鲜卑人专当兵,地位恰好颠倒过来了。所以高欢告诉鲜卑人说:"汉人为汝作耕,夫为汝耕,妻为汝织。"又告诉汉人说:"鲜卑是汝作客,得汝一斛粟、一匹绢,为汝击贼,令汝安宁。"这种情形和匈奴人作田客,便是恰相反的。

在永嘉南渡后的东晋时期,南来的侨民很多,都是住都邑附近,大官僚们占地极多,就用侨民来作佃客,南朝的庄园就从此产生。其他的便是当兵,散在外县耕种者却少。凡为官僚做佃客的都无户籍，也就没有对国家的负担。当时的土断，也就是王朝针对这种现象所采取的措施。桓温没有行通，刘裕却行通了，国家的收入也增加了，所以刘裕就国富兵强，能出兵北伐，灭南燕，灭姚秦。土断就是清查隐漏户，北魏的均田，也主要是清查官僚所荫蔽的漏户。近代讨论已多，此不赘述。北齐、北周的均田，大体上是沿袭元魏的办法。

中国史上奴隶这样的词，多是指官僚和官府使用的人，如说禁止奴婢穿着绮縠，和奴婢嬉游无事，都是权势之家的消耗性奴隶，大都是与生产无关的。所谓僮客、田客、奴僮、僮仆，那就多数是生产奴隶了。僮客多是用在开铁矿、挖丹沙、伐树木等工作，也有用来经商的。东汉末年，所谓宦官外戚"田亩连于方国"，多是用田客耕种。秦时称"或耕豪民之田见税十五"，所谓"收泰半之赋"，都是指对佃农的地租。从《商君书》看，他主张富国强兵，急耕战之赏：斩一首者赐爵一级，赐田一顷，给庶子一人。有爵者可以向政府要无爵者一人作为他的庶子，庶子每月要在主人家服劳役六天，这六天就吃主人的饭。荀卿说秦国"五甲首而隶五家"，就是指此。又据《商君书》，爵为五大夫的，可赐三百家，这是秦代的农奴，称为"庶子"。若是做官的人，官到县尉，赐虏六人，这是俘虏、奴仆，就是奴隶了。奴隶在中国史上多是消耗性的；汉魏六朝赁佣才是与奴隶身分相近的生产者，和秦的僮一样，但赁佣又与明清的雇工相似，是付月值的。

三

周代的奴隶也不用在生产方面，也多是异族人和罪人，如像《周官》所说的貉隶、蛮隶、闽隶等等，都是异族人，罪隶则是罪人了，都是在各级衙门服劳役的。周代的井田制度，耕种百亩之田的才是农奴。从《周官》看，周王朝取代了殷王朝，周部落自来是行彻法，殷部落自来是行助法。周灭了殷，周人住在六乡，仍是行的彻法；殷人住在六遂，仍是行他的助法。行彻法的周人可以当兵、可以入学、可以担任六乡六遂的官员，而且还可以参与外朝对国家大政的咨询讯问。行助法的殷人只是种田、纳税、服徭役，不能当兵、入学，不能当官，也不能参加外朝议政。至于贵族子弟，他们能入太学，便可以做王朝的大官，就可以维持他们的世卿制度贵族政体。所谓"周公致太平之迹"的《周礼》，实际上是极不平等的制度。管子在齐所施行仍是周的旧法，治都是彻法，治鄙是助法。天子六乡六遂，诸侯三郊三遂，遂、鄙是被统治、被压迫的战败者。孟子说："夏后氏五十而贡，殷人七十而助，周人百亩而彻。"显然三代田法不同。但孟子又说"虽周亦助"，岂不是自己打了一个嘴巴？实则两个说法都不错，六遂既仍行助法，当然可以说"虽周亦助"。孟子说"治地莫善于

助"，又说"请野九一而助，国中什一使自赋"。滕国是"绝
长补短将五十里"的一个小国，孟子却不教他全用助法，
偏偏教他野外用助法，而国中仍用彻法，岂不又是自相矛
盾？其实，孟子是要恢复周代的旧法。齐国就是这样。
《周官》规定：农民徙于他乡的，要"为之旌节而行之"，若
无旌节，查出是要下狱受罚的。孟子对此却说："死徙无
出乡，乡田同井，出入相反，守望相助，疾病相扶持，则百
姓亲睦。"那便是孟子的欺骗哲学了。农民不能自由离开
土地，无论是助法、彻法可能都要算是农奴了。

中国古代的井田制度不是有无问题，这样一种贵族
政权下的不平等的均田制度、一种不合理的古代制度，是
值不得羡慕称道的；汉代今文学家所讲的井田制度，普遍
助法，普遍当兵，普遍建学，还有其他一些周备完美的理
想，这才是古代绝无的。周代人民原来是不能自由离开
土地的，井田法破坏后，梁惠王说的"邻国之民不加少，寡
人之民不加多"，孔子所说"民襁负其子而至矣"，农民在
这时已不是束缚在土地上了。大约在晋国作州兵、作辕
田以后，人民普遍当兵，井田也就破坏了。到战国时，都
是人人当兵，已经不是周代的制度。周代的封建，如像说
"冉季授土，陶叔授民"，土地和人民都是领主所有。汉代
以后的封建，有分土无分民了，汉代的农民比周代自由。
元魏、隋唐实行均田制，农民的自由又受到限制。由宋到
明清，又稍自由了。从役法看，唐宋农民比较苦，明清农

民的生活有所提高。自秦以上,是贵贱等级的不平等,主要是世官世禄的贵族和劳动农民之间的悬绝;自秦以后,自贵贱等级外,又出现贫富阶级的不平等。《尧典》说:"典乐教胄子。"此同于周代大司乐教国子(贵族子弟);《尧典》:"契作司徒教百姓。"此同于周代大司徒掌六乡小学;"弃为稷官,教黎氏,播百谷。"黎民和百姓不同,是被征服者,这和周代六遂以下的野人一样,只能种田纳税。夏、商、周三代的制度约略相同,《夏小正》所记的天象是无法虚造的,是今天的科学可以印证的。《夏小正》就有公田之说,足见三代田制大同小异,大体都是农奴社会。

在中国唐宋史,大体可说客户主要是农民,是因为逃避役法而产生的,都是些赤贫者。主户中很多是官僚,叫作形势之家,他们既可免役,又可逃赋,是一个中间剥削阶级,对下剥削农民,对国家侵蚀租赋,它构成封建社会的核心,既损国家,又害农民。皇帝是把人民和土地当作他的私产,官僚总是要盗窃他这私产的一部,所以皇帝和人民都对官僚不满。但二千多年的历史总是改变不了这种恶劣的状况,又是什么原因呢?这里有一个极好的说明。宋神宗有一次和大臣们讨论改革役法的问题,宰臣文彦博说:"祖宗法制具在,不必更张,以失人心。"神宗说:"更张法制,于士大夫诚多不说,然于百姓何所不便!"文彦博说:"为与士大夫治天下,非与百姓治天下。"这话把中国政治说得最透彻。士大夫和人民的利益常常处在对立的地位，政治实权总是在士大夫手里，就是掌握在官僚手里。专制帝王总是要和士大夫妥协，帝王的统治需要和官僚合作，这叫做"奉扬王休"。官僚的来源是靠考试、选举、学校三种制度。在二千多年当中，有时只用某一种，有时某两种合用。这些制度总是把握在统治者手中，没有建立在人民利益上面。帝王不能不要官僚，没有官僚，他就无法进行统治，所以纵然有时不喜欢官僚，却又无法摆脱官僚，他要改革制度，改来改去总脱离不了官僚的利益。所以三百年内外必然要改朝换代，就是无法避免的了。这种官僚都是知识分子，他们一齐来参加考试，最高统治者便喜欢，说道这是"英雄皆入吾彀中"。这些知识分子的思想，就是升官发财，做官发了财，接着就是"求田问舍"。纵然换了一个朝代，它仍然需要"英雄入彀"；因此，封建社会的组织就永远无法打破、改变。隋唐以来的官僚制度都禁止经商，唐朝更是商人的子弟不许参加考试。这样一来，官僚就只能做地主，不能做资本家。二千多年的社会，因而也就不能发展到资本主义阶段，中国的社会，永远停留在封建的形态，这不能不说是一个重大原因。

原载 1951 年 4 月 1 日成都《工商导报》星期日增刊《学林》第七期

唐宋明清田产量小记

陆贽说："有田之家，坐食租税，京畿之内，每田一亩，官租五升，而私家收租亩至一石。降及中等，租犹半之。"这当然是百亩收百石。以豪民"见税十五"计之，知百亩之获应为二百石。调露中，河源垦田五千顷，岁收粟斛百余万，此正百亩之获为二百石之例证。比之元魏、两晋猛增一倍。自汉以来皆六尺为步，唐以五尺为步，而皆二百四十步为亩，唐亩小于汉亩几三分之一，产量增多当然在一倍半以上。正因租庸调制度行后，从前地主佃农间之关系为之一变，生产量就猛进一大步。元和中，振武垦田四千八百顷，收谷四十余万斛，此为与官中分之数，更证明河源收百余斛是全部生产量。宋治平中，河北屯田三百六十顷，得谷三万五千四百余石。建炎时两浙官庄田四万二千余亩，岁收稻麦等四万八千余斛。此与振武一例，皆比于豪民之见税十五，尚有许多未到此数者。大概田有高下之别，收又轻重不同。宋以后无甚显著提高，直到明清皆如此。绍兴时,林勋献《本政书》说:"百亩之收,平岁米五十石,上熟之岁为米百石。"亦即粟二百石。南宋不比北宋产量低,熟岁平岁之别,殆不免抑扬之辞。元明也大略如此。到清代,《日知录》说:"吴中一亩之收不能至三石,少者不过一石余,而私租之重者至一石二三斗,少亦八九斗。"方苞说:"金陵上田十亩,丰年获稻不过三十余石,主人得半。"陈绍洙说:"南昌新建佃田者,上则亩租二石,中或一石五六斗,下则亩率一石。"骆秉璋说:"湖南有田百亩,可收租谷百石。"陈瑚说:"百亩之产入租百石,千亩之产入租千石。"清代各地上田中田所产,可见仍是亩获二石,地主收租是一半。唐宋人直到方苞、张履祥、颜元、盛枫皆如此说。是明清农业生产量无甚显著提高。惟量具又颇加大,元代以宋的一石为七斗,宋比明清大致是三斗合二斗,亩收二石的数字没变,但二石的实质是唐宋的三石,八九百年中亦当有三分之一之提高。

　　宋理宗景定四年陈尧道说:"自两淮江东西买公田,得一千万亩之田,则岁有六七百万斛之入(宋量斛为五斗,此处应作石解)。"此似取租较轻。倘一千万亩之收为二千四百万石,岁租六百万石,是为四分之一稍少。元武宗至大二年,御史言:"近幸为人请赐江南田千二百三十顷,为租五("五"下旧有"十"字,为衍文)万石。"亦不过四分之一略多。明景泰六年,永嘉大长公主奏愿以置买无锡田一千二百余亩岁入租粮七百余石以助军需之用。此亦四分之一稍多。此三事皆公田收租为十分之五之半，都不能比豪民之租，决不能根据此种材料用主客分之法以估计每亩之产量。《日知录》说："洪熙元年周幹言：小民佃种富室田亩出私租一石，后因没入官，依私租减二斗，是十分取八也。授赐公侯驸马等项田每亩旧租一石，后因故还官，又如私租例尽取之。夫十分而取其八，况尽取之乎？尽取之则无以给私家，而必致冻馁。"小民对富室亩出私租一石，没说必致冻馁；田没入官给租一石，就说必致冻馁，显然是别有原因。我们看"无以给私家"这句话，私家者何？即原来之地主。宋元明之官田，贾似道以来皆政府强夺民田以收租。陈尧道以永嘉公主所说收租数量较平常收租亦少，当是留有租额一半以给原来之地主，所以周幹说尽取之则无以给私家，反之，不尽取则尚有一部分留给私家。政府尽取，农民对私家那一部分地租仍然是不可少的，所以就必致冻馁，而只有逃亡。宣和时李彦置局和州，鲁山阗县尽括为公田，使田主输租。景定时"贾似道行公田，其间毗陵、澄江收租之际，元额有亏，则收足于田主"。此皆田主向政府承佃，再以转租给佃农的现象。

大致写于 1953 年，此据手稿整理。